新潮文庫

カリスマ

—中内㓛とダイエーの「戦後」—

上巻

佐野眞一著

新潮社版

6661

目次

第三部　拡大と亀裂

（下巻）第四部　挑戦と猜疑

カリスマ 上巻

――中内㓛とダイエーの「戦後」――

プロローグ　私はいまなぜ中内ダイエーを書くのか

〈買（ばい）ダイエー運動
私たちの商品を買ってください。
このお店には千人の人が働いています。
一日一人千円の買物をすると、
一日百万円、一カ月で三千万円になります。
どうかよろしく、ご協力お願いします〉

千葉県内の新興住宅街にあるダイエーのバックヤードにこんなポスターが貼《は》られたのは、九八年二月決算期の発表が間近に迫ったことしはじめのことだった。同店で十年近く働くパートの主婦は、従業員作業場の壁に貼られたこの哀願調のポスターをみて、ついにくるべきものがきた、と感じた。

「これまでも電車で一時間以上かかるダイエー系列の会員制スーパーの会員権を強制的に買わされていたし、『母の日』になると、鉢植えの花などを強制的に買わされていました。上からの絶対的命令というわけではありませんが、買わなければ働く者の人間関係がギクシャクしますから、いやいやながらも買ってました。しかし、こんなポスターが貼り出されたのははじめてのことです。ダイエーはつぶれるんでしょうか」

パートの主婦まで真剣な顔で不安がるように、ダイエーはいま、創業以来の不振にあえいでいる。空前の消費不況に直撃されて業績は未曾有《みぞう》のドロ沼状態に陥り、加えて二兆六千億円という天文学的数字の有利子負債は一向に削減できないままである。その三重苦のなかで、同社の株価はまさに奈落に向かってころげおちている。

私はパートの主婦から、土下座せんばかりのポスターの話を聞いたとき、〝カリスマ〟として四十年以上ダイエーを率いてきた中内㓛《いさお》は、いま〝第二の敗戦〟を迎えているのではないか、と思った。

人肉食いの噂《うわさ》がたえずつきまとうフィリピン戦線から奇蹟《きせき》的に生還した中内は、戦後世界を闇市《やみいち》と見立て、戦時中の下士官さながら先頭をきって突撃し、疾駆しつづけた。その結果、三百社といわれるグループ企業をあわせると、総従業員数十万人、総売り上げ五兆円の一大流通帝国を築きあげた。

人の評価は棺を蓋《おお》うてはじめて定まる。中内ダイエーの評価をいま下すのは早計だが、中内が戦後世界のなかに巨大な消費社会を現出させたことだけは確かなことである。そのトップランナーとして走りつづけたダイエーがいま存亡の危機にある。これは、一私企業の問題ではなく、中内が〝第二の戦場〟と見立ててきた戦後世界の終焉《しゅうえん》そのものを象徴する出来事なのではなかったか。もっと有り体にいえば、五十数年前フィリピン戦線で命拾いした中内は、いま、本当の〝戦死〟を迎えているのではないか。

戦後まもなくの一九四七（昭和二二）年に生まれ、〝団塊の世代〟といわれて育ってきた私にとって、物心つく頃に遭遇した高度経済成長はいつも念頭を離れない〝事件〟だった。なにもかもを根底からくつがえしてしまった高度経済成長こそ、私にとっての戦後であり、どうしても避けて通ることのできないテーマだった。

私はこれまでいくつかの作品を書いてきた。いまふり返ると、それらの作品の根底には、高度経済成長というものが何をもたらし、何を失わせてきたかへの関心が深く沈澱《ちんでん》していたことがわかる。

日本人の性意識は高度経済成長によってどのように変容していったのか。高度経済成長の進捗《しんちょく》と負の相関の形で戦後教育と日本農業が荒廃していったのはなぜなのか。新聞やテレビなどの巨大メディアが高度経済成長に果たした役割は何だったのか。そして高度経済成長が日本人の精神をこれほど劣化させてきた理由は何なのか……。

こうした一連の作品を書きながら、戦後高度成長の最大の核をなす経済と企業の問題をとりあげなければという思いが、私のなかで次第に強くなっていった。戦後という時代がなによりも経済と企業の時代だったことはいまさらいうまでもあるまい。

このテーマに適《かな》う企業と人物は、中内ダイエーをおいて他になかった。いまも経営の第一線に立つ創業者のなかで、戦後を語り、そこに自身と企業の問題を投影できる人物は、中内以外いなかったからである。

松下幸之助、本田宗一郎、井深大《まさる》など戦後を代表する経営者の名前が浮かばないわけではなかった。彼ら三人には中内と通底するいくつかの共通項がある。

第一に、いずれも創業経営者という点である。

第二に、そのスタートが小さな町工場であり、研究室であり、場末の一薬局という点である。

第三に、いずれも独特の経営哲学をもち、その哲学で自分の世界を開拓していった〝カリスマ〟ということである。

そして最後に、彼らの事業の成果が手にとれる形でいつもわれわれの眼前にあることである。ナショナルの家電製品が一つもない家はないだろうし、ソニーのビデオデッキやウオークマンは巷《ちまた》にあふれている。ホンダの自動車やオートバイを目にしない日はないし、ダイエーで一度も買物をしたことのない主婦はおそらく一人もいないだろう。

そのなかで中内ダイエーに白羽の矢を立てたのは、一つには、他の三人が〝成功者〟の名誉と栄達を一身に浴びながら現役を引退して久しく、しかも全員すでに鬼籍に入っていたからである。これは経営者に限ったことではないが、私はある人物の評伝を書く場合、教訓をこめた〝サクセスストーリー〟を書こうと思ったことは一度もない。

そしてそれこそが私が中内という人物をとりあげようと思った最大の理由だった。

松下幸之助、本田宗一郎、井深大の三人はまぎれもない〝成功者〟たちだった。これに対し、いまなお現役の第一線にいる中内㓛は、第三者の評価はいざ知らず、自分ではなお成功を認めず、事定まっていないと繰り返し公言している。もしダイエーの現在の業績不振がこのままつづけば、中内の事業は志なかばで頓挫《とんざ》し、中内は戦後最大の失敗経営者の烙印《らくいん》さえ押されることになりかねない。

そうしたあくなき業《ごう》と、それゆえにいつもつきまとう脆《もろ》さをもった中内㓛という男に、私はいささかの嫌悪感《けんおかん》をもちながら、それにもまして強く魅《ひ》かれていく自分を感じていた。中内ダイエーをいまから約二十年前にはじめてとりあげ、その後も節日節目に中内ダイエーの問題を取材してきたのもそのためである。

「戦後、神戸から出て大きくなったのは山口組とダイエーだけや」という中内自身の名台詞《ぜりふ》がある。その言葉通り、戦後、フィリピンの戦場から飢えと怒りと、人間存在の底知れぬ不条理を背負って復員してきた中内は、神戸の闇市から出発して、たちまち日本一の小売業者にのしあがっていった。中内の戦後の軌跡は、ジャパニーズ・ドリームそのままであり、中内こそ戦後の高度経済成長を最もよく体現する人物だった。

高度経済成長時代とは、まさしく日本の経済と企業のドラマがつくられた時代だった。それを描くには、巨大な消費社会を短期間で築きあげ、われわれの生活を一変させていった最も〝戦後的人物〟である中内㓛の足跡と、ダイエーの興亡の歴史をとりあげるのが、これまで高度成長をテーマにしてものを書いてきた私に与えられた次の任務ではないか。その思いは日を経るにしたがって、私のなかで強固になっていった。

いま日本経済は沈没の危機にある。中内ダイエーも創業以来幾度かの経営危機に陥った。そしていま、最大の経営危機を迎えようとしている。

戦後そのものの終焉にも重なるこの時期に、中内ダイエーは何を考え、どう行動しようとしているのか。私が知りたいのはそのことだった。

これは何度も繰り返すようにダイエーという一私企業の問題にとどまるものではない。四十数年にわたる中内ダイエーの歴史は戦後日本の生きた歴史でもあり、それを客観的に描くことは、二十一世紀の日本社会や企業のあり方を問う上できわめて重要な示唆《しさ》を含んでいる。

ここで個人的な事柄をいわせてもらえば、東京下町の零細商店のせがれに生まれた私は、ダイエーという重戦車を押し立て、零細商店街を容赦なく蹂躙《じゅうりん》する中内の姿を、中学高校時代、遠くから匕首《あいくち》を呑《の》む思いで眺めていた。すべてダイエーのせいにするわけではないが、零細小売店はダイエーに代表される巨大スーパーに蹴散《けち》らされ、急速に傾かされていった。私の家も例外ではなかった。私が大学を出る頃、私の家はほぼ商売をたたみかけ、かつてにぎわいをみせた商店街には閑古鳥が鳴いていた。

私にとって中内ダイエーは自分の個人史にもつながる骨がらみのテーマだった。しかし、私は長ずるにしたがって、その激しい有為転変ぶりこそが高度経済成長の中核をなす出来事ではなかったかと思い至るようになった。

日本の高度経済成長の軌跡そのままに急成長してきたその中内ダイエーが、いま存亡の危機に瀕《ひん》している。高度成長からバブルとつづいた未曾有の経済的繁栄が、中内ダイエーをここまで急速に肥大化させ、そしてそのあまりに急激な肥大化が、中内ダイエーをいま危険水域に招いている。

私はこの本で、企業としてのダイエーよりも、ダイエーという企業をここまでひっぱりあげ、そして終焉に向かわせるかもしれない中内㓛という、まさしく〝高度成長〟的な人物に焦点をあてるつもりでいる。

いくら食べても絶対に満腹感をおぼえない餓鬼のような強欲さと、それとはまったく裏腹の小心さとシャイさをあわせもつ中内を称して、カオス（混沌《こんとん》）、多重人格者とはよくいわれる。その複雑な性格が、ダイエーという企業をなおさらわかりにくくさせているダイエーは単なる企業分析だけではとらえることのできない複雑怪奇な組織集団である。

これまでダイエーと中内㓛について、百冊近い本が出版されてきた。この本を書くにあたってそのほとんどすべてに目を通してみたが、中内ダイエーの実像に迫ったものは皆無だと断言できる。それらはいずれも、中内を手放しで絶賛するか、逆に中内の冷酷非道さを遠巻きにしてあげつらう類《たぐい》の本ばかりである。

なによりもこれまで書かれた本のなかで、中内は正しく戦後史の舞台のなかに置かれていない。

中内は単に強欲なスーパー経営者でもなければ、涙もろい人情家でもない。中内は戦後という時代と高度経済成長のうねりを自ら体現した、最も代表的な日本人だった。あえていえば、私はそれ以外に中内をとりあげる意味はないとさえ思っている。

私は中内ダイエーというきわめて個性的な戦後企業の成長と停滞を通して、戦後日本流通業の歴史的変遷《へんせん》をたどり、あわせて戦後日本の消費社会の爆発的拡大と、戦後日本経済の成長が何をもたらし、何を失わせたのかを探っていきたいと考えている。

繰り返すが、戦後という時空間が中内ダイエーを誕生させ、そして戦後の終焉ともいうべきバブル経済の崩壊が中内ダイエーの今日の転落を招いた。

これは中内㓛という人物を通して描いた、私なりの戦後社会経済のはじまりから終わりまでの長くも短い盛衰の物語である。

第一部　苦悶《くもん》と狂気

第一章　沈む半月マーク

一九九八年四月二十二日、ダイエー会長兼社長の中内㓛《いさお》は、大阪・北浜の大阪証券取引所で九八年二月期の決算発表を行った。真っ白になった髪は蓬髪《ほうはつ》というに近く、声は水中から発したようにくぐもって弱々しかった。会見に臨んだ記者たちは口にこそ出さなかったが、一様に中内の憔悴《しょうすい》を感じとり、声にならない声をあげた。げっそりとやつれた中内の表情は、ウソのつけない人柄を現すように、九八年二月期決算の数字にそのまま示されている。

営業収益（売上高）こそ二兆四千七百万円と、日本一の小売業の座は依然確保したものの、対前期比マイナス一・四パーセントの落ちこみとなった。未曾有《みぞう》の消費不況のなか、対前期比〇・一パーセント増の一兆五千四百七十六億円の営業収益をあげたイトーヨーカ堂とはっきり明暗をわけた。

営業損益と経常損益の落ちこみはそれ以上に深刻だった。営業損益はマイナス百六十九億円となり、経常損益はマイナス二百五十八億円にまで達した。経常損益が赤字に転落したのは七一年の株式上場以来はじめてのことである。

九七年四月時点での経常利益の見通しは百億円だった。中間決算を発表した六カ月後の十月に下方修正したが、それでも七十億円の経常利益を見こんでいた。今回発表された経常赤字二百五十八億円とは、実に三百二十八億円もの開きがある。この見通しの甘さだけでも中内ダイエーの病根は相当に深い。

八十七の子会社を連結した連結決算の経常損益でも九十七億円のマイナスとなり、ダイエーグループは文字通り赤字コングロマリットに転落した。

これらの数字をライバルのイトーヨーカ堂の同期の数字と比較すると、中内ダイエーの深刻な状況が一層浮き彫りになる。イトーヨーカ堂の九八年二月期の営業利益は五百四十八億円で、ダイエーとは七百十七億円の開き、経常利益は七百三億円で、ダイエーとは実に九百六十一億円もの開きとなった。

セブン-イレブン・ジャパンなど四十九の子会社を連結した連結決算では対前期比マイナス五・二パーセントの落ちこみをみせたが、最終的には七百四億円の当期純利益をあげた。ダイエーの連結決算の当期純利益は十二億円だったから、中内ダイエーグループは単純に比較すれば、イトーヨーカ堂グループに純利益で七百億円近くも水をあけられたことになる。

ちなみに両社の九八年二月期の連結決算の営業収益は、ダイエー三兆一千六百三十三億円、イトーヨーカ堂三兆一千二百九十六億円と、その差はわずか三百三十億円あまりしかない。売り上げだけはトップの座を死守してきた中内ダイエーは、この点からもイトーヨーカ堂に激しくキャッチアップされている。

中内ダイエーの業績悪化が明らかになったのは、九七年二月期の決算発表に於《お》いてだった。営業利益は二十五億円で対前期比マイナス九三・八パーセント、経常利益はわずか五億九千万円しかなく、対前期比マイナス九七・六パーセントというすさまじい落ちこみをみせた。

この数字にあたかも堰《せき》を切られたかのように中内ダイエーには不祥事が相次いだ。

九七年十一月、横浜南労働基準監督署が労働基準法違反の疑いで横浜市内のダイエーの立ち入り検査に入った。同一の従業員をパートとアルバイトの二つの契約で雇用し、本来支払わなければならない残業の割増賃金を支払っていなかったという疑いがあったためだった。

九八年二月期の決算が発表される六日前の四月十六日には、公正取引委員会が優越的地位乱用の疑いで、ダイエーグループ一〇〇パーセント子会社のコンビニエンスチェーンのローソン本社などに立ち入り検査に入った。これはローソンが取引業者に対して決算対策の協賛金や超安値での納入を強要した疑いによるもので、公取委がコンビニ本部を立ち入り検査したのは今回がはじめてだった。

〈ダイエー系コンビニチェーン、ローソンに公正取引委員会のメスが入った。一部大手小売業とメーカー、契約業者との取引には、協賛金や決算協力金を求める取引慣行が存在するといわれたが、グレーとクロの境界線は明確ではなく、公取委の「注意」などにとどまることが多かった。今回のケースは、消費低迷など経営環境の悪化を理由に境界線を越えかねない小売業の古い体質に対する警鐘といえる（中略）。

さらに、今年になって「露骨に協賛金を要求されるようになった」。公取委の立ち入り検査の原因となった〝一円納入〟など、過激になっていた。「親会社のダイエーの業績不振と関連しているのでは」（食品メーカー役員）とみる向きもある〉（「日本経済新聞」九八年四月十七日）

この記事中にある〝一円納入〟については、ローソン本部も事実があったことを認めている。

ダイエーの深刻な業績悪化に話を戻せば、その最大の原因は売り上げの七割を占める総合スーパー（ゼネラル・マーチャンダイズ・ストア＝ＧＭＳ）の不振に求められる。店舗改装などの遅れにより、約四割の店が赤字となった。ＧＭＳは九六年二月期には約四百億円の営業利益をあげる稼ぎ頭だったが、二年後の九八年二月期には逆に五十億円あまりのマイナスを出す赤字部門に転落した。

中内は九八年二月期決算発表後のインタビューで、この点について次のように答えている。

「もう従来型のGMSをやろうとは全然考えていません。いまのGMSは〝何でもあって何も買いたくない店〟の代名詞になっている。これからは大規模店舗は百貨店に準ずる品揃《しなぞろ》えをし、小規模な店は食品スーパーに切り替えていく。そういう意味ではGMSの歴史的な存在意義はもうなくなった」

ダイエーはこの三年間で約五十店の赤字GMS店を閉鎖する計画である。その一方で四百億円を投じて既存店舗のリニューアルを行う方針である。だが、金融機関への監督を強める大蔵省の厳しい方針から、いずれの金融機関も融資の回収を急いでおり、グループ全体で二兆六千億円という巨額の有利子負債の返済は、ダイエーにとって急務の課題となっている。こうした点からみても、新たな投資資金を捻出《ねんしゅつ》するのは相当に困難な状況にある。

中内は先のインタビューのなかで、

「将来的にダイエーという名前はなくなるだろう」

と衝撃的な発言をしている。

その言葉を字義通り受けとれば、ダイエーの前途に明るい材料は何ひとつ見当たらないことになる。
一九八〇年代前半、ダイエーは百貨店、ディスカウントストアなど多角化展開の失敗と過大な投資負担により、
八三年＝マイナス六十五億円
八四年＝マイナス百十九億円
八五年＝マイナス八十八億円
と、三年連続の連結赤字に陥った。
それでもダイエー本体の収益力はまだ健全さを残しており、連結決算が最初に赤字に転落した八三年二月期も、単独の営業利益では三百八十億円と、イトーヨーカ堂の営業利益二百六十九億円を、百億円以上も上回っていた。
こうした業績の悪化は、当然、株価にも反映している。九八年二月期決算発表から約二カ月後の六月四日のダイエーの株価と、他の主要流通企業の株価（終値）をみてみよう。
ダイエー＝三百七十二円
イトーヨーカ堂＝六千五百三十円
ジャスコ＝二千五百十円
ダイエーはジャスコに比べて七分の一、イトーヨーカ堂に比べて十七分の一もの安値

をつけている。この日、ダイエーの株価は瞬間でははじめて三百七十円台を割る三百六十九円の最安値をつけた。バブルの絶頂期、ダイエーの株価は三千円台をつけていたから、この十年間で約十分の一に下落するという激しい凋落《ちょうらく》ぶりである。

ダイエーの店舗の塔屋にかざられたシンボルマークの半月は、いま、急速に沈もうとしている。

この凋落が誰の目にも明らかとなったのは、前述したように九七年二月期決算からだった。私が中内ダイエーの取材をはじめたのも、その決算内容の全容がほぼ判明しかかった九七年春のことだった。

九七年二月期決算発表直後のダイエーの株価は七百七十円台で推移していた。それから一年後の株価は四百円台を切るところまでいっている。わずか一年の間に株価が約半分に下落するという異常な事態に、現在陥っているダイエーのただならぬ状況がなによりもよく示されている。

いま、私の手元にダイエー、マルエツ、ダイエーオーエムシー、イチケンのダイエーグループ上場四社の株価推移をグラフ化したものがある。それをみると、九六年五月に千五百円台近くあったダイエーの株価が九七年四月に六百円台に下落したのを筆頭にして、各社とも一直線に〝右肩下がり〟の軌跡を描いている。

もう一つの経営指標となる有利子負債はどうか。九七年二月期決算後にダイエーが公表した数字によると、その有利子負債総額は単体で六千六百億円、連結では一兆四千三百五億円にのぼった。九八年二月期決算後の公表数字では、これが単体で六千九百八十二億円、連結では一兆三千六十億円と、あまりかわりがなかった。

この数字がいかに巨額なものかは、九八年二月期のイトーヨーカ堂の単体百十二億円、連結二千百五十億円という有利子負債額と比較すると歴然とする。

なお、私はこれまでダイエーグループ全体の有利子負債総額を二兆六千億円と書いてきたが、これは連結対象外の上場企業などをあわせたグループ全体の負債額のことである。ついでにいえばこの二兆六千億円という数字が公表されたのは九七年末で、それまでは持分法による前記の数字が公式のものとなっていた。

それにしても巨額な数字にはかわりがない。

現在、公定歩合が史上最低のまま維持されているからいいようなものの、もし、一パーセントでも上がれば、ダイエーの屋台骨はたちまち揺らぐ危険性をもっている。

連結赤字の元凶となっているダイエー関係会社一覧表という貴重な内部資料がある。一九九五年二月末現在と、少し内容は古いが、ここにはダイエーの子会社のうち総合小売業三十二社、専門店十四社、外食産業八社、不動産・サービス事業四十七社の計百一社と、関連会社のうち、総合小売業十一社、外食事業六社、不動産・サービス業二十三社の計四十社をあわせて百四十一社の営業収益、経常損益、当期損益などの重要な経営指標が一覧表の形で掲載されている。

このうち、総合小売業三十二社を例にとれば、ダイエーの持株比率一〇〇パーセントの熊本城屋が経常損益マイナス九億五千三百万円、持株比率八九・八パーセントのスーパー、セイフーがマイナス一億六千百万円、持株比率九四パーセントのスーパー、シズオカヤがマイナス二十二億九千二百万円などGMSとスーパーの業態をとる子会社三十二社のうち、実に二十二社の経常損益が赤字となっている。

経常損益が黒字なのは百貨店のプランタン銀座、ディスカウントストアのビッグ・エーなど十社あるが、その利益もプランタン銀座九億四百万円、ビッグ・エー一億七千五百万円と、その経営規模に比して決して高い数字ではない。三十二社の当期損益の赤字は百二億円にも達している。

この事情は専門店もかわらない。書籍・CD販売のアシーネ、婦人服専門店のロベリア、紳士服専門店のロベルト、時計・眼鏡専門店のゼノン、スポーツ用品専門店のダイアン、アクセサリー・服飾雑貨及び宝石貴金属専門店のディナディナなど経常損益はすべて赤字となっており、専門店十四社のうち九社が赤字という状況である。専門店業態のトータルでは、経常損益マイナス二十五億五千二百万円、当期利益マイナス三十四億二千四百万円という数字に達している。

外食事業、不動産、サービス事業も例外ではなく、子会社のトータル百一社のうち半分の五十一社の経常損益がマイナスとなっている。一覧表はマイナスを示す▲マークだらけで、これだけでもダイエーのただならぬ状態が伝わってくる。

一方、連結対象外の関連会社は個別企業の数字は発表されていない。ただし業態別のトータルの経常損益は公表されており、これもダイエーの経営の状況を知る上で貴重なデータとなっている。

それによると、百貨店の十字屋、プランタンデパート関西などのGMS、百貨店の業態トータルで、経常損益はマイナス十七億五千七百万円、当期損益は三十七億五千九百万円の赤字となっている。

不動産業、ビルメンテナンス部門四社のトータルでも経常損益は八億六千五百万円の赤字となっており、関連会社の経常損益で黒字となっているのは、マルエツなどスーパーマーケット五社トータルの二十六億八千二百万円、フォルクス、ほっかほっか亭総本部、ウエンコ・ジャパンなど外食六社のトータルの四億九千四百万円、福岡ダイエーホークス、リクルートなどその他のサービス業十九社トータルの七十億千五百万円だけである。そのサービス業十九社のトータルにおいても当期損益は五十五億三千六百万円の赤字である。

以上あげた子会社、関連会社の数字からも、ダイエーの創業以来といってもいい深刻な事態がうかがえる。

ここで、一言断っておきたいことがある。私がこれらの数字をここであえて列挙したのは、一九七年二月期決算の実質赤字転落を機にして〝水に落ちた犬は打て〟のたとえそのままにダイエーをバッシングするためではない。あえていうなら、私の立場はむしろ逆だといってもよい。一九五七年九月、大阪の場末といってもいい街角に店を出した一介の薬と雑貨の安売り屋が、創業からわずか十五年で三越を抜き〝日本一の小売業〟に成長した。そして、それから二十五年、神話的急成長を遂げたその〝日本一の小売業〟が、いま苦悶《くもん》にあえいでいる。

現在のダイエーの苦悩を示す数字は、実は成長につぐ成長をつづけた時期にすでに胚《はい》胎《たい》していたのではないか。躓《つまず》きの石はいま突然現れたのではなく、膨張期に準備されていたのではないか。その意味で私はダイエーの勃興《ぼっこう》期、成長期にこそ興味をひかれる。

ダイエーの苦悩を示すもう一つの重要な数字がある。

いうまでもないことだが、小売業の収益の源泉は一軒一軒の店舗にしかない。私はダイエーの各店舗の販売実績がここ数年どんな推移をたどってきたかを知るため、有価証券報告書のなかに記載されている全国三百六十五店に及ぶ店舗別売上高を抜き出し、それを三年間にわたって時系列的に並べてみた。

新規店舗は別として、既存店は一部の例外を除き九六年までの過去三年間、軒並みダウンという状況だった。各店舗とも年を経るにしたがって陳腐化し、業績悪化にともなう社員のモラールダウンによって、売り場は荒れるにまかせている。

たとえば岡山店をみると、第四十三期（九三年三月〜九四年二月末）に八十二億千六百万円が、第四十四期（九四年三月〜九五年二月末）には七十六億九千万円と六億円近くダウンし、第四十五期（九五年三月〜九六年二月末）には、さらにダウンして六十八億五千二百万円という数字にまで落ちこんだ。

この他にも、神奈川の相模原店＝七十億円↓六十二億円↓五十六億円。栃木のディーマート小山店＝九十二億円↓八十三億円↓六十五億円。千葉店＝百十一億円↓百四億円↓九十二億円。トポス町田店＝八十九億円↓八十三億円↓六十七億円。金沢店＝五十億円↓四十七億円↓三十九億円。岐阜店＝六十億円↓五十七億円↓四十九億円。大阪のトポス本店＝八十億円↓七十五億円↓六十六億円。広島のトポス福山店＝九十八億円↓八十九億円↓七十五億円。高松店＝五十七億円↓五十四億円↓四十六億円と、大型合併と大型リストラが行われたこの三年間で激しい落ち込みをみせている。

ちなみにディーマートとは新規開発型のディスカウントショップ、トポスとは既存店活性型のディスカウントショップのことである。

これらの数字は、実は数字に現れた以上に深刻な意味をもっている。というのは、この間ダイエーは九三年度＝九店、九四年度＝三店、九五年度＝七店、九六年度＝四店の増床を行っており、さらに、九四年五月の大店法見直しの通達に基づき、九五年二月からは全店の八五パーセントにあたる二百九十六店で従来の午後七時閉店を一時間延長した午後八時閉店としているからである。

つまり、店の売り場面積を増やし、営業時間をのばしたにもかかわらず、ダイエー各店舗の売り上げは伸びるどころか、逆にマイナスとなっているのである。

増床と売り上げの負の相関を示す一例として、滋賀の近江八幡《おうみはちまん》店があげられる。この店は九四年十月、千四百平方メートルの増床を行った。だが、売り上げは、八十八億円から八十五億円とダウンを喫している。同じく九四年十二月に千平方メートル増床を行った埼玉の行田店でも、増床前の売り上げ三十九億円が、増床後三十六億円と三億円のマイナスとなった。

流通業界で評価の高い基準に、ある経営コンサルティング会社が毎年発表する「戦略判定表」という一覧表がある。これは売上高、税引後利益、総資本、総資本回転率、売上利益率など、十三のファクターをかけあわせ、流通業界各社の〝企業生命力〟を判定したもので、その数値が三百を超えるものは超優良企業、百を超えるものは優良企業、五十を超えるものが安定企業、十未満の企業は危険企業と判定される。

これをみると、イトーヨーカ堂は一九九二年から九六年の五年間にわたってすべて三百を超えているのに対し、ダイエーのそれは、一ケタ、もしくはマイナスの数値となっており、きわめて危険な企業と判定されている。

九二年　＝　三・七三四
九三年　＝　七・八八二
九四年　＝▲二〇・〇七二
九五年　＝　六・五〇一
九六年　＝　〇・〇四五

この判定表をつくったのは、ダイエーの内情を知悉《ちしつ》する元最高幹部である。そのことも このデータに説得力を与えている。ダイエーに十三年間在籍した元幹部はその表を説明しながら、タメ息まじりにいった。

「現在のダイエーはまさに瀕死《ひんし》の状態です。いや生きている方が逆におかしいくらいなんです」

この状態を中内㓛はどう受けとめ、いかにして脱出しようとしているのだろうか。

私は九七年二月期決算と新たな役員人事が承認される九七年五月二十二日の定時株主総会の直前、中内㓛に面会し、その胸中を忌憚《きたん》ない言葉でたずねた。

「今回の決算数字の悪さの責任はすべてボクにある。四社合併で急速に膨れあがった人員を早く整理せないかんといいながら、時間がかかりすぎた。そうこうしているうちに今度は阪神大震災に直撃された。結局、タイミングを逸したということだが、その失敗の責任はすべてボクにある」

連結決算で赤字に転落した理由をたずねると、中内の口から即座にこんな言葉がとびだした。創業以来強気一本やりを押し通してきた中内が〝敗戦の弁〟を語るのはきわめて異例のことである。それだけで、いまダイエーがいかに未曾有《みぞう》の事態に陥っているかがわかった。

一九九四年三月、ダイエーはすでに傘下におさめていた首都圏のＧＭＳチェーンの忠実屋、九州のＧＭＳチェーンのユニードと合併したユニードダイエー、沖縄のＧＭＳチェーンのダイナハの三社と大型合併を行った。中内のいった四社合併とはこれを指している。

この大型合併により、ダイエーの社員数はパートも含め、合併前より二万人近く多い五万七千人にも膨れあがった。その整理がつかぬうち、翌九五年一月の阪神大震災に襲われた。この地震で、事実上の創業店ともいうべき三宮店が全壊するなど、ダイエーは甚大《じんだい》な被害をこうむった。パートの親族まで含めた死者数は百名以上を数え、被害総額はダイエーの発表によれば、約五百億円にものぼった。

ダイエーは、その後四社合併により急速に膨れあがった人員整理に本格的に入ったが、これは、阪神大震災による損失を補塡《ほてん》するという側面ももっていた。水ぶくれとなった社員をグループ企業に大量出向させるこの緊急避難的なリストラによって、九六年二月、ダイエーのパートを含めた社員数は一万七千人圧縮され、ほぼ合併前の水準に戻った。

しかし、パートを中心とした販売第一線部隊の急速かつ大幅な人員削減は、社員間にモラールダウンの気運をはびこらせ、売り場はまたたくまに荒廃していった。阪神大震災という天災に打撃をこうむった一面はあるにせよ、今回の業績悪化は、中内が創業以来掲げ、一度も旗をおろさなかったあくなき拡大欲のツケが一気にふきだした結果だったといえる。

ダイエーの未曾有の業績不振の原因を、そもそもGMSに代表されるスーパーはもはや時代の消費ニーズにあわなくなったからだとする意見や、長期的な消費不況に求める意見がないわけではない。しかし、同業他社の数字をみる限り、その原因を時代の流れとする見方や、消費不況に求める見方は必ずしもあたっていないことがわかる。

一九九五年と九四年の売り上げを比較してみると、百億円以上の売り上げをあげるダイエー三十三店のうち、実に七五パーセントに相当する二十五店が前年度の売り上げ実績を下回っている。これに対しジャスコは百億円以上の売り上げをあげる十二店全店、ユニーも七店全店で前年の売り上げ実績を上回った。

また、ダイエーの売上高百億円以上の店舗のうち、減収幅が五パーセント以上の店舗は十五店を数えたが、イトーヨーカ堂で、それに該当する店は四店にとどまった。

中内は、業績の悪化の原因は、自分自身のボタンのかけ違いにあったといったあと、「店がリストラで荒れてしまったのは事実」と、経営の失敗を率直に認めた。

私は中内とつきあって約二十年になるが、こんなに淡々と自分の非を認める中内をみるのははじめてだった。私はその率直さに却《かえ》って、中内ダイエーの深刻な苦悩をみる思いがした。

業績悪化や厖大《ぼうだい》に増えつづける借金の問題などがマスコミをにぎわしていたときも、中内は私に会うと、血色のいい顔をほころばせ、「借金と元気だけはあるんや」と軽口をたたいたものだった。

しかし、今回だけは違った。九八年八月二日で満七十六歳になるとは思えぬほど中内の血色は相変わらずよかったが、私の挑発的な質問にも怒ろうとせず、極力感情をおさえてしゃべる中内の口ぶりには、一種諦観《ていかん》のようなものが漂っているようにすら感じられた。

このインタビューにこぎつくまでには、実はかなりの時間がかかっている。私が中内個人に宛《あ》てかなり長い手紙を書いたのは、九七年一月なかばのことだった。その手紙のなかで、私はこの本の冒頭で述べた内容を要約して、次のように記した。

〈……私はこれまで戦後の高度経済成長とは一体何だったのか、ということをテーマに仕事をつづけてきました。その仕事をつづけながら、私のなかで、戦後高度成長の中核を成す経済、ビジネスの歴史と、それがわれわれ日本人の生活に何をもたらし、何を失わせてきたかを書かなければならないという思いが、次第にふくらんできました。

このテーマに叶《かな》う企業と人物は、中内ダイエーをおいてほかにありません。いまも経営の第一線に立つ人物のなかで、戦後を語り、そこに企業と自身の問題を投影できるのは中内㓛しかいないからです……〉

手紙には、東京下町の零細小売店に生まれ、大型スーパーの蹂躙《じゅうりん》により家業を閉じることを余儀なくされた過去の個人的出来事にもふれ、最後をこうむすんだ。

〈……これはダイエーという一企業の問題にとどまるものではありません。ダイエーの四十一年の歴史はそのまま、戦後の生きた経済史になります。それを中内㓛というひとりの人物を通して描くことは、今後の日本経済や社会、そして文化を展望する上で、きわめて重要な教訓を持つことを、私は確信しています……〉

返事はなかなかこなかった。ふだんからクイックレスポンスを旨《むね》としている中内にしては異例のことだった。中内がこの時期、ダイエー所有の高島屋株の大半を子会社のプランタンに売却することなどにより、連結赤字をなんとか避けようと必死で決算対策にとり組んでいたことは、あとから知った。

中内の側近によれば、中内は私の手紙を自分の執務室の机の上におき、それを繰り返し眺めては、時々、深い溜息《ためいき》をついていたという。その話を聞いたとき、私は中内の煩《はん》悶《もん》がいかに深いかを直感した。

結局、死にもの狂いの決算対策も叶わず、連結決算は赤字となった。赤字決算がはっきりし、もはや逃げもかくれもできない状況が、中内をして私に会ってもいいという気にさせたことは明らかだった。

しかし私は淡々と経営の失敗を語る中内の口ぶりに、一種凄味《すごみ》のようなものを感じないわけにはいかなかった。ドン底にたたきこまれながら、中内という男は、まだ自分を信じ、ダイエーが再び息を吹き返すことを本気で信じている。失敗を語りながら、中内は決して白旗をあげてはいなかった。今回の業績悪化は、そもそも四社合併という無理な拡大路線がもたらしたものだったのではなかったかと、私がたずねると、中内は間髪いれずに答えた。

「いや、それはないです。リストラのタイミングを逸したことと人員削減の対象を現場偏重にしたことは誤りだったが、四社合併の方針は間違っていなかった」

ダイエーはこれまでアメリカ流のきわめてドラスチックなM&Aを繰り返すことによって急激な規模拡大を図ってきた。一九七九年の第一建設工業（現・イチケン）との提携にはじまったダイエーのM&Aは、八一年のサンコーとマルエツの合併、九州ダイエーとユニードの合併、八四年のほっかほっか亭との業務提携、八七年の神戸オリエンタルホテルの経営権取得、八八年の南海ホークスの買収とつづき、九二年にはあのリクルートまで買収して世間をあっといわせた。

こうした一連のM&A戦略によってダイエーグループの企業数は三百社あまり、パートを含めた総社員数は約十万人にも膨れあがり、総売り上げ五兆円を超す超マンモス企業集団にのしあがった。

一方、あくなき拡大路線はダイエーの有利子負債額を急速に膨れあがらせていった。ダイエーがM&Aに投じた資金は一九九〇年以後に限っても二千億円あまりにのぼっている。九七年二月期の連結ベースの決算で有利子負債が一兆四千三百億円と、前期に比べ五百億円あまり増加したのも、業績の悪化に加え、一連のM&A戦略のツケがボディーブローのようにきいてきた結果だったともいえる。

私は中内に、この業績悪化を機に、これまでの攻勢一本やりの姿勢を守勢に転じ、M

＆A自体も見直すつもりはないのかとたずねた。

「いやいや、そんなつもりは毛頭ありません。私の理想とする目標は以前にもいったとおり、阪急グループをつくりあげた小林一三さんです。大衆相手の日銭が入る商売であれば、今後もどんどんやっていく」

中内は、九七年二月期の業績の悪化はあくまでタイミングの見誤りと、人員削減対象のボタンのかけ違いに帰せられるもので、路線自体を変更するつもりはまったくないということを、繰り返し強調した。

その言葉が中内の本音かどうかは別として、私は中内のその強気の発言を聞いている間、ダイエーの元幹部たちが口々にいった言葉を思い出していた。

「あの人は餓鬼です。欲しいものが目の前にあれば、子供のように泣きわめいて何をしても絶対に手に入れる」

前に連結赤字の元凶となった子会社の業績を少し紹介した。そこで紹介できなかった子会社のうち外食関連子会社を例にとって、その業績（九五年二月現在）をあげておこう。

経常損益マイナス七億二千万円の牛丼《ぎゅうどん》専門チェーン店の神戸らんぷ亭を筆頭に、居酒屋チェーン店のりきしゃまんがマイナス三億七千万円、食料品製造加工販売のロイヤルクックがマイナス一億千万円など、八つの外食子会社中、半分の四社が赤字で、八社のトータルでも、経常赤字三億六千万円、当期損益も二十億円の赤字となっている。

中内の強気の発言は、つづめていえば、ダイエー傘下の子会社を今後も増やしつづけるということである。その子会社が惨憺《さんたん》たる数字しか残していないことを知っている私からしてみれば、中内の言葉の真意はとうていはかりかねた。

というより、正直にいえば、中内は狂ったのではないかとすら思った。ダイエーのある元幹部に会ったとき、最近の中内の行動をみていると、とても正気とは思えず、狂気の沙汰《さた》としか思えない、といってもうお手あげだというポーズをとった。

確かに最近の中内ダイエーのふるまいは常軌を逸しているとしか思えない。業績の悪化が明らかになってからも、ヤオハンの店舗買収、銀座カネボウビルの買収、沖縄での新規大型展開と、中内ダイエーは以前にもまして旺盛《おうせい》な拡大路線をつっ走っている。

一九九七年二月、ダイエーがヤオハンの国内店のうち、十六店舗を買収したとき、業界ではダイエーのM&A路線にもとうとうかげりがではじめた、との声があがった。というのは従来のダイエーであれば、ヤオハンという企業丸ごと買うと思われていたためで、ダイエーの店舗が少ない静岡地区を中心にした東海地区の十六店に絞って買ったことは、ダイエーの体力低下の現れという評判も一部で立った。

しかし、それでも、ヤオハンの買収額は三百三十億円という巨額である。合併した企業の不採算部門の処理を依然かかえているダイエーにとって、その巨額の投資がさらに足をひっぱり、新たな経営負担にならないという保証はどこにもない。

さらに九六年十一月に明らかになった銀座カネボウビルの百二十億円が、これに加わる。中内によれば、銀座の一等地に建つこのビルはアメリカ、ワーナー・ブラザース映画のキャラクターグッズを扱うワーナー・ブラザース・スタジオストアのキーテナント店にするつもりだという。

ワーナー映画のキャラクターグッズを売る余裕があったら、少しは莫大《ばくだい》な借金を返す努力をしたらどうか、というのが世間一般の常識というものだろう。だが、中内は、銀座のキーテナントを中核に、今後アジアに向けて急展開していくと、大真面目《おおまじめ》な顔でぶちあげた。

沖縄の再開発は九七年五月に決まったばかりの大型計画である。那覇《なは》市北部の米軍住宅跡地など約二百十四ヘクタールに、高層リゾートホテルや、大型スーパー、専門店街などの複合商業施設などを建設する計画で、ダイエーの総投資額は二百億円から三百億円にのぼる見通しという。

沖縄という言葉が連想させたからかもしれないが、「ダイエーグループが、アジアの拠点づくりを目指して総力をあげてとり組む」という中内の言葉を聞いたとき、私の頭に、片道の油を積んだだけで沖縄戦に出撃し、途中、敵機の集中攻撃によりあっけなく轟沈《ごうちん》させられた戦艦大和の最期《さいご》の姿が浮かんだ。

中内ダイエーはいま本当に死地に赴いているのではないかという私の思いのベースには、業績悪化にあえぎながらも莫大な投資をなおやめようとしない拡大主義への懸念《けねん》があることは事実だが、もう一つ、九七年五月の株主総会後の役員会で明らかになった人事問題も、ダイエーの行手に暗雲をたれこめさせているように思えてならなかった。

この人事のポイントは、代表取締役会長兼社長の中内功に次ぐナンバーツーのポストにあった代表取締役副会長河島博と、代表取締役副社長というナンバースリーのポストにあった中内潤《じゅん》の処遇だった。河島は非常勤顧問となり、中内潤はそれまで冠せられていたCOO（Chief Operating Officer＝最高執行責任者）という役職が解かれた。

これによって中内功の長男で、慶応の大学院在学中の一九八〇年にダイエーに入社し、九七年に四十二歳になる中内潤が、自動的に名実ともにナンバーツーのポストに就くことになった。

八一年、日本楽器（現・ヤマハ）の社長から中内功に乞《こ》われてダイエーに入社した河島の思い切った経営改革は、V革（V字形改革）の名前で、いまもダイエー社員の間の語り草になっている。

河島が入社して三年目の八三年、ダイエーは連結決算ではじめて赤字を出した。

河島はこのとき、若手を中心にしたプロジェクトチームをつくり、赤字会社の資産を売却したのを手はじめに、抜本的な改革運動にとり組んでいった。連結の赤字はその後二年つづいたものの、三年目の八六年には黒字に復調し、その後の業績もＶ字型の直線を描くようにみるみる回復していった。

このとき一部では、再建の功労者の河島が中内にかわって、ダイエー社長のポストに就くのではないかと囁《ささや》かれたが、中内は社長の座を河島に譲らなかったばかりか、経営不振のまま放置されていたグループ傘下のリッカーの再建に河島を送り込み、ダイエー本体とは一定の距離を置くようにさせた。この人事によって、ダイエー内部における河島の影響力は次第に薄れていった。そして、それから十年後、河島は最後のポストからも外されることになった。

一方、ＣＯＯという役職を解かれた中内潤のケースは、河島の場合とはまったく様相を異にしている。

私はこの人事にふれ、ＣＯＯの役職を解いたのは、潤に経営責任が及ぶことを恐れた肉親としての温情措置ではなかったのか、あなたは結局、潤をかばっただけではないのかと、中内にたずねた。

中内は、私のぶしつけな質問に一瞬ひるんだような表情をみせたが、すぐに元の表情に戻り、あまりあわてた風もなく答えた。

「いや、私がＣＥＯ（Chief Executive Officer＝最高経営責任者）、副社長がＣＯＯという二本立ての権限があったのではまぎらわしいからやめただけ。他にあまり意味はないね」

私が中内にしつこく潤の経営責任問題をたずねたのは、潤がはじめたハイパーという新しい業態の失敗が明白になった以上、肉親の情を捨ててしかるべき処置をするのが当然だと考えたからである。だが中内は、私の質問に対して明確な答えを避けた。

ハイパーとは欧米に多くみられる倉庫型の低価格業態をモデルにしたもので、低価格のイメージを強調するため、天井はあえて鉄骨むき出しとし、床もコンクリートの打ちっぱなしの無機質な店づくりを基本コンセプトにしている。

九七年五月時点で、ハイパーの業態をとる店は北は北海道の釧路店から南は沖縄の泡瀬店まで、全国で二十七店あるが、その営業成績ははなはだ芳《かんば》しくない。主なハイパーの九四年と九五年の売上推移は次の通りである。

富山店＝六十一億円↓五十四億円　瀬戸店＝七十八億円↓七十二億円　北柏《きたかしわ》店＝九十一億円↓八十二億円　坂出店＝七十三億円↓六十一億円
トポスやディーマートなどのディスカウントストアやGMSに比べて落ちこみは少ないといえなくもないが、ハイパーの出店の大半が九三年以後に行われたことを考えれば、やはり見過ごしにできない事態といわざるを得ない。ふつう新規の店舗は、流通業界のこれまでの常識に従えば、最低でも開店から五年間は売り上げを伸ばしつづけるからである。

ハイパーの陳列商品価格は確かに安かったが、日本の消費者には受け入れられたとはいいがたい。鳴りもの入りで導入されたハイパー部門の九七年二月期の売上高はわずか二千百億円にすぎず、経常赤字は百億円を超えた。

話題がハイパーの不振についてふれたとき、中内はハイパーの業績低迷は一過性のものだといいきった。

「ハイパーは理論的には間違っていなかった。ただ日本の消費者には少し早すぎた。二歩くらい後退してからもう一度現実に即した練り直しをすれば必ず二十一世紀の業態になる」

バイイングパワーの爆発的拡大によってメーカーから価格決定権を奪い取る。中内がこうしたスローガンをかかげ、〝価格破壊〟の理論武装をして、世論の圧倒的支持を集めてきたことは事実である。そこには零細な安売りの薬屋からスタートを切った流通最末端の小売業のたくましさと、戦後に生まれた日本の流通業が目指すべき方向性が、確かに示されていた。

しかし、「理論は間違っていなかった」という中内の言葉は、いまは空《うつ》ろな響きしかもたなかった。

河島の退任という役員人事により、名実ともにナンバーツーの座についた中内潤のまわりには、彼に苦言、直言を呈する〝家老的〟存在は誰もいなくなった。

潤がはじめて役員に引きあげられた一九八四年、ダイエーの役員にはまだ、中内㓛と創業の苦労をわかちあった歴戦の強者《つわもの》たちや、昭和三〇年代末から四〇年代初頭に入社して文字通り寝食を忘れてダイエーのために働いた大卒の一、二期生たちが顔をそろえていた。

だが、ある者は死去し、ある者は退社して、そしてある者は関連会社にとばされて、ダイエーの創業期の苦労を知る役員のうち大卒定期採用組以外でいまも残っている者は、御大《おんたい》の中内㓛を除いては大卒の定期採用以前に入社したマルエツ社長の川一男がただひとりいるだけである。

このうそ寒くなるような役員人事の歴史をみていると、中内が再々口にする〝理論〟とは、結局、肉親を温存するための情動から発した方便ではなかったのか、という気さえしてくる。

ダイエーの中心にはいま、中内親子を除いて「そして誰もいなくなった」という状況が生まれている。中内はこれをしも、戦後急成長企業が〝理論的〟にたどりつく一つの結末だというのだろうか。

第二章　メモリアルのなかの流通帝国

前夜からの雨があがった一九九七年五月二十二日午前十時、神戸市中央区の兵庫県民会館十一階ホールで、ダイエーの第四十六回定時株主総会が行われた。役員を含め五百三十五名の株主が集まったその席で、質問はもっぱら営業成績の急激な悪化について集中した。

壇上の議長席に座った中内㓛《いさお》はこの質問に、O《オー》－157や狂牛病の影響、天候不順による季節商品の売り上げ不振、さらには人員削減による販売力の低下などによって、大幅な売り上げ減となったが、今後はカンパニー制のさらなる推進、店舗人員の再配置、改装などによって業績回復につとめたいと答えた。

カンパニー制とは、中央集権的権限集中の弊害を除くため、九六年二月から導入された組織改革制度のことで、GMSカンパニー、ハイパーカンパニー、DSカンパニーなど九つのカンパニーの長が、仕入れ、人事などの権限を掌握し、かなりの自由裁量権をもって各事業の推進をはかれる制度とされている。

このほか、連結で一兆四千三百億円あるといわれる有利子負債をどう圧縮していくのか、今後リストラをどう行っていくのかなどの質問が、中内に投げられた。これに対し中内は、差し入れ保証金の流動化と子会社の上場によって有利子負債をできるだけ圧縮したい、と答えた。

差し入れ保証金の流動化とは、店舗等のリース物件の返還保証金を債券化し、信託銀行等を通して資金調達するもので、九六年度にはすでに七十六億円を調達しており、今後、この方式をさらに推進することによって、九七年度には、百五十億円から二百億円、二〇〇一年までには四百億円から五百億円の資金を調達していく方針を打ち出した。

有利子負債圧縮策のもう一本の柱である子会社の上場については、DLL(ダイエーレジャーランド)、ダイエーフォートエンタープライズ、プランタン銀座、セイフーなどの株式上場を検討していることを明らかにした。

DLLは九七年三月、オリンピックスポーツのスポーツ施設十九店舗を譲り受けた新会社で、アミューズ及びスポーツクラブの運営にあたっている。ダイエーフォートエンタープライズはDPE及び写真関連の専門店、SM(スーパーマーケット)を業態とするセイフーは九七年五月十五日、ヤオハン・ジャパンの十六店舗を譲り受けた会社である。

これらの子会社を上場することによって市場から資金調達し、それを膨大な有利子負債の返済にあてるというのが、中内ダイエーの基本的な考えである。

この二つの経営政策により、五年後の二〇〇一年にはダイエー単体で六千六百億円ある有利子負債を五千億円に、連結で一兆四千三百億円ある有利子負債を四千億円あまり減らし、一兆円台に戻す計画という。

しかし、これはあくまで公定歩合が史上最低のまま維持されている現在の金融状況を前提にしたものであって、もし金利が一パーセントでもあがれば、この計画はたちまち水泡に帰すことになる。

それ以上に問題なのは、ダイエーが公表した有利子負債額が果たして本当の数字なのかという点である。詳しくは後述するが、銀行筋はダイエーの公表数字について、強い疑念をもってこれを眺めている。

ダイエー子会社のある幹部によれば、株主総会の直前、連結決算の赤字転落という厳しい業績の悪化から、今度の総会はかなり荒れるのではないか、総会後の役員会ではひょっとすると緊急動議がなされて中内功の解任という事態もあり得るのではないかと、一部では期待まじりに囁《ささや》かれていたという。しかし、そうした緊急事態を予想させる混乱もなく、ダイエーの株主総会は一時間三十七分を要してひとまず終了した。

前回の株主総会の所要時間二十四分に比べればかなりの長時間であり、質問件数が三十件あまりにのぼったこともダイエーの株主総会としては異例の出来事ではあったが、一応、中内ダイエー体制は命脈を保った形となった。

大荒れも予想されたその株主総会の前日、私はある大手都市銀行の元最高幹部の一人に会っていた。窓の外には、大手銀行本社の壮麗なビル群が建ち並んでいた。

私はダイエーの財務内容を最もよく知るバンカーといわれるその元幹部に、まずダイエーの借金問題についてたずねた。ダイエーグループの有利子負債総額は約一兆四千億円と発表されていますが、と質《ただ》すと、元銀行幹部は、私の質問をさえぎるようにして、こういった。

「いや、その数字は一兆円違います。ええ、一兆円少ないということです」

私は自分の耳を疑った。

前にも述べたが、この時点でダイエーが公表していた連結の有利子負債は一兆四千三百五億円であり、持分法適用外の上場会社を含めたグループ全体の有利子負債の二兆六千億円という数字が公表されたのは、それから半年近くもたってからのことだった。

「ダイエーグループの負債総額は公表数字より一兆円も多い二兆四、五千億円に達しています。しかもそれは五年ほど前のものだから、いまは少なく見積もっても三兆円はあるでしょう」

元銀行幹部はきわめて自信に満ちた口ぶりで断定的にそういった。

この数字に持分法適用外の子会社の有利子負債が含まれているかどうかはわからなかったが、それを別にしても異常な数字だった。

三兆円という金額がいかに天文学的な数字かは、すでに完成した、もしくは今後計画されている巨大プロジェクトと比較するとよくわかる。

一九九五年に大阪湾・泉州沖に完成した関西新空港の総事業費は一兆四千三百億円だった。九七年度予算編成で百億円の予算がついた整備新幹線・東北、北陸、九州の三ルートの総事業費は一兆二千億円とされている。また九八年四月に開通したばかりの本州と四国の架橋、明石大橋の建設費は神戸—鳴門《なると》の総ルートで六千百億円、大橋関連の予算だけでは千二百億円である。

つまり、ダイエーの有利子負債三兆円という数字は、整備新幹線三ルートを完成させた上に、関西新空港を開港させ、さらには明石大橋を三本架橋しても、まだ百億円のお釣りがくるほどの巨額ということになる。

元銀行幹部は、ダイエーの財務内容と、メインバンクを決めず、五行横並びの融資方式をとるダイエーの財務戦略について、淡々と説明をしはじめた。ちなみに五行横並びの銀行とは、東海、さくら、三和、住友、富士の五行のことである。

「五行横並びでメインバンクを決めないダイエー方式は、日本ではきわめて珍しいパターンに入ります。実際、この五行のダイエーに対する貸付残高などの数字も横並びで、新しい融資の案件があるときも、一行だけ断ることができないというのが現実でした。

銀行側が自由な意志をもって取引を考える余地はほとんどありませんでした」

この元銀行幹部によれば、今度の案件ではA行さんは十億円融資してくれました、だから貴行でも同じ十億円融資してください、というのがダイエー側からの融資オファーの基本姿勢だったという。

「ダイエーグループ企業との融資関係は、全部で百社ほどありました。グループへの融資は金額こそ五行横並びでしたが、取引企業は一行一社対応で分かれていました。原則一つのグループ企業に二つの銀行が融資することはありませんでした。

銀行からみると、取引のないグループ企業については、その経営内容等は知りようがありません。経営内容どころか、名前も知らないようなグループ企業もあるということです。つまり、銀行にはダイエーグループの全容がみえない。これはどこの銀行も同じだったし、いまも同じような状態がつづいていると思います」

ダイエーグループのすべてをあげれば関連会社は三百社を超えるといわれる。そこまで肥大化したダイエーグループの全容については、財務的に最もコンタクトをとっているはずの銀行ですら知らず、いまも貸し込みをつづけているという。私は愕然《がくぜん》たる思いにとらわれた。と同時に、ダイエーの子会社のある幹部職員がいった言葉を思い出していた。

「ダイエーグループの全容は、もう中内さんでもつかめていないはずです。考えてみてごらんなさい。三百個の財布からあれこれやりくりして出し入れしていれば、一個一個の財布の中身がどうなっているかわかるはずがありません」

私は元銀行幹部に、横並びの融資体制をとる五行がダイエーグループの財務内容について情報を交換しあうことはないのか、とたずねた。彼は即座に「それはありません」と答えた。私はその断定的な口調にメインバンクすらうかがいしれないダイエーグループの不透明さを知り、あらためて頭のなかが白くなる思いだった。

この元銀行幹部によれば、ダイエーグループの実体がよくみえない原因の一つに、グループ企業間での資金、利益、そして株のやりとりが頻繁に行われていることがあげられるという。

「そのこと自体は特にダイエーグループに限ったことではありません。例えば節税対策で儲《もう》かっているグループ企業がある一方で、赤字の企業がある場合、親会社は赤字と税金で二重苦になります。こうした場合、儲かった会社が赤字会社の株を買いとって、金利分を負担するということはよくある話です。しかし、ダイエーグループの場合、そのやりとりがあまりにも激しいため、外部の者はその中身がまったくつかめないのです」

私は最後に、この元銀行幹部にこんな質問をした。

ダイエーグループをここまで急成長させてきた中内㓛さんももう七十五歳です。お元気そうではありますが、いつ何が起きてもおかしくない年齢です。もしここで中内㓛さんの身に何か起き、息子の潤さんが自動的にダイエーの経営をまかされたとき、銀行としてはこれまで通り融資をつづけますか、それとも五行で銀行管理に入り、ダイエーグループをバラバラに解体させますか。

元銀行幹部はしばらく考えこんだあと、こう口を開いた。

「中内さんは現代の巨像です。虚像という声もあるようですが、私は間違いなく巨人だと思っています。いまのダイエーはその中内さんが取り仕切っているからこそもっているという見方もできますし、だからこそ悪くなっている、ともいえる。ただ銀行マンとして冷静に考えれば、個人の名声は〝担保〟にはなりません。これだけははっきり申し上げられます」

ダイエーがいま大きな曲がり角に立っていることは、これまで横並びの融資関係にあった五つの銀行の一角が崩れたことにも現れている。

ダイエーは一九九七年二月期中にさくら銀行からの借入金を半減させ、同行をメインバンクの一つから外すことを明らかにした。さくら銀行は、旧神戸銀行、旧太陽銀行、旧三井銀行三行の合併行である。

ダイエーとさくら銀行の取引がはじまったのは、一九六〇年前後のことだった。さくら銀行の母体の一つで、ダイエーの事実上の創業の地である神戸に本店を置く神戸銀行との取引が両者の関係がはじまる最初のきっかけだった。

その後、神戸銀行はダイエーの業務拡大を資金面で大きく支えてきた。このためダイエーの古手幹部のなかには、現さくら銀行を、〝ダイエーの心のメインバンク〟と呼ぶ者もいる。

中内はなぜ、その〝心のメインバンク〟を融資行からあえて外しにかかったのか。世上の評判では、一九六年五月にさくら銀行会長の末松謙一がダイエーに何の事前連絡もなく、ライバルであるイトーヨーカ堂の監査役におさまったことに中内が怒りを爆発させたからだといわれる。

末松は旧三井銀行の出身で、その三井銀行とイトーヨーカ堂との関係は一九六〇年代まで遡《さかのぼ》れるほど親密な仲である。こうした背景もあって、末松はダイエーの借金体質について常日頃から歯に衣《きぬ》を着せぬ発言をしてきたといわれる。

さらに九七年三月十日、流通業界を代表してイトーヨーカ堂社長の鈴木敏文の経団連副会長就任が内定したことも、この問題の背景をなしているともいわれる。これが中内の神経を一層逆なでし、〝心のメインバンク〟を一気に切るという挙に出させたのではないかというのが業界のもっぱらの評判だった。中内とごく親しい複数の関係者の証言によれば、中内は鈴木の経団連副会長就任に反対するため、超大物政治家に会い、イトーヨーカ堂に関する悪い噂《うわさ》をあれこれ吹きこむことまでしたという。

鈴木の経団連副会長就任の背後には三井グループ重鎮の小山五郎が動いたといわれており、これら諸々《もろもろ》のことが重なって、ダイエーとさくら銀行の親密な関係が突然断ち切られた、というのが大方の見方だった。

さくら銀行の問題が様々な憶測を生んでいた一九九六年七月末、私はたまたま中内に会う機会をもった。千代田区二番町のベルギー大使館で行われた〝ベルギーレオポルド勲章・コマンドール章〟の授与式で、内閣官房長官の梶山静六などの祝詞を受ける中内は満面にこぼれんばかりの笑みをたたえていた。ベルギーと日本の経済関係の強化に尽力したのが受章の理由といわれているが、結局、ベルギーのビールをダイエーが大量に安売りしたからじゃないか、という参加者の口さがない陰口が耳に入っているにもかかわらず、中内は終始上機嫌で、首からぶら下げられた金ピカの勲章を、私の手にとらせながら、

「重いやろ。これが全部純金だったらええのにな」

と軽口を叩《たた》いた。私がさくら銀行との関係についてたずねると、中内は相好を崩したまま、こういいきった。

「あれはとんでもない銀行や。だから切ったんや」

しかし、さくら銀行の内部に詳しいある関係者によれば、今回のダイエーとさくらの決裂の背景には、ダイエー側よりさくら側の事情がむしろ大きく働いていたという。

「五年ほど前、さくら銀行がダイエーグループの財務内容について知りたいと思い、精査したことがあります。グループ企業の事業概要、売上高、利益、資産状況などをヒアリング調査しました。その結果わかったのが、二兆四、五千億円という膨大な有利子負債でした。

さくら銀行としては巨額な有利子負債を圧縮するしかないという結論に達し、ダイエー側に返済計画の提出を要求したんです」

ダイエー側が提出した返済計画が計画通りに実行されているか、さくらは毎年検討していったが、返済計画は思い通りには進まなかったという。

「負債を減らすためには、フローの収益を増やさなければなりません。そのためには資産を処分して現金化しなければならないわけですが、折しもバブル経済の崩壊で、返済計画はなかなか思い通りにはいかなかった。

加えて、計画では売上高と利益率がともに急成長するという前提に立ち、その二つの掛け算で爆発的に儲かる皮算用でしたが、これも思い通りにはいきませんでした。

さくら銀行の内部で、四、五年前からダイエーからの融資の申し込みがあると議論することが多くなったのもそのためです。さくら側からダイエー側への返事が遅くなってしまうケースが段々増えたんです。しかし、ダイエー側にしてみれば、〝他の銀行は二つ返事でOKを出しているのに、なんでさくらだけグズグズしているんだ〟という感じをもったかもしれません。

こうしたことが重なって、両者の〝ケンカ〟の伏線になっていったんです」

いずれにせよ、中内自身、一九九七年の株主総会の席で表明しているように、銀行からの借入金を元に業務拡大を図ってきたこれまでのダイエーの財務戦略を根本から見直し、子会社を積極的に株式上場し、それで得た資金を有利子負債の返済と新規事業の調達資金としようとしていることは確かである。

この根本的な財務戦略の見直しは、人間の手術にたとえれば、いままで患者の体内に流れていた血液を輸血によってすべて新しい血液にかえるほどの大手術を意味している。逆にいえばダイエーはいま、それほどの大手術を施さなければならないほどの危機的状況にあるということである。

株主総会に遡る十日前の五月十三日、浜松町のダイエー東京本社で中内に会った私の念頭にあったのもそのことだった。

今後、ダイエーグループの資金調達は銀行借入という間接金融の方式から、株式上場による直接金融の形に方向転換するのか、とたずねると、中内から間髪いれずこんな答えが返ってきた。

「いままで私は、上場ということについてあまり関心がなかったんです。しかし考えてみれば銀行から借り入れをして、そして仕事をしていくということは、本来、資本主義原則に反するものです。それは日銀をピラミッドの頂点とする一九四〇年代の戦時金融体制にくみこまれっぱなしになっていることと同じです。いままでは銀行から金を借りる方が株主に配当を払うより安くすんだから間接金融の形をとっていただけで、今後は直接市場から投資してもらう時代になる。これからは上場できるところは積極的にどんどん上場していく考えです」

一九四〇年代の戦時金融体制云々《うんぬん》というのは中内の〝持論〟の一つだが、この点については後で述べることにする。

中内がそうした〝持論〟に反してまで市中銀行からの借入金をM＆Aを含めた業績拡大の最大の武器としてきたのにはわけがある。この資金調達方式で大きな担保となったのは、ダイエーグループが所有する土地や有価証券などの含み資産だった。バブル時代、土地も株価も右肩上がりに伸びつづけ、その限りにおいてダイエーの担保能力は信頼に足るものだった。

だが、バブル経済の崩壊によって土地も株価も一気に下落し、これにともなって含み資産を中心としたダイエーの担保能力も急落した。ちなみに九五年度に五百三十八億円の含み益があったダイエー保有の有価証券は、九六年度には創業以来はじめて百四十億円の含み損に転落した。

円資本主義の原則に戻るという中内の言葉を額面通り受けとれないのは、その裏にこうした〝台所の事情〟が見え隠れしているからである。

中内は将来の上場計画として、ダイエーグループ唯一《ゆいいつ》の優良会社といわれるローソンの名前もあげた。

しかし、ローソンを現段階で上場するのは事実上不可能である。株式公開すれば時価総額は一兆円になるといわれる優良会社ローソンの上場を拒んでいるのは、一つには、ダイエーグループ企業間に複雑な株式の持ちあいの構図があるからである。ダイエーの子会社は、中内の旺盛《おうせい》なM＆A戦略でダイエーが取得した企業の株式を多くまかされている。これはダイエー本体の保有株比率を引き下げ、それによって資金調達の労を軽減するためで、プランタン銀座が借り入れしてまでダイエーの保有する高島屋株を購入し、前期の赤字決算を救ったのはその典型例だった。

こうした構図のなかで、現在ローソンはダイエーグループ中最大の株式引受会社となっている。マルエツ、リクルートなど総額で二千億円あまりの株式を保有するローソンは、ダイエーグループの事実上の持ち株会社といってよい。

中内によれば、こうした莫大《ばくだい》な保有株が、実はローソンの公開を拒む最大の要因となっているという。公開するにはそれらの株式を整理して身軽にならなければならないからだが、現実問題としてダイエーグループのなかにいまそれらの株式を引き受けられるだけの体力のある企業がないことは中内も認めるところである。

しかし、ローソンの公開を拒んでいるのは、それだけではない。ダイエーのある元幹部によれば、黙っていても毎日、三十億円近くの日銭が入ってくるローソンは、いうならばダイエーグループの金のなる木で、そのキャッシュフローをダイエーグループ各社に資金供給しているのが実情だという。ちなみにローソンの九六年度売り上げは、一兆九千八百五十億円にものぼっている。

「もしローソンの株を公開すれば、財務内容がオープンとなり、これまでのように自由な資金調達ができなくなる。ジャスコの経営するミニストップが千店あまりで上場したのに、セブン-イレブンを急追して業界第二位、店舗数六千店以上のローソンが上場できないのはおかしいといわれていますが、いまのままで上場すれば、加盟店から、本部はフランチャイジーからのロイヤリティーを本当に有効に使っているのかと反発がでるのは必至です。その意味でローソンはダイエーグループ唯一の稼ぎ手であると同時に、アキレス腱《けん》でもあるんです。ローソンの上場は絶対ありません」

この当時ローソンの上場は絶対にありえないといわれていたが、二〇〇〇年七月、複雑な持株関係を特別損失計上を覚悟した上で整理し、どうにか上場にこぎつけた。これは上場によるキャッシュインと株の売却益によって少しでも負債の削減を図らなければならない状況に追い込まれたためである。しかし、その狙《ねら》いは上場の瞬間、はやくもくずれた。ダイエーでは上場前、初値を最低でも八千円、大化けすれば一万円も夢ではないと考えていたが、公募価格は七千二百円にとどまり、東京証券取引所での初値も公募価格を下回る六千円という安値だった。上場に伴う収益も当初、四千六百十億円を目論んでいたが、実際には三千五百四十億円と、予定額よりも一千億円以上も不足の事態となった。

こうした無理な資金調達と複雑な持株関係の隘路《あいろ》を一気に突破しようと中内が九六年頃から盛んにいいはじめたのが持ち株会社制度の解禁だった。

「持ち株会社制度が解禁されると同時に、第一号として名乗りをあげたい。上場会社はダイエーもローソンも持ち株会社の下に並列にならぶ。いまのところはローソンがダイエーグループの持ち株会社となっているが、この制度が解禁されれば、ローソン上場の契機にもなる」

仕入れ、人事の権限を委譲したカンパニー制度の導入も、分社化、そして持ち株会社への移行という流れをにらんだ中内なりの布石だったといえる。

しかし、中内が意欲を込めて語るこの持ち株会社化の話に耳を傾けながら、私はまったく別のことを考えていた。私の頭のなかでは、〝転向〟、〝変節〟という二文字が繰り返し明滅した。

持ち株会社の設立については、早くから借金会社の相続税対策の逃げ道になるのではないか、財閥復活の逆コースになるのではないか、などの懸念《けねん》がもたれていた。〝価格決定権をメーカーの手から消費者の手に取り戻す〟をスローガンに、バイイングパワーの増大に寝食を忘れて邁進《まいしん》していった中内が、そこに逃げこむことしかダイエーの将来はないとでもいうように、相続税対策の狙いもあるといわれる持ち株会社の解禁に率先して唱和し、そして臆面《おくめん》もなく戦後財閥の一角に名乗り出ようとしている。

中内は経団連の副会長も経験し、勲一等瑞宝《ずいほう》章ももらい、戦前の大財閥の三井家、浅野家や、津軽家を通じて皇室ともつながる閨閥《けいばつ》づくりも完了した。中内にとってあと残された〝事業〟は、血をわけた息子を持ち株会社の社長にし、〝資本の論理でダイエーグループをコントロールすることだけなのだろうか。持ち株会社になれば、ダイエーグループの筆頭株主である中内家の長男の潤が社長になることが自然の流れとなる。

私はそんな思いにとらわれながら、目の前の中内㓛の顔をじっとみた。中内は私の視線に一瞬、目をそらしたようにみえた。私は照れたような笑いを浮かべて目をそらした中内に、四十年間己の欲望を肥大させてきた男のぎりぎりの含羞《がんしゅう》をみる思いがした。

九七年二月期決算発表の段階で中内が私に会うことをひどく逡巡《しゅんじゅん》したのは、一つには連結決算赤字の事態が必至となったためだが、もう一つは、ダイエーの足どりを通して日本の戦後経済史を書きたいという私のモチーフに強い難色を示したためだった。そのことは、中内に会ってはじめてわかった。

「ボクの中では戦後はまだ終わっていない。ダイエーの社史を出していないのもそのためでな。まあ、創業五十年ぐらいになったら出そうと思っとるが。だから戦後史を書かれるといわれても困るんや」

戦後はまだ終わっていない。中内が断定的にいい切ったその言葉に、私は最近聞いたあるエピソードを思い出していた。

九六年十一月、ダイエーは東京・品川の日本たばこ仮本社跡に会員制ディスカウントショップKou'Sをオープンした。中内㓛の名前の㓛からとったその店は、すでに神戸のポートアイランド、大阪の南港、神奈川の厚木に出店しており、これが四店目の出店だった。

この時点でダイエーの業績悪化は明らかだった。オープンセレモニーに出席した中内に新聞記者からこんな露骨な質問がでたのもそのためだった。

「中内さん今度の決算は大変厳しい数字になりそうですね。中内さんもこれを潮に、引退されたらいかがですか」

すると中内は満面に朱をそそいだような顔になり、大声でその記者を怒鳴りあげた。

「キミは何をいうとるんだ。日本の流通業をつくってきたのは誰やと思っとるんや。ボクが日本の流通業の歴史や。そのボクが多少業績が悪いからといって、敵前逃亡するようなマネができるか」

私とのインタビューでも決算の数字や経営の失敗を語る中内の声は弱々しかったが、流通業について語るときの中内は自負と自信に満ちあふれていた。私が、中内さんにとって流通とは一体何だったのか、という質問をすると、中内は立板に水のようにまくしたてた。

「生産と消費を結ぶ非常に大きな機能だ。ところがこの国において、流通という概念は存在しなかった。要するに物をつくって輸出だけ、戦争になると軍需産業が興《おこ》って、缶詰一個から毛布一枚に至るまでがんじがらめの規制のなかに入っていった。そんななかでは、流通というものが生まれるわけがない。配給はあったけど、流通はなかったわけや。

いまの流通だって、通産省はじめ各省庁がつくったガイドラインのなかだけの流通であってね。本当の自由な流通じゃない。本当の自由な流通、完全ボーダレスの流通がなければ、二十一世紀に日本は生き残れない。この狭い国土のなかで、いまさら工場をつくるわけにもいかんしな。

われわれのような物品販売業をはじめ、サービス業も全部含めて、生産と消費以外はすべて流通という帯があるわけよね。株式市場も。だからこれからの日本が生き残るためには、流通を根幹に据えて、アジアや世界とどうつきあっていくかを考えなきゃいかんね。

ボクが流通科学大学をつくったのもそのためでね。これからのボーダレス社会のなかで、尊敬される日本人になるためにも、アジアや世界のなかでの流通ということを若い人にどんどん学んでいってもらいたいんや」

中内は太平洋戦争の原因も、元はといえば国家間の石油の奪いあいで、本当に自由な流通があれば、戦争は回避できたかもしれないといった。

中内が私とのインタビューで繰り返し述べたのは、戦後も戦時体制がつづいている、だから戦後はまだ終わっていないんや、ということだった。

現在の日本の経済社会の仕組みは、昭和十五年を中心とした一九四〇年体制という戦時体制に、いまだ縛られている。あのときつくられた国家総動員法から、日本銀行法、食管法、アルコール専売法など規制だらけの法律が生まれた。日銀法は金融機関を戦争目的に協力させようと民間から金をかき集めるためにつくった法律だ。それがいまもつづいている。

労働組合も大政翼賛会の傘下におさめられ、それが現在の企業内組合のスタートラインになっている。年功序列、終身雇用も戦時体制のなかでつくられた。源泉徴収も同じだ。税金の天引きという世にもおかしな制度は、戦時体制ではじめてできた。われわれは戦時中の官僚が編みだした官僚統制のなかから、いまだ脱出できていない。要するに日本では、まだ市民社会というものが誕生していないんだ。だから、タックスペイヤー（納税者）という考えが、日本では定着しない。

税金は一方的に御上に召しあげられる。まだ、税収配分を五公五民とした江戸時代の方がマシだった。いまは七割ももっていかれる。江戸時代にこんなことをやっていたら暴動が起きる。いまの日本で暴動や革命が起きないのが不思議なくらいだ。

政治の五五年体制は大して問題がないけれど、四〇年体制は確実に日本の活力を奪っている。いま問題になっている業界の談合体質だって大政翼賛会以来、各業界が新規参入を認めない業界団体をつくってきた名残りだ。日本ではＯＤＡでも何でも談合で決めている。

四〇年体制から生まれたこれら様々な規制をすべて撤廃すれば、日本の物価は間違いなくいまの半分になる。別に価格破壊とか何とか恐ろしいことをいいたてなくても、自然にノーマライゼーションして、世界中が一つのマーケットになってくる。

中内はおおむねそんなふうにまくしたてた。私は中内のしごくまっとうな意見にうなずきながらも、それがまっとうであればあるほど、疑念がわいてくるのを禁じえなかった。

中内は官僚体制を痛烈に批判したが、組織があまりにも巨大化、硬直化し、それゆえに一般の人々の反発と離反を招いているという点では、ダイエーもまったく同じではないか。私の感じた疑念は、要約すればそのことにつきる。

中内は日本に自由な市民社会はないといったが、それではダイエーの社内に、CEOの中内に向かって自由に発言し、暴走をいさめることができる空気があるだろうか。カンパニー制を敷き、その長にかなりの裁量権は与えたとはいうものの、どんな些細《ささい》なことでもカリスマである中内の裁可を仰がなければならないというのが、ダイエーグループのいつわらざる実情である。

私が中内を称して、最も〝戦後的〟な人間、と再三述べてきたのは、〝戦後〟を頭で批判しながら、その下半身はどっぷりと〝戦後〟につかっているという思いが、ずっと念頭をはなれなかったためである。その思いは、ダイエーグループが巨大化し、中内が高齢化すればするほど私のなかで募っていった。

ダイエーの各店舗の塔屋にデカデカとかかげられた巨大な半月マークは、いつまでも満ち足りることを知らない中内の底知れぬ飢餓感と、暗黒大陸といわれる日本の前近代的な流通界の闇《やみ》を照射するという中内の強い自負を象徴しているという。だが、グループ企業間の株や資金のやりとりに代表されるように、ダイエーグループそれ自体が、いまや外部からはうかがうことのできない、闇の暗黒大陸と化している。

中内は以前のインタビューで私にこういったことがあった。

「僕は勇敢やなかったから戦争から生きて帰れたわけでね。体じゅう手榴弾《しゅりゅうだん》の破片を浴びたんやけど、他の人と違うてあまり勇敢な兵隊やなかったから生き延びることができた。

戦後もあまり勇敢でなかったから、一番芽の出そうのないスーパーをやっておるわけです。本当をいえば、戦後三つくらい伸びそうな芽があった。

一番最初、満州時代の兵隊仲間がきて、パチンコをやろうといった。もしやっとったらいまごろパチンコ王になっとったかもしれんね。

二番目にいわゆるサウナね。これをやろうと。元禄《げんろく》時代みたいに、内湯をつくって湯女《ゆな》を置いて。これをやると日本は平和になるというんだ。けど、女の子の汗とアブラで稼ぐのはちょっとぐあいが悪いなとやめた。

三番目は、サラ金をやろうという話があった。しかし子供の時分にみた国定忠治の芝居を思い出してね。金貸しが貧乏人のせんべい布団《ぶとん》を巻いて帰ってくる。それを見ておって、金貸しじゃ寝覚めが悪いと思って、三回金儲《もう》けのチャンスを逃がして、しょうがないから、日銭を稼ぐスーパーマーケットに入っていったわけです」

この話を聞いたとき、なるほど中内は〝戦後的〟だな、とあらためて思ったおぼえがある。中内は勇気がなかったからやらなかったといったが、中内がスーパーより芽が出そうだと直観したバクチと女と金こそ、まさに戦後五十年そのものだったからである。

しかし私がいまここでいいたいのはそのことではない。

ダイエーグループのなかに、ディックファイナンスとパンドラという会社がある。ディックファイナンスは、ダイエーオーエムシーというカード金融サービス業の子会社で、消費者金融業界でも貸出残高ベストテンに入る規模だ。

買収した日本ドリーム観光と忠実屋の子会社が合併してできたパンドラは、パチンコ店経営を業務としており、横須賀、神戸など全国で十三軒のパチンコ店を経営している。

つまり中内は、湯女商売にこそ手を出さなかったものの、かつて自分で封じたはずのサラ金とパチンコ経営に、堂々と乗り出しているのである。

その〝変節〟を問うつもりはない。大衆相手に日銭の入る商売であれば何でもやる、と公言してはばからない中内のことである。しかし、中内の〝流通革命〟の理念や、〝価格破壊〟のスローガンに共鳴してダイエーに入社した社員が、リストラによって売り場からはずされ、腰にぶら下げたカギの束をジャラジャラいわせながらパチンコ屋の店内を巡回している姿は、やはりあまりにも物哀《ものがな》しい。

このインタビューの冒頭、中内は自分は死ぬまでに絶対に「自伝」を書かない、といいきった。いまから三十年近く前に出した『わが安売り哲学』を自らの手で絶版としたのも、同じ考えからだったという。

「あれを出したとき、ボクは経営評論家の三鬼陽之助先生にこっぴどく叱《しか》られた。経営者というものは仕事をするものであって、物を書くのは仕事ではない。物を書くということで自分の手足を縛って、そのなかでジタバタ苦労するのは本末転倒というものだってね。そのときボクは三鬼先生に二度と物は書きませんって、約束したんだ」

中内の言い分はそれはそれなりによくわかった。しかし、私は、中内が「自伝」を書かないといったのは、それとはまた別の理由があると思った。

これまで述べてきたことからもわかるように、中内のこれまでの言動はあまりにも矛盾にみちている。もし、それをそのまま「自伝」の形で書くとすれば、論旨は分裂し、文章の体をなさないことは必至である。

もう一つ私がひっかかったのは、中内が「自伝」を書くには、まださしさわりのあることが多く、他の人にも迷惑がかかるといったことだった。私はこの言葉に、中内の他人に対する細やかな配慮というよりは、むしろ中内の保身と怯懦《きょうだ》を感じた。

中内ダイエーの戦後の足どりとは、極論すれば〝さしさわりのあること〟をがむしゃらにやりとげてきた歴史だったといえる。松下電器産業や花王などの大メーカーに対して、再販制度をめぐって負け戦《いくさ》承知のケンカを挑んでいったのは、中内ダイエーのそうしたむきだしの闘争心を、いわば象徴する出来事だった。

一般消費者はそんな中内ダイエーに快哉《かいさい》を叫び、中内㓛はそれによって、戦後の時空間のなかで英雄視され、カリスマ化されていった。

その中内が功なり名をとげて〝さしさわりのあること〟は一切書きもしないし、言いもしないという。これは保身と怯懦以外の何物でもあるまい。

一介の安売り屋から始まって五兆円の大企業集団までのしあげた中内の業績は、確かに、凡人では絶対になしえない偉業だったといえる。私もその業績をたたえる点に関しては人後におちないつもりである。しかし、私は、その偉大なる業績の裏に隠された〝さしさわりのあること〟にそれ以上の関心をもって、この稿を書き進めていくつもりである。

〝さしさわりのあること〟への言及のなかにこそ、中内ダイエー急成長の原動力を解く最大のカギがあり、ひいては戦後消費社会の背景を貫いた欲望の扉をこじあける秘密のカギがあると思うからである。

戦後も戦時体制がつづいているという話から、話題はいつしか戦争に移っていった。

こちらから水を向けたわけでもないのに戦争の話をはじめる中内の姿勢に、私は中内が私にあてた寓意《ぐうい》のようなものを感じた。

自分はいま、かつてほうりこまれたフィリピン戦線と同じ最後の戦場にいる。満身創痍《まんしんそうい》で敗戦必至を覚悟しながらカタストロフィー（破局）に向かっている……。

私が戦争を語る中内から、そんな諦観《ていかん》にも似たメッセージを感じとったのは、中内が突然、自分の葬式について語りはじめたせいもあったからかもしれない。

葬式の話題が出たのは、「自伝」を書かないという気持ちはわからないではないが、もしこのままダイエーの歴史を書かないままにしておけば、資料は散逸し、当事者の証言も風化していってしまうではないか、と私がたずねたときだった。

「まあ、風化した方がいいんじゃないですか。ボクは死んだら鄧小平のように散骨してもらいたいと思っている。毛沢東のように遺体のままで寝とるというのは、いかにも苦しそうでいやだね」

私は中内の話に出た鄧小平の連想から、最近、ある中国人から聞いたこんな話を思い出した。その中国人は、鄧小平が散骨した理由について、こういった。

「三千年の歴史をもち、王朝が興亡を繰り返す中国では、一代の当主が死んでも、それに敵対する勢力は絶対に恨みを忘れず、その墓を暴《あば》くことなど平然とやる。鄧小平が散骨したのはそうした中国の歴史を本当に身にしみてわかっていたからです」

中内が本当に散骨するかどうかはわからない。しかし、鄧小平の散骨話をわざわざする中内の心理の裏には、自分に対する社内外からの禍根が子孫に及ぶのを恐れて、自分の肉体を雲散霧消させたいという気持ちがどこか無意識のうちに働いているのではないか。ほんの一瞬だが、私にはそんな気がした。

「私が中内の言葉から感じたもう一つのメッセージは、いまあげた話とある面では矛盾し、ある面では相通じるものだった。中内は私に対し、戦後は終わっていない、したがって私の仕事も終わっていないと、繰り返し語った。

私は、敗戦必至の最後の戦場のような状況に立たされながら、まだ降参の意思表示をしない中内の執念の深さに、鬼気迫るものを感じないわけにはいかなかった。

中内の欲望の強さと嫉妬《しっと》ぶかさを物語るエピソードは枚挙にいとまがない。ダイエーのある幹部は、中内にこれまで何本筆記用具を召しあげられたかわからないという。

「ボクが多少高級なボールペンを使って書類を書いていると、中内さんはいつもジーッとボクの手先を見るんです。ハハア、欲しいんだな、と勘づいて、〝あげましょうか〟というとそれこそ満面に笑いをうかべ、〝そうか、そうか〟といってポケットに入れてしまう。同じやり方でカバンも随分とられました。

あの人は、他人がもっているものは全部欲しいんです。企業も同じです。あの人にとってはM&Aも他人のボールペンをとる感覚と同じなんです。

あれほど、物欲が強い人はいません。ホテルに泊まると、備品のタオルや洗面用具をあらいざらいもち帰る。飛行機に乗るとコーヒーをかきまわす小さなマドラーまで忘れずもっていく。一度〝あなたもいまや日本を代表する企業の大社長なんですから、そんなみっともないことはやめたらどうですか〟と、やんわりたしなめたことがありました。けれど、〝いや、このクセだけはなおらないんだ〟といって、とりあってくれませんでした」

ダイエーと三十年以上取引関係をもつある開発業者は、港区芝公園のダイエー東京本社、通称〝軍艦ビル〟十四階の中内の執務室に何度も入ったことがある。彼は、部屋の隅にサウナルームが設けられていることに、まず驚かされ、そのサウナルームに、世界各国の有名ホテルから失敬してきたバスタオルや石鹸《せっけん》類がぎっしり収納されていたことに、もう一度驚かされた。

「他人を信じないという点にかけても、あれほどの人はみたことがありません。あの人は店長を猫の目のようにくるくるかえるんです。一年も同じ店をまかせられればいい方です。ボクが〝そんなことでは店の業績はいつまでたってもあがりませんよ〟と文句をつけると、中内さんはこういったんです。〝一年以上同じ店にいれば、悪いことをするに決まっている〟ってね」

中内がフィリピン戦線で、眠ればいつ味方に殺され、己の肉体を戦友たちに貪《むさぼ》られるかわからない極限状況にいたことはよく知られている。人間存在のこの目もくらむような不条理を見てしまったことが、戦後の中内の生き方を決定づけた。

元幹部は最後にいった。

「あの人は、他人を絶対信用できない。あの人にとって信用できるものは、自分の血をわけた子供たちと絶対に動かない土地だけだったのではないでしょうか」

店舗開発用の土地を次々と取得し、開店することで周辺を含む土地価格を上昇させ、それを担保に銀行から借り入れして業務の拡大を図る。これがダイエーのこれまでの基本経営戦略だった。この〝土地本位制〟ともいうべきダイエーの戦略は、実は中内の戦争体験と深く結びついている。植民地という名の〝国土〟をすべて失った戦後という時空間の底流には、土地に対する異常なまでの枯渇《こかつ》感が流れつづけた。

中内の羅刹《らせつ》にも似た欲望の深さは、同業他社と対峙《たいじ》したとき、より露骨な形で発揮される。ライバルのイトーヨーカ堂と首都圏で激烈な〝スーパー戦争〟を繰り広げていた頃、中内はダイエーの全幹部を集めた席で、黒板に「イ」と大書し、そのまわりを丸でかこんで、その下に〝みな殺し作戦〟と書きなぐった。いうまでもなく、イトーヨーカ堂を殲滅《せんめつ》しろという号令だった。

ダイエーのある元幹部は、入社早々中内のこんな姿を目撃して、中内のあまりの敵愾《てきがい》心《しん》のすさまじさに恐怖心すらおぼえた。

「ある店の開店準備にマイカーでかけつけたことがありました。仕事が終わり車をとめている駐車場に行くと、中内さんがボクの車の後ろに回って車体をガリガリやっている。みると車体についている金属製のプレートをはがそうとしているんです。ボクの車はたまたま西武系の自動車販売会社から買ったものでした。中内さんは、その西武のプレートを懸命にはがしていたんです。爪《つめ》から血がにじんでいるのに、中内さんはやめようとしない。この人は同業他社はたとえプレート一枚でも許せないんだな、と思って、思わず背筋が寒くなりました」

深刻な業績悪化からみればまさに狂気の沙汰《さた》だが、おそらく中内はいまでも、全国のスーパーをダイエーの半月マークですべて覆《おお》い尽くしたいという野望をたぎらせているはずである。

これだけの事業を展開してきた中内が、それに相当するだけの社会的尊敬を集めていないのは、しかし、自分以外の者を平然となぎ倒してきた、そのあまりにも強すぎる征服欲ゆえではない。

中内が社会的存在としての企業という面をほとんどないがしろにしてきたことは否定できない。中内は〝中内商店〟といわれる家業的経営に、自己のもつカリスマ性のすべてを傾倒し、巨大企業集団にのしあがったその〝中内商店〟を、いま息子に継承させようとしている。世間の多くはそうした中内の姿にむしろ反感と侮蔑《ぶべつ》のまなざしを向けている。

いまから二十年ほど前、慶応の大学院を修了した中内潤が、神戸・三宮店の野菜売り場で大根を並べているところを取材したことがある。ダイエーが出店した神戸の英国風立ち飲みパブで一緒に格安のスコッチウイスキーを飲みながら、そのことを中内に話しただけで中内は、「仕事が忙しく、親らしいことは何もせんかったからなあ」といって目を潤《うる》ませた。

私はそのとき中内は潤を後継者に決めているなと直観し、同時に、事業の拡大を結局は〝自分が孜々《しし》営々と働いて築いてきた家業〟にしか収斂《しゅうれん》できない中内の限界と哀しさを感じた。中内は確かに〝戦後〟と果敢に戦ってきた。しかし、私の目には、現在の中内が、自分が戦ってきたはずの〝戦後〟に急ぎ足で帰ろうとしているようにみえてならなかった。

新神戸から市営地下鉄で三十分ほど行ったところに学園都市という駅がある。〝酒鬼《さかき》薔薇《ばら》〟を名乗る人物による猟奇的な殺人事件が起きた妙法寺駅から三駅先に行ったこのあたりは、緑豊かで、阪神大震災の被害もほとんどみられない。

東京でいえば、多摩ニュータウンや八王子の学園都市に似た雰囲気のこの街には、神戸外語大、神戸芸工大、神戸看護大、そして中内が一九四一(昭和一六)年に卒業した神戸商大（旧・神戸高商）などがあり、その一画に八八年、日本ではじめて流通を科学的かつ総合的に教育、研究する目的でつくられた流通科学大学の緑にあふれたキャンパスが広がっている。

総敷地面積四万三千坪（十四万千九百平方メートル）という広大なこの学園をつくったのは、いうまでもなく中内㓛である。企業経営者が大学をつくった例としては、戦前に、東武グループ創始者の先代根津嘉一郎が建学した武蔵大学などがあるが、戦後では中内㓛ただ一人である。〝経営の神様〟といわれたあの松下幸之助でさえ、後進育成のための教育機関の創設を熱望しながら、とうとう叶《かな》わず、結局実現できたのは、〝松下政経塾〟という〝私塾〟にすぎなかった。

売店はローソン、学生食堂はダイエーグループの外食産業キャプテンクックが経営するこの〝産学協同〟キャンパスの一画では、九七年九月二十三日の完成を目指してかなり大がかりな建設工事が進められていた。

九月二十三日とは、ダイエーの前身の「主婦の店・ダイエー薬局」の一号店が一九五七年、大阪市旭区千林に開店した記念すべき日である。建学十周年とダイエー創業四十周年を記念して行われているこの工事の中心を占めているのは、中内㓛が育った神戸の実家の復元である。

コンクリートで打ち固められた、ドーム型の建物の中心には、神戸の場末といってもいいゴミゴミとした街角にいまも残る「サカエ薬局」のちっぽけな店舗兼住宅が移築復元される。流通科学大学常務理事兼事務局長の辻川昌男によれば、この復元工事の総工費は二億三千万円で、移築した家の地下にはサイバースペースを設け、全世界とインターネットで結びつける計画という。

急ピッチで進められるその復元工事現場を眺めながら、私は北朝鮮（朝鮮民主主義人民共和国）の故金日成主席を称揚していう〝偉大なる首領さま〟という言葉が思い浮かんでならなかった。

前出の辻川によれば、中内はこの計画にはじめ、「そんなことまでやらんでええがな」といって難色を示したが、周囲から強くすすめられて、結局ゴーサインを下したという。

私はその記念館に、聚楽第《じゅらくだい》をつくった晩年の秀吉の俗物性が重なると同時に、こんな妄想めいた考えも浮かんだ。

中内はひょっとすると、〝ダイエーの終焉《しゅうえん》〟を予感して、この記念館をつくることにゴーサインを下したのではないか。

ダイエーの歴史は、もはやメモリアルのなかにしか残らないのではないか。そうした思いは、流通科学大学の取材のあと訪れた大阪・桃山台のダイエー研修センターでも味わった。

ダイエーの大阪本社がある江坂から北大阪急行電鉄で二つ先に行ったところに桃山台という駅がある。私は、そこから歩いて五分ほどのダイエー研修センターを、いまから二十年ほど前、一泊二日の泊まりこみで取材したことがある。私はそこでダイエーのスパルタ教育のすさまじさを文字通り自分の体で体験した。

私にとって思い出深いその施設内に、ダイエーの社史編纂《へんさん》室が設けられている。とはいえ、ここでは実際にダイエーの社史がつくられているわけではない。中内自身、私のインタビューでも答えているように、ダイエーにはいまのところ社史をつくる考えは毛頭ない。

しかし、社史をつくるための準備は着々と進められており、取引業者などダイエー関係者五百数十人から聞きとった録音テープをはじめとする貴重な記録が、この施設の一室に集められている。

その部屋には、千林に出店したダイエー一号店の看板、商品の陳列棚、さらには金庫なども収蔵されており、さながら〝ダイエー博物館〟の趣をかもしだしている。

これとは別の部屋に、ダイエー一号店が出したものから今日に至るまでの全店のチラシ、ダイエーに関するすべての新聞、雑誌記事、その移り変わりが一目でわかる制服の変遷《へんせん》の展示、一九七一年、東証に一部上場したときの第一号株券などまでがぎっしりと陳列されている。

私は部外者絶対立ち入り禁止のこの部屋を特別に案内してもらいながら、ダイエーがわが国の消費社会を築きあげる上で、いかに大きな役割を果たしてきたかを、あらためて知る思いだった。

と同時に、やはりここでも〝ダイエーの終わり〟を予感させられた。現在の業績不振や膨大な借金体質が、もし、今後ともつづくならば、ダイエーが崩壊することはほぼ必至である。ダイエーにとって金利一パーセントの上昇は、即百億円をこえる負担増を意味している。

その晩に残るものといえば、流通科学大学に建設中の〝中内記念館〟と、ここに陳列をした〝ダイエー記念品〟の数々だけではないのか。私はそんな思いにとらわれながら、急成長企業というもののはかなさと、戦後高度成長というもののうつろさを感じないわけにはいかなかった。

同時に小売業の厳しさと脆弱《ぜいじゃく》さを目《ま》のあたりにみる思いがした。小売業とは、日々売り上げがあがらなければ、たちまち倒産の危機に瀕《ひん》する業態である。

これはダイエーとて例外ではない。いや、ダイエーのような巨大小売業であればこそ、その厳しさは個人商店の比ではない。

中内は確かに、驚くべきスピードで巨大な〝流通帝国〟を築きあげた。しかし、現状をみる限り、中内は結局、膨大な借金を次代に積み残しただけではないのかという思いを拭《ぬぐ》いきれない。純朴で人のよさそうな潤の顔をみるたび、裸一貫から出発した父親のカリスマ性は持ちたくても持ちようがなく、借金だけを中内から背負わされた格好の彼が気の毒になる。

赤字国債の発行で場あたり的に急場をしのぎ、次代にツケを回してきた戦後の日本と、中内ダイエーは一体どこが違うというのだろうか。

フィリピンの戦場から持ち帰った飢えと怒りと絶望的な人間不信のなかで育てた憤激が、中内ダイエー急成長の原動力になったことは確かである。

中内の飢餓感は、あるいは、己の欲望が達成されればされるほど深まっていくのだろうか。中内はいま、苦悶《くもん》と狂気のはざまにいるように私には思える。そしてその姿に、私は、底知れぬ飢餓感で、血をわけ、次代を担《にな》う子供まで食い殺そうとするゴヤの暗い絵が重なるような気がしてならなかった。

第二部　飢餓と闇市《やみいち》

第三章　三角の小さな家

　JR神戸駅から海側に歩いて十分ほど行ったところに、九七年春まで中内の事実上の生家が残っていた。付近にはホルモン焼き屋や一杯飲み屋が点在し、神戸という地名から一般的に連想されるファッショナブルな街、ハイカラな都市というイメージとは、およそ雰囲気を異にしている。

　道をへだてた筋向かいには赤い鳥居がとりつけられた小さな神社があり、その奥は時代を三十年も前に戻したような古ぼけたマーケットになっている。

　中内が幼少期を過ごしたその家はみるからに粗末で、私がたずねたとき、流通科学大内の〝中内記念館〟に復元するための移築工事が進められていた。隣の家に支えられて辛うじて建っているようなその家を通りすぎ、さらに海側に進むと、旧川崎造船の工場跡がみえてくる。いまもこの付近には造船関係の零細工場が多く、真っ赤に溶けた鉄が燃える溶鉱炉の前で、汗だくになって働く労働者の姿が表通りからもよくみえる。国道二号線をはさんだ向こうには、神戸の釜《かま》ヶ崎《さき》といわれた新開地や、古くからの遊郭として知られる福原もある。

この街に戦前から住むお好み焼き屋の女主人によれば、戦前、この街は川崎造船に通う工員たちの群れで立錐《りっすい》の余地もないほどのにぎわいをみせたという。

開港からわずか百数十年というこの新興都市は、二つの顔をもっている。国際感覚にとんだ洒落《しゃれ》た街、そしてもう一つは開港とともに職を求めるよそ者が大挙して入りこんだ新開地特有の気性の荒い風土である。

一九九五年一月、阪神大震災がこの街を直撃したとき、中内がすぐ反射的に思ったのは、暴動が起こらなええがな、ということだったという。

「最初に浮かんだのはロサンゼルス暴動でした。神戸は歴史も百年ちょっとしかなく、住民も明治維新のとき全国から集まってきた連中ばかりで、伝統とか格式というものはあまりない。いわゆる新開地ですから、気が荒い。なにしろ、鈴木商店を倒産に追いこむ最初のきっかけとなった米騒動の焼き打ち事件が起きた土地柄ですからな」

大阪で生まれ、四つのときから神戸で育った中内のなかには、新しがり屋の半面、血の気の多い神戸の精神風土が、混在している。

シートで覆《おお》われた工事中の家にあがってみた。「サカエ薬局」という看板はすでに撤去されていたが、一階の店舗、二階の住居はほぼそのままだった。間口二間、奥行きは四、五間あろうか、三角形の変形の建物である。作業員にたずねると、一階の店舗には、いかにも戦前の薬局らしく、ビーカーや試験管を並べた薬の調合室が設けられていたが、これも流通科学大の方へ運び出すという。二階は三畳と六畳の二間である。

この狭い部屋で、父親の秀雄、母親のリエ、そして功、博、守、力《つとむ》の四兄弟の六人家族が起居した。それを思うと、貧しさから這《は》い上がりたいという強烈な思いが、戦後、中内ダイエーを奇《き》蹟《せき》的成長に導いた最大の原動力だったことを、あらためて思い知らされるような気がした。

末弟の力の話では、部屋があまりに狭かったため、両親は店から一、二分離れたところに借家を借り、そこを子供たちの勉強部屋にしたという。

中内は、神戸の下町の場末にあるこの零細薬局から裸一貫で這いだし、東京一の高級住宅街として知られる田園調布に白亜の要塞《ようさい》のような大邸宅を築きあげ、毎年のように〝長者番付〟の上位にランクされるまでに成りあがった。

この目もくらむような成功をおさめたのは、実は、長男の功ひとりではない。はじめ功と一緒に「サカエ薬品」を共同経営し、後に功の軍門に下ることになる次男の博は、輸入家具を販売するワールドインテリアの社長となり、神戸の高級住宅街の東灘《なだ》区本山にお城のような邸宅を構えている。

ダイエーの子会社の紳士服のロベルト社長を務めた三男の守は、現在、ダイエー系列のサンテレビの相談役となっている。また、功と意見が衝突し、ダイエーを去ることになった四男の力は、現在、神戸ポートピアホテルの会長におさまっている。

この中内四兄弟の離合集散については、後に詳しく述べたい。その前に、中内の精神風土を育《はぐく》んだ戦前の神戸についてもう少し述べておこう。

戦前の神戸を語るときに忘れてならないのは、この新興都市が労働運動の発祥の地であり、その過程から、日本ではじめて生協運動、消費者運動がまき起こった土地柄だったということである。さらにいえば、百貨店の進出に反対する小売商組合がいちはやく結成されたのもこの都市だった。

中内の周辺には、小売業をめぐる革新のうねりと、厳しい対立関係が、はやくから準備されていた。

中内ダイエーは、よく灘神戸生協（現・生活協同組合コープこうべ）と比較される。一九九五年度の実績で、売上高三千九百九十五億円、組合員数百二十八万人、神戸市内の組織率八四・四パーセントという日本最大のこの生協組織を創立したのは、神戸生まれのキリスト教社会運動家の賀川豊彦だった。

賀川は、二十代の頃から神戸葺合《ふきあい》の新川と呼ばれる日本最大のスラム街に住みこみ、献身的な奉仕と伝道を行った。ここには浮浪者、乞食《こじき》、売春婦、アル中、ごろつき、ばくち打ちなど、社会の最底辺であえぐ人びと約六千人がうごめいていた。賀川はこの貧民窟《くつ》での生活を、発売後たちまち百万部をこす大ベストセラーとなった自伝的小説『死線を越えて』のなかで克明に描いている。その日暮らしに生きる底辺の労働者の救済を生涯の使命と決めた賀川は、その後、一九二一（大正一〇）年四月に、神戸消費組合（後に神戸生協）、同年五月に灘購買組合（後に灘生協）を設立し、本格的な生協運動に入っていった。

設立のきっかけとなったのは、中内の事実上の生家の「サカエ薬局」のすぐそばにあった川崎造船の労働運動だった。『日本生活協同組合史』に、その経緯が簡潔に記されている。

〈神戸消費組合は暴利をむさぼる米商人に憤激した川崎造船所の職工が奸商《かんしょう》征伐期成同盟を結成したのが契機となり……〉

このうねりは、やがて川崎、三菱両造船所の労働運動を誕生させ、一九二一年七月十日、日本史上初の大規模街頭デモとなって現れた。湊川神社に向かって示威行動を開始したデモ隊に、抜刀した警官隊が躍りこみ、流血の惨事となったこのデモで、指導者の賀川は検挙され、川崎、三菱両造船所の労働運動も潰滅《かいめつ》的打撃をこうむった。

中内が大阪の西成郡（現・西成区）で生まれたのは、その翌年の八月二日のことだった。四歳のとき労働者の血が流された神戸の下町に移住してきた中内は、労働運動の余燼《よじん》と、そこから派生的に生まれた消費者運動の息吹《いぶ》きを己の肌でなにはなし感じとったはずである。

中内はこんな思い出を語っている。

「川崎、三菱の争議は相当にハデでした。小学生でも首切りを身近にみるわけです。このあばれる労働者を押さえつけるのが巡査でした。官僚という権力に頼って生きているのが交番の巡査です。巡査がうるさい時代でした」

巡査ににらまれた川崎、三菱の職工たちは、夕方になると大酒を飲み、往来で怪気炎をあげ大あばれした。「サカエ薬局」で一袋二十銭程度のカゼ薬や胃腸薬の調合薬を買っていくのは、そんな鬱屈《うっくつ》をかかえた職工たちだった。

中内が九歳になった一九三一（昭和六）年、神戸市小売商組合連盟が結成された。結成の大きな目的は、当時澎湃《ほうはい》として起きていた十合（現・そごう）など大型百貨店の神戸進出を拒むことだった。

こうした動きの背景としてあげられるのは、第一次世界大戦後の急速な都市発達にともなう商業人口の爆発的増加と、それに相矛盾する形での小売業者の零細的構造体質だった。

昭和五年の神戸市職業別人口をみると、商業人口は工業人口と並んで十万人を超え、全有業者人口のなかで圧倒的な比重を占めていた。

小売業を中心としたこうした都市ブルジョアジーの台頭は一方で、経済、社会、政治の動きに大きな影響を与える要因となったが、その一方、昭和恐慌《きょうこう》に代表される経済不況のなかで、絶えず経営行き詰まりによる没落の危機に直面せざるを得なかった。神戸市役所が一九三三（昭和八）年八月一日現在で実施した「神戸市商業調査書」という記録が残っている。

これをみると、物品販売業の営業所総数二万二千あまりのうち、九四・一パーセントが個人営業所であり、一営業所当たりの資本総額も、平均四千二百二十円にすぎなかった。

これに対し、資本金五万円以上の営業所は、全体のわずか二・七パーセントにすぎなかったが、その集積資本は総資本額の七一・三パーセントを占めていた。つまり、この当時の神戸市における物品販売業者は資本金五千円未満の大多数の零細業者と、資本金五万円以上の少数の大資本からなる顕著な二極構造をなしていた。

日本の流通業の歴史とは、大雑把にいえば、百貨店に代表される大型店と零細小売店との闘争の歴史だった。一九三二年には、新宿の露天商が三越の店内で割腹自殺するという事件も起きた。

典型的な零細小売店の階層に属する家に生まれた中内は、商業資本のこうした鋭い対立状況のなかで幼少期をすごした。

いま私の手元に、中内が五歳のとき写した写真がある。白い帽子をかぶり、ネクタイをしめ、半ズボン、編上靴で写った中内の顔には、後年の闘争心をむきだしにした男のふてぶてしさは毫《ごう》も感じられず、写真だけでみる限り、育ちの良さそうなお坊っちゃんというイメージしか伝わってこなかった。

実家のたたずまいと、この写真とはみる人によってはかなりちぐはぐな印象を与えるかもしれない。だが、中内と同じように東京下町の零細小売店の息子に生まれた私からすると、その写真から、さして奇異な印象は受けなかった。貧しい零細小売店の世界から這いあがるため、息子に教育をつけ、写真をとるときは精一杯のおめかしをさせるという小商人ならではの悲しいならわしは、戦前も戦後もあまりかわらないな、というのが私がその写真から受けた率直な印象だった。

一九二八（昭和三）年、中内は家から少し離れた入江尋常小学校に進んだ。一九〇〇（明治三三）年の創立当時、入江尋常小学校には、船乗、沖仲仕、船大工、鍛冶屋《かじや》など、いかにも港町らしい職業の子弟が数多く通っていたが、中内が入学した昭和初期には、新興商店の子弟がこれにとってかわり、保護者の教育熱心ぶりから〝ボンチ学校〟と呼ばれていた。

〝ボンチ〟とは、関西で良家の子女を意味している。しかし、ここでいう〝ボンチ〟とは芦屋《あしや》などに代表される山の手生粋の良家の子女を指しているのではむろんなく、あくまで貧しさから這いあがるための教育熱心さを、やや揶揄《やゆ》してつけられたものだった。

中内は、入江尋常小学校から神戸三中（現・長田高校）、神戸高商（現・神戸商科大学）と進み、やがて戦争に突入していくが、その足どりをたどる前に、ここで少し、中内の祖父の栄《さかえ》と、中内の両親の秀雄、リエについてふれておきたい。ちなみにダイエーのエー（エイ）とは、祖父の名前の栄からとられたものである。

中内の祖父の栄は土佐の人である。土佐は地理的に山がちで交通も不便である。このため商売を志す者は、いきおい他国へ目を向けるようになる。三菱財閥の創始者の岩崎弥太郎や、幕末を駆けぬけわが国初の海運会社を興《おこ》した坂本龍馬がそうであるように、進取、合理の精神が色濃く流れているといわれる。

中内の血のなかにも、土佐っぽ特有の熱情的で、何ごとかに没頭すると寝食も忘れる独特の資質があるといえる。中内が沖縄やハワイなどの南方に格別の関心を示すのも、あるいは外洋に洗われた土佐人気質の一つの現れなのかもしれない。

高知県矢井賀村（現・中土佐町）の士族の家に生まれた中内栄は、大阪医学校（現・大阪大学医学部）に学び、卒業後、神戸で眼科医となった。栄がつとめたのは山県眼科といい、その診療所は神戸に日本ではじめて生協運動を起こした賀川豊彦が「貧民窟で一生を送るという聖《きよ》き野心」をもって入った新川のスラム街のなかにあった。

栄はその傍ら、ブラジルなどへの移民のために設けられた国立海外移民収容所で目の検査を担当した。第一回ブラジル移民として選ばれた七百八十一名が笠戸丸に乗り込んで神戸の港を出港したのは、一九〇八（明治四一）年のことだった。それ以降、神戸は日本における海外移民の最大の送り出し港となっていた。

石川達三がこれ一作で社会派作家として華々しくデビューし、一九三五（昭和一〇）年、第一回芥川賞受賞作となった『蒼氓《そうぼう》』は、この海外移民収容所を舞台に、一九三〇年、全国各地から集まってきた貧農の移民たちが、移民船に乗り込むまでの出来事を描いたものである。

当時、トラホームと呼ばれた目の慢性結膜炎は法定伝染病に指定されており、移民収容所の目の検査でトラホームとわかると、渡航許可がおりなかった。『蒼氓』には、栄をモデルにしたと思われる眼科医も出てくる。

〈……けれども本倉さんは不合格にされた。彼のトラホームは案外に悪かった。而《しか》も戸主である。是《こ》れが子供のことならば、その為に一家全部が不合格になる事を思って合格にすることもできるのだが――。医者は気の毒そうな表情をして（あなたは不合格である）旨《むね》をやさしく言った。極くやさしく言った。すると本倉さんは眼脂《めやに》のある赤い眼をあげて医者の顔をまじまじと見た。そして問い返した。何度も何度も問い返した。それから頭を下げて頼んで見た。けれども無駄であった。

「ブラジルから送り返されてもいいかね？　え？　それでは余計に辛《つら》い思いをするばかりだよ。早く療治して又来るんだね」〉

口べらしのため移民船に乗り込んだ人々には、見送りもなく、代わりに駆り出されたのは、付近の小学校に通う生徒たちだった。『蒼氓』には、その場面も描かれている。

〈……突堤には見送りの小学生が三、四百人も整列していた。彼等は港にちかい学校の生徒たちで、移民船が出る度毎《ごと》に交替で見送りに来るのであった〉

栄の目の検査に合格した人々を、日の丸の小旗をふって見送る小学生のなかには、入江尋常小学校に通っていた幼き中内㓛の姿もあった。

彼らは新天地を求めて遠くブラジルに旅立たなければならなかった。それは、移民というよりは、むしろ〝棄民〟ともいうべきものだった。

小学生の中内がブラジル移民を見送るため、神戸の埠頭《ふとう》に整列させられた一九三〇（昭和五）年といえば、ニューヨーク・ウォール街の株式市場大暴落に端を発した世界恐慌の翌年であり、東北の貧農地帯では〝娘売り〟が相次ぐなど、社会不安の種子があふれていた。

翌三一（昭和六）年九月、満州事変がはじまり、日本は急速に戦時色一色に包まれることになった。そしてそれから十三年後、中内もブラジル移民と同様、フィリピンの戦場に〝棄民〟としてほうりだされることになる。

一方、中内の父親の秀雄は一九一六(大正五)年、大阪薬学専門学校(現・大阪大学薬学部)を卒業後、鈴木商店に入社した。

城山三郎の小説『鼠《ねずみ》』で知られる鈴木商店は、明治初期に誕生し、秀雄と同じ土佐出身の大番頭、金子直吉の類《たぐい》まれなる経営手腕によって、明治末期には世界的大商社に発展した。

一九一八(大正七)年の米騒動では、米買い占めのデマゴギーの的となって焼き打ちにあったが、金子の事業欲は衰えることを知らず、現在の神戸製鋼をはじめ、帝人、日商岩井、石川島播磨《はりま》重工業、三井東圧化学、大日本製糖、日本製粉など次々と事業拡大し、一時は三井、三菱に匹敵する事業規模を誇るまでの隆盛をみせた。

しかし、一九二〇(大正九)年の第一次世界大戦後の戦後恐慌、二三(大正一二)年の関東大震災などによって大打撃を受け、さらに二七(昭和二)年のいわゆる昭和恐慌によってとどめをさされ、主力取引銀行だった台湾銀行とともにあっけなく幕切れを迎えた。

勃興《ぼっこう》から急速的拡大、そして破綻《はたん》という鈴木商店の五十余年の歴史には、金子のワンマン体制とも相俟《あいま》って、なにやら中内ダイエーの今日の姿が重なってみえなくもない。

しかし、それはそれとして、中内の父親の秀雄が入社したのは、鈴木商店が成長から没落に向かいはじめるちょうど分水嶺《ぶんすいれい》の頃だった。

薬剤師の免許を取得していた秀雄は、鈴木商店グループの一つのレコード石鹸《せっけん》という工場に勤務したが、業績不振のあおりを受けて同社をやめ、祖父、栄が営む眼科診療所で一時期薬剤師となり、その後、大阪に出て小さな薬屋をはじめた。

秀雄が結婚したのはその頃だった。相手は此花《このはな》区伝法にある澪標《みおつくし》住吉神社の宮司の娘で、旧姓有田リエといった。

大阪環状線西九条駅から淀《よど》川に向かって進むと、運河の堤防より低い土地に張りついたゴミゴミした街並みに突きあたる。零細な家屋がびっしりと軒を連ねたその街の一画に、こんもりとした森にかこまれた澪標住吉神社が、いまも残っている。境内の石燈籠《いしどうろう》には天保という文字が刻まれ、いかにも由緒《ゆいしょ》ありげな雰囲気をかもしだしている。

有名な大阪住吉神社の末社という由緒ある神社の娘と、薬屋の秀雄がいったいどんな因縁で結婚に至ったかは中内にもわからない。

「ただ大変な大恋愛の末に結婚したらしい。結婚に際しては双方の家から猛反対されたと聞いている」

この神社と中内家との結びつきはいまも切れてはいない。

リエの妹の息子の連れあい、すなわちリエからみれば義理の姪《めい》にあたる女性によれば、この神社の宮司を務めていた自分の夫が九六年九月、七十二歳で死んだとき、中内をはじめ、リエが生んだ四人の息子は、ここで行われた葬儀にそろって参列したという。中内のすぐ下の弟の博によれば、子供たちを育てることにかけてリエは非常に熱心だったという。

「神道で育ったせいか、母は若い頃から『女大学』を読んでいたそうです。ですから、畳のへりは踏んではいけないとか、箸《はし》の先は少ししか濡《ぬ》らしてはいけないとか、非常にしつけは厳しかった。けれどいまでいう教育ママではありませんでした。

学校から帰ると、母は必ず〝今日は先生どないなことをいうておった。聞かせて〟というんです。〝勉強しなさい〟とは一言もいいませんでした。母からそういわれると、自然、先生の話を熱心に聞くようになる。それが結局は自分の勉強にもなったと思うんです。

それから、〝家は貧乏している、けれどどんなことをしてもお前ら四人は大学だけは出してあげる。それが親がお前たちに与えられる最大の財産だ〟と口ぐせのようにいっていました。

親父はその時分、薬屋商売の傍ら、株をやっていましてね。昭和初期の大不況の頃ですから、株はたちまち紙切れになってしまう。親父が株券をビリビリと破いていたのをよくおぼえています。

それだけに母親は、子供に教育だけはつけさせたいと思ったんじゃないでしょうか。どちらかといえば私とすぐ下の守は母親似、兄貴と一番下の弟の力は父親似だと思います」

中内の実家近くでも、リエは面長の美人で、上品な雰囲気だったという評判を耳にした。だが、その半面、リエは上品な物腰とは裏腹に、相当にしたたかな一面をもつ女性でもあったようで、入江尋常小学校で中内の三級下だった女性にはこんな思い出がある。

「お母さんはよく〝薬は儲《もう》かるわ〟といっていました。これは戦後になっての話ですが、一度、功さんと一緒に九州に行ってくれないか、とお母さんから頼まれたことがありました。

〝汽車で離れた席に座って荷物を運んでほしい。あとは温泉にでもつかってゆっくりして帰ってきて下さい〟というんです。まあ、運び屋の手伝いですね。これは危ないと思い、すぐに断りました。

あの当時、中内さんは薬事法の関係で警察からマークされていたと聞いてましたから、警察の目をなんとかごまかすために私に頼みにきたんだと思います」

それにしても大阪の西成郡でリエと一緒に所帯を構えた秀雄が、なぜ再び神戸に舞い戻り、ちっぽけな薬屋をはじめなければならなかったのか。この点についてもはっきりしない。

中内によれば、秀雄が大阪の薬屋をたたんだのは、不況の波をモロに受けたためだったという。

また、神戸・元町ガード下のブラックマーケットで戦後、中内と共同で「友愛薬局」という軍横流しの薬のヤミ商売をはじめ、一九九四年一月、七十八歳で他界した井生春夫が生前私に語ったところによれば、秀雄は大阪で事業に失敗し、親類に借金ばかりしていづらくなり、尾羽打ち枯らす格好で神戸に舞い戻ったのだという。

神戸に戻った秀雄は、父の栄が勤める新川の山県眼科の二階に、一時ころがり込んだ。やがて新聞広告で川崎造船の近くに格好の借家がでたことを知り、再び薬屋を開業することを決意する。

かつては大商社、鈴木商店の技術サラリーマンだった秀雄は、こうして神戸の場末に、父・栄の名からとった「サカエ薬局」というちっぽけな薬局を開業した。元号が大正から昭和とかわった一九二六年のことだった。

秀雄は、戦後中内がつくったダイエーの会長となり、一九七〇年三月、七十二歳で死去したが、このとき中内はあたりをはばからず号泣した。

ダイエー東京本社の社長室入り口には、故中内秀雄のブロンズの胸像がいまでも置かれており、中内の亡父を思う気持ちが伝わってくる。

数年前、中内に秀雄についてたずねたことがある。中内はそれだけで少し目を赤くし、こんなことをポツリといった。

「ボクが薬の安売りをはじめたため、薬剤師だった父親はそれまでつくった友人を全部失った」

中内は秀雄が開業したこの店で、毎日のように米を買いに走らされた。その日食う米はその日に買うという、文字通りのその日暮らしで、米びつのなかに米がいっぱい入っているところは、一度もみたことがないという。

学校から帰ると、店番をさせられるのが中内の少年時代の日課だった。中内の実家から三軒ほど離れたお好み焼き屋の女主人は、よく「サカエ薬局」にサロンパスや粉ミルクを買いに行った。

「中内さんはその頃中学生でしたが、店番しながらいつも辞書みたいに分厚い本を広げて読んでいました。顔もいまとは随分違っておとなしい感じでした。あの頃の中内さんは物静かな勉強家という印象が強いですね」

中・高生時代の中内の印象はきわめて薄く、エピソードらしいエピソードはついに聞くことができなかった。当時の写真をみても、目立たない少年という印象しか残さない。戦前と戦後でこれほど面貌《めんぼう》が一変した人物も稀《まれ》だろう。

これまで述べてきたように、少年時代の中内の周囲には、彼を戦後開花させるための様々な培養液がそろっていたことは確かだった。

ブラジル移民を日の丸の小旗をふって見送られた少年は、社会の不条理をぼんやりながら感じさせられただろうし、世界大恐慌《きょうこう》にともなう経済不況によって解雇された川崎造船の工員たちが、失業者の群れとなって街にあふれる姿を、間近にみる立場にあった少年は、社会の底辺にあえぐ人々の生態を肌で感じとったはずである。

「サカエ薬局」が開店した翌年の一九二七（昭和二）年、賀川豊彦などの指導によりかつては労働運動のメッカだった川崎造船に、一人の少年が旋盤見習工として入社した。後に、山口組三代目組長として名を馳《は》せる田岡一雄（一九八一年死去）だった。

中内と田岡という、よくも悪くも戦後を代表する人物が、同じ神戸の場末を揺籃《ようらん》の地としたことは興味深い。中内と田岡を同一視するつもりはない。が、際立《きわだ》ったカリスマ性で人心を収攬《しゅうらん》し、己の〝事業〟を爆発的に拡大した点で二人は相通じるものをもっていた。

しかし同じような環境に育ったとしても、人は必ず中内や田岡のようになれるわけではない。底辺に暮らす人々を眺めながら、いつつぶれてもおかしくない零細薬屋の店番をしているとき、中内の胸には茫漠《ぼうばく》たる不安と、なぜこんな倒産寸前の店に生まれてこなければならなかったのかという憤怒《ふんぬ》の感情が渦巻いていたような気がする。

しかし、それはまだ内に秘められたままだった。内なる激情を中内が封殺しつづけなければならなかったのは、たぶん、家の貧しい経済状態や、周囲の劣悪な生活環境からくるコンプレックスゆえだったろう。

中内が中学に進学した時代、尋常小学校から上級学校に進める者は全体からみればわずかであり、その意味で彼らは社会的に恵まれたエリートだった。そのエリートたちと伍《ご》していくには、たとえ親たちが大学卒という選ばれた階層に属し、学力的にもさほど劣らないという自負があったとしても、やはり自分の現在の生活環境を見渡したとき、強い気後れとなって中内の胸にはね返ってきたことは想像に難くない。

中内が自らの内に封印した激情を何の遠慮もなく噴出させるには、敵弾の下で誰もが〝平等〟になった戦争という苛酷《かこく》な体験が必要だった。そして、〝内なる中内〟が己の殻を蹴《け》破って打って出るには、それまでの価値観がすべて〝ご破算〟となった戦後という時代の登場まで待たなければならなかった。

阪神大震災で最も甚大《じんだい》な被害を受けた長田区の中心部から車で十分ほど行った高台に、兵庫県立長田高校のキャンパスが広がっている。

地震の約半年前、一九九四年八月に新改築されたため、ほとんど被害らしい被害を受けなかったというその校舎は、鉄筋コンクリート造りの四階建てで、小さな大学を思わせるほどの立派さである。

一九三四(昭和九)年四月、入江尋常小学校を卒業した十二歳の中内㓛は、この学校に進んだ。一九二一(大正一〇)年に開校されたこの学校は、当時、神戸三中と呼ばれる新興の旧制中学だった。

神戸にはすでに一中(現・神戸高校)、二中(現・兵庫高校)が設けられていたが、両校とも定員に対し志願者が五倍にも達する状態がずっとつづいており、地元には中学校増設の要望が強かった。

この三つの旧制中学の違いは、出身者の顔ぶれに歴然と表れている。

一中は、東大総長の矢内原忠雄や京大総長の滝川幸辰はじめ、中国文学者の吉川幸次郎などの学者、相次ぐ金融スキャンダルの責任をとり九八年三月に辞任を余儀なくされた前日銀総裁の松下康雄などの経済人を多く輩出しており、二中は、東山魁夷《かいい》、小磯良平など日本を代表する画家や、ユニークな舞台美術と細密なイラストで知られる妹尾《せのお》河童《かっぱ》などを生んでいる。

これら一中、二中の〝エスタブリッシュメント〟人脈に対し、神戸三中からは次のような人々が巣立っていった。

淀川長治(映画評論家)、富士正晴(作家)、花森安治(「暮しの手帖」編集長)、油井正一

（ジャズ評論家）。

この顔ぶれだけからでも、リベラルな校風がうかがえる。これに中内の同級で、卒業後、神戸高商（現・神戸商大）にも一緒に進んだ国際ジャーナリストの大森実を加えれば、三中のもっていた独特の雰囲気がよくわかるだろう。

中内と同期で、三井物産バンクーバー支店長から同社大阪支店副支店長を歴任した中村守男によれば、神戸一中や二中では、昼の弁当を生徒全員、校庭に立って食べさせるようなスパルタ教育が行われていたが、これに対し三中は、自由闊達《かったつ》な校風で知られていたという。

「これは三中初代校長の近藤英也先生の教育方針でもありました。知・徳・体の三位一体そろった人間が、わが三中の校風だと、つねづねいっていました。だから受験勉強でガリガリでもないし、スポーツを売り物にするわけでもなく、なによりもバランスを重んじていました」

いま、長田高校の校門わきに胸像の建つ初代校長の近藤は、前任地の豊岡中学で、中学時代から悪太郎と異名をとったあの今東光（作家）をかばい、愛読書のソクラテス全集と、茫洋とした風貌から〝ソクラ〟というニックネームで生徒たちから慕われていた。

一中、二中では厳禁だった映画も、三中では学校の許可さえ受ければ、自由にみることができた。

「軍国教育全盛のあの時代にあって、三中の教育はかなり自由でユニークでした。一中は教科書やノートを白い風呂敷《ふろしき》に包み、二中はズックの肩かけカバンで通学していましたが、三中は横に広い、かなり大きな革のランドセルでした」

ランドセルを採用したのは、風呂敷を毎日かかえていると姿勢が悪くなるが、ランドセルだと自然と背筋が伸びる、というものだった。

個性的な人材を数多く輩出したこの学校で、中内はどんな学生生活を送ったのか。私は五年前につくられた神戸三中のOB名簿を手に入れ、片っぱしから連絡をとった。

電話をいれたのは百人あまりにのぼったが、物故者や入院中の者が多く、七十五歳という彼らの年齢を、あらためて感じさせられた。また一部の例外を除いては、ほとんど全員が現役をリタイアしており、はからずも中内の〝超現役〟ぶりが浮き彫りになる格好となった。

しかし、彼らと中内の現在の立場における大きな落差とは裏腹に、中学時代の中内は、彼らのなかできわめて影の薄い存在でしかなかった。

「ぼくは戦後になって親しくなったけど、三中では五年間、全部クラスが違って親しくなかったんですわ」(河野長美)

「ぼくは五年のうち一度だけクラスが一緒になったけど、一緒に遊んだことはなかった。

彼はスポーツもやってなかったと思うし、本当にお話しするようなことは何もないんです」（九鬼隆正）

「彼とはクラスは同じやったこともありますが、ごくふつうのつきあいで、一緒に遊んだこともないですしなあ……」（山本明）

「中内さんなあ……。おるかおらんか分からんような目立たん人やったからなあ。全然、印象に残ってないんですわ」（杉原真二）

「クラスは一緒やったけど、印象ないなあ。とにかく目立たなかった。成績もそこそこだったし……。親しくしていた人、おらんのやないか」（山成実）

物故者や入院中の者、留守の者を除いて、私は五十名あまりの同期生にあたったが、彼らの反応は一様に、

「おとなしくて目立たなかった」「一緒に遊んだ記憶がない」「誰が親しかったのかわからない」「家へ行ったこともない」

といったものばかりで、ついに中内と親しかったという者には、一人も出会えなかった。

中内と一緒に三中を卒業し、戦後、ダイエーに入社した伊藤健次郎なら少しは中内のことをおぼえているのではないかと思って連絡したが、その伊藤も、

「顔は知っていたけど、グループが違っていたので三中時代はほとんど話したこともな

いんです」

という有様だった。

彼らが知っている中内は、あくまで〝戦後〟の中内でしかなかった。

やはり、中内の同期で、現在、山之内製薬会長の森岡茂夫はいう。

「戦後、中内さんが華々しく出てきたとき、三中時代一緒だった、あの中内君と同一人物とはとても思えませんでした。中内君は中学時代、平凡な、というより凡庸な生徒で、まったく目立ちませんでしたから。戦後のアントレプレナー的な素地は、ちっとも感じることができませんでした。やはりフィリピンでの苛酷な戦争体験が、彼を生んだんだと思います」

一九三九（昭和一四）年三月、神戸三中を巣立った生徒二百三名を写した卒業アルバムが、長田高校書庫の金庫のなかに眠っていた。それをとりだしてもらい、中内をさがした。中内は四組のなかに写っていた。

ちなみに神戸三中は五クラス編成で、五年生となると、それぞれの進路によって次のような編成わけとなった。

一組＝就職組

二組・三組＝陸士、海兵、高等師範、三高、六高などナンバースクールコース

四組＝工業高校コース
五組＝商業高校コース
中内は四組だから、工業高校、すなわち理科系を目指していたことになる。この点について中内は、次のように語っている。

「海外雄飛の夢をもっていたんです。三中の自由主義的な空気のなかで育っていましたからね。膨張政策で満州だとか蒙古《もうこ》だとか中国大陸だとかいうようなところへ行くのに、何が一番いいかなと考えると、手に職をもっていた方がいいと考えた」

理系を選んだ中内の気持ちのなかには、父秀雄の跡をついで薬剤師になるという思いも、あるいは無意識のうちに働いていたかもしれない。

神戸三中で弁論部とサッカー部に所属した大森実は、中内と違って、とびぬけて目立つ存在だった。中内はその大森に誘われて一度弁論大会に出場したことがある。演題は〝南進論〟だった。

「その頃は、カリフォルニアなどでは黄禍論が盛んにいわれていた時代です。日本は南に伸びて白人支配の植民地を解放しなければならないと思っていた。かといって、はやりの大東亜共栄圏にイカれていたわけではない。ボクはそもそも、何に対しても熱くなったり、イカれるということはないんです」

中内はこれにつづけて、そのため、ボクはクールすぎるとも、逆に案外、ウェットな一面があると思われているのだろうが、本当をいえば、ボクがボク自身をいまでもよく分からない、人は結局、他人のことは理解できないと思う、といった。

この述懐には、中内という人間を解明する重大なカギが秘められている。中内の根底に流れる人間観は、徹底的な〝不可知論〟である。

中内が同期生の間に強い印象を与えなかったのも、このこととは無縁ではなかろう。この点については後で述べる。

中内は最初、神戸高等工業の建築科か土木科への進学を考えていた。

その考えを結果的にくつがえしたのは、英語を教えていた木戸一男の一言だった。

木戸は神戸三中から山口高校、大阪教育大の教授などを経て、現在、京都に住んでいる。ことし八十七歳になる木戸の記憶は鮮明だった。

「中内君は目立たない生徒でしたが、マジメな性格で努力型の人でした。卒業したときには確か精勤賞をもらったはずです。クラブは地歴同好会に入っていました。

私の一言が中内君の進路をかえさせたとは思えませんが、〝キミは英語がよくできる〟と、ほめたことはおぼえています。特に読解力がすぐれていた。そんなこともあって、英語の力を伸ばせる高商の方へ行ったんだと思います」

中内が理系から文系に転じたのは、数学が苦手という事情もからんでいた。中内は一時は神戸商船学校への進学を考え、上海にある東亜同文書院へ進むことも考えた。

だが、神戸商船学校は「近視は船に乗せない」と身体検査ではねられ、東亜同文書院の受験にも失敗した。

三度目の受験は神戸高商だった。これにはクラスメイトの大森実らとめでたく合格した。

中内が神戸高商に進むことになったのは、一つには、家庭の経済事情があったためだった。中内の祖父の栄は、中内が入江尋常小学校時代に亡《な》くなったが、その際、当時とすれば大金の千円を、孫のひとりひとりに残した。

ところが、株に凝っていた父の秀雄が、これをもちだして株にかえた。だがその株券は昭和恐慌のあおりであっというまに、紙切れ同然となった。上級学校に行くなら家から通える範囲、というのが、これ以後、中内家の暗黙の了解事項となっていた。

いずれにせよ、神戸三中五年四組の卒業アルバムに詰襟の金ボタン姿で写った中内の顔からは、写真をみる限り、海外雄飛を夢みる青年の覇気のようなものはまったく感じられなかった。

その顔には、同級生たちが口々に証言したような、おとなしい、目立たない、一緒に遊んだことがない、という〝ないないづくし〟の印象しか刻まれていなかった。

三中はリベラルな校風で知られていただけに、中内の目だたなさは、なおさら異様に映った。

長田高校の金庫のなかには、中内が神戸三中の地歴同好会に所属していた時代の文集が一つだけ残っていた。タイトルは「蝦夷地《えぞ》についての研究」で、中内が三年生のときに書いたものである。

四百字詰めの原稿用紙にして二十枚近いその考察は、日本書紀や鳥居龍蔵、長谷部言人など先学の人類学者たちの論考を手際《てぎわ》よく引用しているのが興味をひく程度で、中学生の論文の域を大きく出ているものではなかった。ここでも中内は、マジメで努力型という以外、像らしき像は結ばなかった。

しかし、そこに、自分の希望は父親の株の失敗によって、あらかじめ失われていたという中内の述懐を重ねあわせると、その写真は、新たな意味合いをもってくるようにも感じられた。

神戸三中に合格したとき、こんなことがあった。中内はうれしさのあまり、三中の帽子をかぶって、得意先に薬を届けに行った。すると、ふだん小僧扱いしていた店の主人の態度がガラリとかわった。

「帽子一つで、下にもおかない扱いをするんです。それ以後ボクは三中生であることをなるべく隠すようにしました。ボクが目立たなかったのは、放課後、クラブ活動などですごす人たちとは違って、学校が終わるとすぐ家に帰り、店番をしなければならない事情もあったと思います」

中内は生家の経済状態は、中の下だったといい、ふと、学校から帰るときはいつも誰か栄養失調で倒れているのではないかと心配でたまらなかった、とつぶやいた。

この言葉を聞きとがめた私が重ねてたずねると、中内は、母親が病弱だったからだと口をにごし、多くは語らなかった。だが、私には中内が、株にのめりこんだ父親と家族との間でいさかいが絶えず、それを苦にした母親が早まったことをするのではないかと心配でならなかった、といっているように感じた。

九七年六月十六日午後、三中同期生の一人が経営する兵庫県庁地下一階の喫茶店で開かれた「十四日会」でも、中内の話題についてははずまなかった。十四日会とは昭和一四年の卒業というところからきたもので、数年前から毎月一回開かれている。六月は十四日がたまたま土曜日だったため、月曜に順延されて開かれた。

この日は、七人の同期生が集まり、中内が差し入れたビール、ウイスキーを飲みながらの談笑会となった。そこで出た中内の思い出話といえば、およそ次のような程度のものだった。

あだ名はダンゴといった。団子っ鼻からきたもので、決していいあだ名とはいえなかったが、まわりが茶化してダンゴ、ダンゴとはやしたてても、怒ったり、ムキになって向かってきたりすることはまったくなかった……。

ダンゴというあだ名は、神戸高商でも同じだったようで、同校の卒業アルバムに載せられた色紙には、鼻と団子を描いたイラストのそばに、「ハナよりダンゴの中内君」というイたずら書きが小さく書かれていた。「十四日会」では、青春の思い出と戦前へのノスタルジーをこめて話がはずんだ。中内の話題も時折でてこないではなかったが、それはあくまでも〝戦後〟の中内㓛であり、大きなランドセルをしょって高台の中学校に通う中内の姿は、完全にセピア色の写真のなかに溶けこみ、その面貌《めんぼう》すらはっきりしなかった。

これまで私は、かなり多くの人物を取材してきたが、少年時代の彼らのふるまいには、後年の片鱗《へんりん》が、共通して、どこかしら感じられた。

しかし、中内の場合、戦前と戦後をつなぐ線が、みごとなほど欠如、というより消失していた。私は神戸三中を卒業後、中内が進んだ神戸高商時代の同級生の一人、野村全がいった言葉を思い出さないわけにはいかなかった。

「神戸高商時代の中内は、気の毒なくらいおとなしい男でした。しかし、戦後、彼は豹《ひょう》変《へん》といってもいいほど人柄が一変した。弟の力さんも、兄貴は戦争から帰ってきて、完全に人がかわった、といっていました」

野村が語った次のエピソードは、戦前と戦後の中内の様変わりを鮮やかに物語っている。

「戦後、ダイエーをはじめて十年くらいの間は、中内は神戸高商の同期会にもめったにこなかった。きても昔の話はまったくせず、友達の間を回って〝おい、ゼニ貸してくれる人間、誰か知らんか〟とたずね回っていた。学生時代、あんなにおとなしかった中内が、ゼニなんていう言葉を使う。その変わり方には本当にビックリした。むろん一万や二万のカネじゃなく、店を増やすためのカネだった。

どうしてそんなにまでして店を増やす必要があるのか、と気の毒にもなった」

三中から神戸高商を経て、兵隊にとられ、ソ満国境からフィリピン戦線に送り込まれるまでの中内と、人肉食いの噂《うわさ》が絶えずつきまとったフィリピンのジャングルでの敗走戦から奇蹟《きせき》的に生きのび、日本に復員した中内とでは、明らかに人間が違う。

中内は飢餓線上ギリギリの状況のなかで、〝戦後〟に向かう新しい人格を間違いなくつくりあげた。フィリピンのジャングルに消えていった中内と、ジャングルから出てきた中内とは、まったくの別人だった。

私は神戸三中時代の中内のあまりの〝影のうすさ〟に、ある種失望を感じたが、その反面、戦後の中内の旺盛《おうせい》な活動は、戦前の自分の〝影のうすさ〟に、強烈な隈《くま》どりを与えたいという衝動が陰に陽に働いていたのではなかったのかとの思いにもとらわれ、却《かえ》って興味をおぼえた。

一九三九（昭和一四）年三月、神戸三中を卒業した中内は、前にもふれたように、神戸高商に大森実らと一緒に進んだ。

ここで、戦前の神戸高商について少しふれておきたい。というのは、神戸高商は、戦後、神戸大学の経済学部にそのまま移行したといういまにつづく誤解があり、中内の出身校を神戸高商（現・神戸大）卒と、そのまま誤記している例も少なくないからである。

一九二九（昭和四）年四月、兵庫県立神戸高等商業学校が設立された。これは同時期、国立神戸高商が神戸商業大学に昇格改称されたことにともなう措置だった。

つまり、二九年までの神戸高商は国立であり、二九年以後の神戸高商は県立ということである。国立の神戸高商から昇格改称された神戸商業大学は、戦後、国立神戸大学の経済学部となり、一方、県立の神戸高商は、戦後、全国最初の公立新制大として神戸商科大学と昇格改称された。

私がなぜこんな細かな点にまでこだわるかといえば、中内自身がこうした学歴に異常なほどの関心、というよりは異常なほどのコンプレックスをもちつづけているからである。

この点については後述するが、ここでは中内四兄弟のうち、次男の博と三男の守が国立神戸大の経済学部卒、四男の力が新制の神戸商科大学卒なのに対し、長男の中内だけは、神戸高商という専門学校までの資格しかなく、神戸商業大学（現・神戸大学）の受験にも失敗していることだけを書きとめておきたい。

神戸高商時代の中内も、三中時代とまったく同様、同期生たちの間に、印象らしい印象を残していない。

神戸高商の同期生十数人にあたったが、彼らの証言から浮かびあがる中内の姿は、気の毒なほど精彩がなかった。

前出の野村全は、高商時代の中内は顔もよくおぼえていない、という。

「念のため、高商時代の友達何人かに電話して聞いてみたんですが、誰も中内のことはおぼえていませんでした。彼には友達といえるような人間はいなかったと思います」

また、席次がアルファベット順だったため、中内の隣の席だったという公認会計士の門出正雄も、中内のことをほとんどおぼえていなかった。

「鳴かず飛ばずのおとなしい男で、戦後、あんなにかわるとは思ってもいなかった」

一九九七年六月十三日の夜、ダイエーグループが経営する新神戸オリエンタルホテルの一室で、神戸高商の同窓会組織「淡水会」の会合が開かれると聞き、会場にかけつけた。ちなみに中内は「淡水会」の会長でもあり、当日も挨拶《あいさつ》に立ったが、十人あまり出席した同期生のなかで、中内が話題の中心になることは最後までなかった。

しかし、神戸高商ですごした二年八カ月あまりの歳月が、のちの中内に何の影響も与えなかったわけではない。

神戸高商の後身の神戸商大は、一九九〇年、神戸市西区の学園都市に移転したが、それまでは垂水《たるみ》区の星陵台と呼ばれる高台にあった。

この高台から南を望むと、指呼の間に淡路島の島影がはっきりとみえる。中内は神戸高商創立五十周年記念誌の誌上で行われた同期生大森実との対談のなかで、その風景について次のように述べている。

〈……自由に対する強い憧《あこが》れがあったですね。われわれが育った環境もそれにふさわしい自由な雰囲気があふれていたような気がします。

毎日、海を見て、前に船が通って、その船が海外まで航路を延ばしている。そういう風景のなかで育ったわれわれだから、海に向かって出て行こう、海外に雄飛しようということで、勤務先も商社とか海外で働けるところを目指す人が多かったのではないかと思います〉

神戸高商出身者の多くが、商社など海外勤務につけるチャンスの多い職場に行ったのは、もう一つには、徹底した英語教育が行われていたためだった。

野村全によれば、神戸高商の英語の入試問題は、一高よりむずかしいという定評だったという。

「入ってからも英語の授業は極端に多かった。当時珍しかった英会話の授業もありました。アメリカ人の女性教師が教えるんです。当時、神戸高商にはドイツ語の教師を含めて五人の外国人教師がいました。

とにかく英語の講読のテキストがものすごくむずかしい。テキストには、スチーブンスンの文学作品や商業英語、それにJ・スチュアート・ミルの経済論文などが使われていましたが、それもすごい量で、一ページ読むのに何十回も辞書を引かないと分からへん。

試験問題も、問題用紙の表裏を使って、青のタイプ印刷でびっしりと打ってありました。この伝統は戦後も受け継がれ、あんまり英語の授業が多いので、他の科目の先生がクレームをつけたこともあったほどです」

この徹底した英語教育が、それから数年後、中内をフィリピン・ルソン島の俘虜《ふりょ》収容所からいち早く抜け出させる大きな武器となった。

あくまで結果論でしかないが、おとなしくて努力家という以外にほとんど目立つところのなかった十代の中内は、しかしそれでも、身につけるべきものはきちんと身につけ、〝戦後〟へ突入するための準備を怠りなく積んでいた。

私は神戸を去るにあたり、もう一度だけ、元川崎造船工場近くの中内の実家に行ってみた。

裏手に回ると、共同で使っていた井戸の跡があり、戦前そのものの古ぼけた長屋が軒を連ねていた。私は改めて中内家の貧しさを思った。

復元移転のための解体工事が進み、元の家はほとんど原形をとどめていなかったが、戦前の一九二六（大正一五、昭和元）年に建てられ、今日まで七十年以上にわたって保《も》ってきたその粗末な家に、私はある感慨をおぼえないわけにはいかなかった。

この家は、死者・行方不明者あわせて九百三十三人を出し、谷崎潤一郎の『細雪』のなかにも印象的に書かれた一九三八（昭和一三）年七月の阪神大水害にも難を逃れ、四五（昭和二〇）年一月から八月にかけて行われ、死者約八千人、被災戸数約十四万二千戸、被災者総数約五十三万人という未曾有《みぞう》の被害となった神戸大空襲にも生き残り、そして、死者・行方不明者あわせて六千四百二十七人、全壊もしくは半壊した世帯数四十五万六千三百一戸を出した九五年一月の阪神大震災にも無傷で残った。

私の目には三度の大災害にも生き延びたその粗末な家に、級友の誰からもほとんど顧みられることのなかった十代の中内の影のうすい姿が重なった。

中内は級友の誰からも、戦場に出ればあっけなく敵弾に倒れ、ほとんど誰の記憶にもとどまることなく、すぐに忘却の彼方《かなた》に押しやられると思われていたに違いない。

その男が意外にも地獄のような激戦をかいくぐって生き延びた。そして、かつての級友たちを動転させるように、自らの力でこじあけた〝戦後〟の世界へ、やがて華々しく躍りだしていった。

私は神戸高商時代の中内の同期生に会うたび、卒業アルバムはもっていないか、とたずねた。誰に聞いても、もっていないという返事だった。彼らの答えから、ほとんどが卒業してすぐ戦争にひっぱられていった世代だということが、あらためてよくわかった。

そんななかで、唯一《ゆいいつ》、探せばあるかもしれません、なにしろ阪神大震災で家がメチャメチャになりましたからなあ、という同期生がいた。それが前出の野村全だった。

後日、野村から卒業アルバムが送られてきた。黒っぽい表紙には、「二六〇一」と金《きん》箔《ぱく》押しされている。二六〇一とは、日本書紀に記された神武天皇即位の年（西暦紀元前六六〇年にあたる）を元年として起算した元号で、西暦でいえば一九四一年、一般的な元号でいえば昭和一六年にあたる。

この年の十二月八日、日本軍はハワイ真珠湾沖に碇泊《ていはく》中の米太平洋艦隊を奇襲攻撃して、太平洋戦争の火ぶたが切られた。この日から十九日目の十二月二十七日、中内を含む神戸高商の十一回生は、大戦突入という文字通りの非常事態によって、同校初の繰りあげ卒業となった。

中内が神戸高商に進んだ一九三九（昭和一四）年、欧州では第二次世界大戦が勃発《ぼっぱつ》し、日中戦争も次第に泥沼化の様相を呈していた。彼らが神戸高商で過ごした二年八カ月の間、内外の緊迫した状況を象徴するように、わが国の内閣は九度も顔ぶれを入れかえなければならなかった。政府は戦時下経済への移行を急ぐため、統制令を次々と発令し、国民の生活は日ごと窮屈さを増していた。

この卒業アルバムをめくると、軍国主義にかけ足で向かう軍靴《ぐんか》の音が、頁《ページ》の間からはっきりと聞こえてくる。

随所に、軍事教練、勤労作業、実包射撃にいそしむ学生たちの写真や、砲弾、銃剣のイラストがはさまれ、「海戦史に空前の大戦果」「香港全島陥落す」など、緒戦の勝利を誇らしげに伝える新聞各紙の見出しが、一ページ丸々使って掲載されている。

卒業生に送る教師たちの送辞も、「突撃！」「吾々《われわれ》は大和民族である」「皇神《すめかみ》の直毘《なほひ》の御火料《みひしろ》にいのち焼くべき時は来向ふ」といった勇ましくも愚かしい言葉がならび、教え子たちを戦闘のなかへ突入させようとする異常な空気がひしひしと伝わってくる。

中内の姿は、この卒業アルバムのなかに四枚掲載されている。そのうちの一枚は、二十名あまりの銃剣道班の一員として写っているもので、メガネをかけた中内は、剣道の胴をつけ、手には長い棒剣をもっている。銃剣道班を紹介した解説にはこうある。

〈両の掌《てのひら》にしっかりと握られた銃剣の重さが吾々に国防の重大さを痛感させる。

吾々は武器をもって立って居るのだ。武器を軽視する事は危険である。武器を恐れる事はさらに危険だ。剣尖《けんせん》に輝く祖国防護と国策遂行の尊き責務を想《おも》う時、吾々は一振りの銃剣に託された崇高なる使命を見る。凡《あら》ゆる邪悪も困難も剣尖の前に霧散するであろう〉

中内は軍国主義そのものの銃剣道班に自ら望んで入ったわけではなかった。

「僕は軍事教練がきらいでほとんどさぼってばかりいた。さぼって文学や哲学の本ばかり読んでいたから、軍事教練を担当する配属将校からにらまれていた。まあ、文弱の徒くらいに思われていたんだろう。それで、お前のようなヤツは精神を叩《たた》き直さんといかんと、配属将校にむりやり銃剣道班に入れられた」

次に中内の姿が写っているのは、三十名ほどの「おもだか俳句班」の一員としてである。「おもだか俳句班」を主宰したのは、東大の英文科を出て神戸高商に赴任した橋泰来という英語の教師で、橋は英語を教える傍ら、連歌研究の第一人者としても知られ、橋閒石《かんせき》の俳号で俳句もよくものした。

銃剣道班と一緒に写った中内の顔には明らかにそれを不本意とする険のようなものが感じられる。これに対して「おもだか俳句班」の方には柔和さが漂っており、その紹介文も中内の当時の気持ちにずっとそっているように感じられた。

〈転換期！　世界動乱！　イズムの対立！
　騒がしい程にも静かな、何者にも犯されない忽然《こつぜん》たる集い、唯《ただ》一筋に句に繋《つな》がりて生きんとする若人のグループ、おもだかの諸兄は正に夫《それ》であった〉
紹介文のなかには、I・Nのイニシャルで中内の一句もそえられている。T・Hというイニシャルの仲間がうたった、
　冬枯れの丘下るべく丘に佇《た》つ
という句に応《こた》えたもので、学生俳句とは思えぬほど強い気迫がかんじられる。
　今は悔いず冬枯の丘駆け下る
多感な季節に訣《わか》れを告げ、まもなく戦場に赴く青年の心情が、痛いほどほとばしるように伝わってくる。
中内はキャッチフレーズをつくることにかけて、おそらく日本でも指折りの経営者であろう。代表的なものとしては、「デパートは歌舞伎座《かぶきざ》だが、スーパーはストリップ劇場だ。中身で勝負する」という名文句や、瀬戸内海の沿岸に首飾りのように店舗展開したときの「瀬戸内海ネックレス作戦」、国道十六号線の沿線に虹《にじ》の架け橋のように店舗を張り付けたときの「首都圏レインボー作戦」などがよく知られている。これら本質をわしづかみするコピーづくりのノウハウは、神戸高商時代の句作によって培《つちか》われてきたような気がする。

「おもだか俳句班」で一緒だった吉住滋は、中内は俳句だけでなく短歌や詩もよくつくっており、いまの中内からはとても想像できない文学青年タイプだったという。

「中内は確か卒業したときの色紙に〝ポキリと折れる神経の持ち主になりたい〟という意味のことを書いた。いまでは〝ポキリと折れる〟どころか、経営危機に何度もあいながら、なんとかそれを乗りこえて、いまもしぶとく生きている。ロマンチックなあの頃の中内と殺しても死にそうもないいまの中内が同一人物とはとても思えない」

野村全は、学生時代の中内については、校庭の木の下に寝ころんで哲学の本ばかり読んでいるおとなしい男という仲間うちの話を耳にしたことがある程度で、ほとんど顔もおぼえていない、といったあと、そういえばこんな噂《うわさ》を耳にしたことがあると、当時の記憶をよみがえらせた。

「高商の二年か三年の頃、中内がゲーテの『ファウスト』を原書で読みはじめたという噂を聞いたことがあります。中内という男をはじめて意識したのは、たぶんそのときです。僕も第二外国語はドイツ語をとっていましたが、授業はわずか週二回でした。そんな程度の語学力で、あの難解な上に大長編の『ファウスト』に挑む男がいるというんですから、素直にすごいなあって思ったわけです。

もっとも、二、三年前、同窓会で中内に会ったとき、あのときのことをたずねたら、あの計画はすぐに挫折《ざせつ》した、と苦笑しながらいってました」

『ファウスト』は、作者のゲーテが八十三年の生涯をほとんどこの一作に投じた世界文学史上の一大金字塔である。それを無謀にも原語で読破しようとした中内のドイツ語の読解力が、果たしてどの程度のものだったかはわからない。だが、まったく目立たない外面とは裏腹に、誰もが敬遠する世界的大作に人知れずチャレンジしたところは、現在の中内の負けん気の強さの片鱗を感じさせないでもない。

卒業アルバムの末尾に、卒業生一人ひとりの言葉が載っている。そこには、中内とは神戸三中以来の同期生だった大森実が、「さようなら、達者で暮らせよ」と書きつけるなど、青年期特有の客気《かっき》と、戦局と正面から対峙《たいじ》せざるを得なかった世代の屈折した心情が多く記されている。だが、中内のそれは彼らとはかなりニュアンスを異にしている。そこには、意外なパロディ精神をまじえた中内の哲学青年、文学青年ぶりが、顔をのぞかせている。

中内はここでもゲーテの『ファウスト』を原文で引用している。引用している箇所は、悲劇第一部の「夜」の冒頭で、原文では

〈Habe nun, ach! Philosophie,
Juristerei und Medizin,
Und leider auch Theologie

Durchaus studiert, mit heißem Bemühn.
Da steh ich nun, ich armer Tor,
Und bin so klug als wie zuvor!〉

となっている。日本語訳を手塚富雄訳で示せば、

〈ああ、おれは哲学も
法学も医学も、
いまいましいことには、役に立たぬ神学まで
骨を折って、底の底まで研究した。
そのあげくがこのあわれな愚かなおれだ。
以前にくらべて、もっと賢くなってはいない〉

となる。

中内はこれをもじって、二行目の「法学も医学も」というかわりに、Religionphilosophie（宗教哲学）、Rechtsphilosophie（法哲学）、Kurturphilosophie（文化哲学）、Geschichtesphilosophie（歴史哲学）というふうに哲学の種類をいくつか並べ、さらに、Kunst（芸術）、Ökonomie（経済学）、Literatur（文学）まで、挿入している。

つまり中内は、神戸高商で努力して学んだ様々な哲学も、芸術も経済学も文学も、いずれ戦地に赴かされる自分にとっては、まったく役に立たなかったと痛烈な皮肉をこめて書きつけているのである。

一九四一（昭和一六）年十二月、真珠湾攻撃の直後に三カ月短縮して、繰りあげ卒業となった中内らに対し、文部省は、大学進学は卒業者数の一割以内にとどめるべし、という通達を発令した。上級学校への進学希望者は、この通達に、突然、前途をたちふさがれる思いにかられた。

専門学校の卒業生は、進学するよりも、直ちに銃をとって戦列に加われという国家の要請には、有無をいわせぬ重さがあった。

しかし、当時の校長はこの通達を聞き流し、進学希望者のほとんどを、志望校に受験できるよう便宜を図った。

こうして五十二名が神戸商業大学（現・神戸大学経済学部）を、四名が東京商大（現・一橋大学経済学部）を、志望通り受験することになった。中内も神戸商業大学受験組五十二人のなかに入っていた。

文部省の通達もあって競争率は低く、神戸商大には四十九名、東京商大には四名全員が合格した。不合格となったのは、神戸商業大学を受験した五十二名のうち、わずか三名だけだった。中内はその不合格組の一人だった。

中内によれば、不合格の理由は簿記がまったくできなかったからで、計数に関してはいまだによくわからない、という。

この受験失敗は、中内の内面に予想外の大きな傷を与え、その傷はのちのちまで容易に癒《い》えることがなかった。

中内のすぐ下の弟の博によれば、中内は子供の頃から勉強に不熱心で、父親の秀雄も母親のリエも中内に対し、「弟の博を見習え」と、口ぐせのようにいったという。ちなみに博は子供の頃から秀才の誉《ほまれ》が高く、中内が受験に失敗した神戸商業大学時代も、ずっと特待生で通した。

「まあ、僕はいわゆる〝いい子〟だったわけです。夜はだいたい、兄貴と机を並べて勉強するんですが、兄貴はすぐ寝ちゃうんです。僕は夕食をたくさん食べると眠たくなるということを知っていたから加減していましたが、兄貴はいつも腹一杯くっていたのですぐに寝てしまう。兄貴はいまでも食欲旺盛《おうせい》ですが、子供の頃から腹一杯食わなければ満足できないたちだった。そこへ親父が階段をのぼって様子をみにくる。

僕は勉強しているが、兄貴は寝ている。親父は、当時尺といった二尺（約六十センチメートル）くらいの物差しで、禅寺の坊主《ぼうず》がやるように、兄貴の背中をピシャリと叩《たた》く。するとと兄貴は〝おまえは、なぜワシに親父《おやじ》がきたことをいわんのや〟といって、また怒るんです」

文字通り〝愚兄賢弟〟を地でいくこの挿話には、弟に対しての、おそらくは学力の差のひけ目からくる抜きがたいコンプレックスが、透かしたように語られている。

のちに中内は、博や末弟の力と衝突して袂《たもと》を分かつことになるが、そこには経営理念の違いという以上に、〝大学卒〟の学歴をもつ二人に対して、必ずいつか見返してみせる、という中内ならではの激しい情動が、少なからず働いていたような気がする。

中内の学歴に対するコンプレックス、とりわけ自分と違って大学に進んだ弟たちへの根強いコンプレックスは、戦後、商売をはじめてから、神戸大学経済学部の夜間にわざわざ通ったことにも物語られている。結局、商売の方が忙しくなり、途中退学せざるを得なかったが、中内があえて大学に進んだのは、まもなく発布される予定の日本国憲法の勉強がしたかったからという。

しかし中内が、大学進学のわずか一年前に、フィリピン戦線の地獄のような戦場を彷《ほう》徨《こう》してきたことを思えば、その言葉はにわかには信じがたい。自分を含めた人間の裸形の姿を底の底までみてしまった男が、果たしてそんなに簡単に、〝戦後民主主義〟を信じて大学の門をくぐるものだろうか。

中内という男の面白さは、しかし、実はこういうところに最もよく現れている。中内は日本の経営者のなかで、きわだって〝理屈っぽい〟人物である。それが周囲に、気むずかしい印象を与え、結果的に、中内を敬遠させる雰囲気をかもしだしている。だが、その〝理屈〟を冷静に分析していけば、〝理屈〟の内実には案外、幼児性コンプレックスのようなものが根づいていることがわかる。

中内の情動の激しさはよく知られているところである。それは躁鬱《そううつ》症の名で呼ばれることが多いが、私には、大人っぽい子供と、子供っぽい大人が、中内の外面に入れかわりたちかわりに現れるところを、そう呼んでいるにすぎないような気がする。

業績の低迷や社会的批判にあうと、几帳面《きちょうめん》に落ちこむ中内や、学歴をいつまでも気にかけ、事業においては、馬車馬のごとく働く並はずれた努力家の中内は、鬱的であり、子供っぽい大人といえる。

逆に、社員を集めてあまりじょうずでない英語の演説をやってのける中内や、店内巡回で絶え間なく雷をおとし、社会的に物議をかもす発言を繰り返す中内は、躁的であり、大人っぽい子供といえる。

こうしたパフォーマンス好きで、絶対君主的な中内をとらえて、一般にはカリスマと呼んでいる。しかし、中内はそんなに単純にとらえられるような男ではない。

仮に中内が本当に自分のカリスマ性を保持しようとするならば、カーテンの陰にでもかくれて自己神格化に励めばいいわけだが、寂しがり屋の中内にはそれができない。英語の演説でちょっとした発言の間違いがあっただけでも、己のカリスマ性が大きく欠損することをわかっていながら、中内のなかの大人っぽい子供が、カリスマ性保持に不可欠な絶対禁忌を易々《やすやす》と破らせてしまうのである。

話を大学受験失敗に戻す。一九四二（昭和一七）年四月、中内は冷雨のなか、屈辱感を胸に抱いたまま神戸高商の担任の家をたずねた。すでに入社試験がすんでいた日本綿花（現・ニチメン）に対して就職の推薦状を書いてもらうためだった。

徴兵制度下、無職ならば即召集という時代だった。中内は受験生のほとんどが合格するなか、自分一人が戦場にもっていかれるという恐怖心にかられ、藁《わら》をもつかむような気持ちで就職の依頼に走った。

幸い中内は定期外の入社試験に合格したが、これは神戸高商出身者がこれまで数多く日本綿花に入社していた実績が評価されたためであり、日本綿花自体の社員が何人も徴兵にとられ、多くの欠員が出ていたためだった。

ビジネスマンとしての初日、中内は神戸・三宮の既製服専門店へ行って、一着五十円の背広を買い、これを着て出社した。

大阪・中之島の日銀大阪支店裏にある日綿本社での仕事は、人造繊維のスフを、満州、朝鮮、中国大陸に輸出するための船渡し業務用の書類を作成することだった。二階建ての日綿本社の窓からは、土佐堀川をはさんで、住友銀行本店の壮麗な建物がみえた。

ここで中内はのちにニチメンの社長となる福井慶三らと一緒に仕事をし、サラリーマン生活のイロハを学んだ。同時に、統制経済体制がいかに自由な流通を阻《はば》んでいるかを肌身にしみて感じた。中内はスフを輸出するだけで、役所や業界団体のハンコをいくつももらいに歩かされる不合理に、いつしか怒りをおぼえるようになった。

しかし、伊藤忠、丸紅、東棉、江商と並んで、関西五綿の一つに数えられる日綿での商社マン生活はあっけなく終わった。

この当時、日綿ではビルマのラングーンに精米工場をもっていた。中内は兵役を逃れるために、ラングーンの精米工場に軍属として赴任することを望んでいたが、その準備も整わぬうち、中内の許《もと》に召集令状の赤紙が届いた。日綿入社からわずか八カ月後の一九四二（昭和一七）年十二月のことだった。

第四章　書かれざる戦記

一九四二（昭和一七）年八月、二十歳となった中内は日綿在職中のまま徴兵検査を受けた。強度の近視ということで、「第一乙種」という判定だった。中内が軍属を望んだのは、自分は肉体的にも軍務には適さないという思いもからんでいた。

翌四三（昭和一八）年一月、中内は出征の身となった。神戸の場末にある「サカエ薬局」の前には、家族や近所の人が集まり、軍服姿の中内を見送った。中内はいやいやながら万歳三唱して、これに応《こた》えた。

中内が配属された原隊は横須賀不入斗《いりやまず》の歩兵第七五連隊だったが、横須賀には行かず、いきなり広島の駅裏にある広島練兵場に集合整列させられた。父親の秀雄は、中内を送って広島までついてきてくれた。

中内はそこからいきなり外地へ送られた。原隊に配属されなかったことも異例ならば、いきなり外地行きを命じられることも異例だった。

神戸出身者はふつう、姫路の連隊に配属され、そこでしかるべき訓練を受けたのち、各部隊に配属となる。

中内が異例の配属となったのは、中内自身の述懐によれば、神戸高商時代、軍事教練に熱心ではなく、ゲタを履いて教練に出席して、配属将校からぶんなぐられたこともあったためではないかという。

ゲタを履いて軍事教練に出たという述懐は、軍国主義一色に染まったあの時代の空気や、その当時の中内の目立たない性格を考えあわせれば、現在の中内の姿から遡行《そこう》規定した、いささか作り話めいた話のようにも感じられる。事実、神戸高商時代の同期生の誰にたずねても、「あの大人しい中内がゲタ？　そんな話はきいたことがないなあ」という答えが返ってきた。

それはともかく、中内が神戸高商時代、配属将校からにらまれていたことはほぼ事実といってよい。軍事教練の成績はいまでいう内申書の形で配属先の部隊に送られる。その評価には、「士官適」「下士官適」「兵適」の三種類があった。

本来ならこの評価は本人に伝えられることはないが、中内は配属先の士官から「お前は兵適だった」と明らかにされたという。

「兵適」とは、兵隊としてしか使いものにならない、という軍隊特有の烙印《らくいん》のことである。この評価は、敗戦時の階級をみると一目瞭然《りょうぜん》となる。

「士官適」や「下士官適」とされた中内の神戸高商時代の同期生たちは、軍隊で最初から幹部候補生として扱われ、最低でも少尉《しょうい》の階級をもつ士官として敗戦を迎えた。

これに対し中内は一介の陸軍初年兵として入営し、敗戦時の階級は軍曹でしかなかった。中内は、大学受験の失敗だけでなく、「兵適」という烙印を押されることによって、周囲に対する屈辱感と、その裏返しとしての敵愾心《てきがいしん》を、さらに根深くもたらされることになるのである。

広島練兵場に整列させられた中内らに対して、まず配給されたのは、内側に犬の毛のついた防寒服だった。中内はそれを渡されたとき、これは相当寒いところへ連れていかれるんだな、と思ったが、まさか極寒のソ満国境までもっていかれるとは夢にも思わなかった。

中内が配属された部隊は、朝鮮に渡り、朝鮮と中国東北地方（満州）、ソ満国境にまたがって流れる豆満江《とまんこう》を越えても、まだ北上をつづけた。最終的に着いたのは、牡丹江《ぼたんこう》の東のソ満国境に近い綏南《すいなん》だった。

綏南で中内と同じ釜《かま》のメシを食い、その後、中内と一緒にフィリピンに渡り、米軍の雨アラレのような敵弾のなかをかいくぐった戦友の北原修造によれば、綏南では実際に戦闘行動はなかったが、その寒さにはほとほとまいったという。

「綏南は、満州における日本の兵隊の訓練所でした。酷寒の地で雪中行軍とか耐寒演習をやる。黄色い旗が出ると零下十度以下、赤い旗が出ると零下二十度以下。そんな骨も凍りそうな寒さのなかで演習をやらされ、そのあげくがフィリピンの灼熱《しゃくねつ》地獄です。これでは体も頭もおかしくなる」

北原は戦後、戦友会の集まりで中内と一緒に温泉に入ったことがあった。中内の背中には、大きなコブができていた。フィリピン戦線で敵弾を受け、そのままふさがないで放置したためにできたコブだった。

中内が配属された部隊には、ソ連軍に徹底的に壊滅させられたノモンハンから奇蹟《きせき》的に帰還した古参の敗残兵たちもいた。彼らの気持ちはすさみきり、酒を飲んでは銃剣を抜き、本物の戦闘まがいのケンカをしては血を流した。角力《すもう》取りくずれもいれば、力自慢だけが取り得の坑夫、土工あがりもいた。陸士出の士官があまり生意気なことばかりいうので、手榴弾《しゅりゅうだん》といっしょにタコつぼにほうりこんで〝名誉の戦死〟にしてきた、と平然といい放つ古参兵すらいた。それは秩序ある軍隊組織というよりは、一種のアウトロー集団ともいうべきものだった。

まだ二十歳になったばかりの中内は、これが泣く子も黙るといわれた関東軍か、と恐怖にかられ、入営から間もなくは、毛布をかぶってじっと息を殺す毎日を送った。

この時代の中内を撮った写真が残っている。セピア色に変色したその写真のなかの中内は、弱々しそうでありながら、それでいてふてぶてしくもみえる不思議な表情で映っている。

中内の裏も表も知りつくし、中内に対し「天を畏《おそ》れよ」と一喝できる希有《けう》な人物が、ダイエー周辺にいた。彼は、身を挺《てい》して中内を何度も窮地から救ったことがあるという。その彼は、九八年三月、人間の信義を裏切った中内の行動に激怒し、中内と訣別《けつべつ》した。元特攻隊員の彼は、よくも悪くも常軌を逸した中内のパーソナリティーは、間違いなく軍隊体験から生まれたものだといいきった。

「フィリピン戦線での体験もあるだろうが、それよりもソ満国境の関東軍に配属されたことが大きい。自分の経験からいっても、中内のような顔をしたヤツは、軍隊では徹底的にいじめられるんだ。いじめられたら、泣くか、逆に相手にくってかかっていけば、おさまるんだが、あいつのようなタイプは、泣きもしなければ、くってかかってもいかない。ただ、ふてくされるだけだ。こういうヤツは何を考えているのかわからないので、一番いじめられる。戦前の中内と戦後の中内がまったく人間がかわったのは、そのときのどうすることもできないくやしさを絶対死ぬまで忘れないと思ったからだ」

この指摘は鋭い。中内は戦後、消費者自身が迷惑に思うほど〝消費者のために〟というスローガンをいい立てて、大メーカーと対決していった。これは当時、弱い立場とされていた消費者を糾合していく以外、強いものにはぶつかっていけないと無意識に感じた中内のコンプレックスの現れだったともいえる。

ソ満国境に話を戻す。

時には零下四十度を超える酷寒のソ満国境での中内の任務は、大砲の砲座と観測所の間の通信連絡係だった。具体的には、砲弾が正確に着弾したかを測定するため、砲座と観測所の間に、通信用の黄色い銅線を張るのが主要な任務だった。

その銅線がソ連軍の砲弾や戦車の通過によって切られると、中内はソ連のスパイが入ったことを知らせる曳光弾《えいこうだん》が夜の上空に閃《ひらめ》くなか、十五キログラムもある電話線をかついで復旧作業に走り回らなければならなかった。

闇《やみ》のなかには、野営の焚火《たきび》の照り返しを受けて真っ赤に光る狼《おおかみ》の両眼がみえ、人間の赤ん坊の鳴き声のような遠吠《とおぼ》えが不気味に聞こえた。

もうゲーテも俳句もなかった。中内はそれからまもなく、ソ満国境とは温度差八十度もあるフィリピン戦線へ送られ、本当の地獄をみることになった。

一九四四（昭和一九）年七月、中内は酷寒のソ満国境から一転して、灼熱のフィリピン戦線への転戦命令を受けた。中内の原隊の歩兵第七五連隊は、満州の関東軍の指揮下に入るとともに、独立重砲兵第四大隊の協力部隊に編成がえとなっていた。

中内の原隊の横須賀不入斗《いりやまず》の第七五連隊は、東京湾攻撃に備えた、〝マルト〟と呼ばれる秘密の要塞砲《ようさいほう》を四門もっていた。中内らが満州に行くとき、その要塞砲はひそかにはずされ、間もなく敵となるソ連軍のトーチカを撃破するため、極秘裏に満州に運ばれた。これが独立重砲兵第四大隊の最大の秘密兵器となっていた。

〝マルト〟は口径三十サンチ（センチメートル）という、世界でも類をみない巨大な榴弾《りゅうだん》砲《ほう》で、一門を運ぶのにも、十三トンの牽引車《けんいんしゃ》を八輛《りょう》使用しなければ動かせない化物のような代物《しろもの》だった。弾丸の重さは一発四百キログラムもあった。

ソ満国境からフィリピン上陸まで中内と行動をともにした戦友の北原修造は、自分の職業が洋服屋だったため、戦後それをもじって、『テーラー兵隊奮戦記』という私家版の本を書いている。そのなかに、いままで一度も発射したことがない〝マルト〟を発射したとき、トーチカのなかの砲手が一体どんな状態になるか、兵士を使って〝人体実験〟する件《くだ》りが書かれている。

砲座の下に大きな壕《ごう》が深く掘られ、何人かの兵士たちがそのなかに入れられた。

〈こんな中でこいつをブッ放せなんて、どこの阿呆《あほう》が云《い》い出したか知らんが、中の人間がどうなるか考えてやったことだか、どうだか判《わか》ったもんじゃない。一発やったとたん耳が聞こえなくなるかも知れんし、ひどけりゃ直撃弾喰らったときみたいに五体バラバラで腸が飛び出すかも〉

壕のなかの兵士たちは両耳に固く丸めた綿を詰めこみ、両手の親指を両耳につめた栓《せん》の上から痛くなるほどきつくあて、残りの指で両眼をしっかりとおおった。

砲弾は凍結した大地が裂けんばかりの轟音《ごうおん》とともに発射され、目標地点の小高い山の中腹で炸裂《さくれつ》した。あたりには遠雷のような大音響がこだまし、その残響は、はるか彼方《かなた》の地平線にまで流れた。

幸い兵士たちは五体バラバラにはならなかったが、トーチカのコンクリートの壁と被《かぶ》っていたムシロは全部はがれ落ち、壕の入口を塞《ふさ》いでいた角材はすべて無残にへし折れた。

〈「本日の攻城砲のトーチカ内発射訓練はァ一人の犠牲者もなく成功したことは、わが皇軍にとっても大威力であるッ。お前たちの勇気ある行動がこの実験を成功させたのであるウッ！」

……何が勇気ある行動だ。体のいい人体実験じゃないか。俺達をモルモットの代りにしやがって……。いまいましさに腹の中が煮えくり返った〉

関東軍指揮下の独立重砲兵第四大隊は、横須賀からひそかに運んだ四門の〝マルト〟を外し、それを今度はフィリピンに運んだ。

一九四四（昭和一九）年夏、〝マルト〟四門を積みマニラに向かう二十隻《せき》の大型輸送船団のなかで、中内に与えられた任務は暗号書の管理だった。当時、中内は軍曹に昇級していた。

陸軍の階級は、下から二等兵、一等兵、上等兵、兵長、伍長《ごちょう》、軍曹、曹長、准尉《じゅんい》（准士官）となっており、それから上は少尉、少佐など士官待遇の尉官、佐官となる。下士官と呼ばれるのは、伍長から上で、中内が、応召からわずか一年半あまりで、下士官待遇の軍曹になったのは、現地で行われる乙種幹部候補生試験に通ったためだった。神戸高商時代の教練で「兵適」の烙印を押された中内も、学歴的には十分、下士官、士官に昇進する道が開けていた。中内が昇進した軍曹は、分隊長と呼ばれ、部下も二十名近くもたされていた。

中内は陸軍のつくった黄色い表紙の暗号解説書を肌身はなさず身につけ、そばにはガソリンを詰めた一升びんを用意した。もし敵潜水艦に攻撃を受け、艦船が轟沈《ごうちん》させられた場合、暗号書が敵の手に渡らぬよう、すぐにガソリンをかけて焼く。それが中内軍曹に与えられた任務だった。

中内はそれからまもなくフィリピン戦線で飢餓線上をさまようことになるが、飢餓の予兆は、すでにマニラに向かう艦船のなかからはじまっていた。船内での食事は、ボロボロの外米にジャガイモの皮が浮かんだ塩水のスープだけだった。

空腹にたまりかねた中内が船底にしのびこむと、暗がりのなかに、ヨーカンのような形をしたものがぎっしりと入った箱がぼんやりとみえた。手さぐりで一本をとりだしてなめると甘い味がした。しかし、その甘味が砂糖でないことはすぐにわかった。中内がなめたのは、独特の甘味のするニトログリセリンが装塡《そうてん》されたダイナマイトだった。

満州から後生大事に運んできた虎《とら》の子の〝マルト〟は、一門を敵魚雷の攻撃によって台湾沖のバシー海峡で失い、一門はルソン島南部のバタンガスに運ばれたため、マニラに陸揚げされたのは二門だけだった。

中内はフィリピンへ転戦すると同時に、混成第五八旅団に編成がえとなった。この混成旅団は、通称〝盟兵団〟と呼ばれ、フィリピンを統括する第一四方面軍の隷《れい》下《か》にあった。第一四方面軍司令官は、〝マレーの虎〟と恐れられた陸軍大将の、あの山下奉文だった。

中内が〝盟兵団〟で所属した部隊は一二二八部隊で、指揮官は大石正義という陸軍中佐だった。

中内がマニラに上陸してから三カ月後の一九四四(昭和一九)年十月、米軍を主力とする連合軍はフィリピン南方のレイテ島に上陸し、日本軍は制空権、制海権ともに急速に失っていった。

その頃中内は、ルソン島中西部にあるリンガエン湾の沿岸警備にあたっていた。いうまでもなく敵艦隊の上陸に備えるためだった。

リンガエン湾の後方には、敵艦隊を撃破するため、帝国陸軍が誇る秘密兵器の〝マルト〟二門が備えつけられていたが、中内ら兵士に与えられた任務は、砂浜に塹壕《ざんごう》を掘ることだけだった。

塹壕に身をかくして敵弾をよけ、いざ敵が上陸したら、壕から飛びだして一兵対一兵の白兵戦にもつれこむ。レイテなど南方の空では、すでに零戦《ゼロせん》による神風特攻隊の攻撃がはじまっていたが、中内らに与えられたのは彼らとかわらぬ決死の応戦準備だった。マニラからリンガエン湾に向かった中内は、その夏から翌一九四五（昭和二〇）年一月までの約五カ月間、毎日、塹壕掘りばかりやらされた。

一月七日、ついにリンガエン湾に敵の艦隊が現れた。敵艦隊は八百五十隻にも及び、リンガエン湾自体が膨れあがったようにみえた。

敵の大船団がレイテ湾を出発したのは、一月二日だった。リンガエン湾に敵の先頭集団が姿を現したとき、最後尾の補給部隊はまだレイテ湾内にいた。

リンガエン湾防禦《ぼうぎょ》のために当初予定されていたのは、一〇六師団（泉兵団）と五八旅団の八個大隊だった。だが二六師団のすべてと五八旅団の三個大隊をレイテ戦で失っていたため、実際にリンガエン湾の防禦についたのは、中内の所属する独立混成第五八旅団（盟兵団）と二三師団（旭兵団）だけだった。その二三師団も、半数を輸送の途中で海没させていた。

私は中内と同じ盟兵団に所属した人物はいないかと八方手をつくしてさがした。その結果、秋田県能代市に、元陸軍中尉の市川嘉宏という人物が生存していることがわかった。市川はフィリピン戦線を回顧して『バギオの灯』『北部ルソン戦記・盟兵団―独立混成第五八旅団激闘の戦史』という二冊の貴重な記録を残していた。

盟兵団山砲第二中隊に配属されていたその市川によれば、米軍を迎え撃つ主力部隊の盟兵団の兵力は総数一万三千余、リンガエン湾の正面にいた日本軍に限れば、総勢にしてわずか二千名ほどだったという。これに対して敵の兵力は総計二十三万二千人にも及んでいた。彼我の兵力の差は火をみるよりも明らかだった。


敵の大船団がリンガエン湾沖に姿をみせたとき、中内はリンガエン湾から約四キロはなれた山中で塹壕掘りをおえ、ドラム缶の風呂《ふろ》にのんびり入っていた。

「すごい艦船やなあ、と思って眺めていた。日本の連合艦隊もまだこれだけ余力があるんかいな、これでいよいよフィリピンともおさらばできると、ホッとしていた。ところが二日後の夜明け、突然、艦砲射撃を一斉にやりだした。上陸用舟艇も水すましのようにどんどんこっちへやってくる。うかつにもそのときはじめて、こりゃ敵だ、ということに気がついた」

頼みの綱は満州からわざわざ運んできた三十サンチ榴弾砲だった。前出の市川はリンガエン湾後方四キロほどの山中にしつらえたこの砲を、わざわざ見せてもらいに行ったことがある。

「すごいなあと思いました。弾丸を一発装塡するにも起重機を使っている。こんなすごい砲が配備されているなら、日本軍も大丈夫だと思った」

しかし、結果からいえば、この榴弾砲は文字通り無用の長物でしかなかった。

敵の要塞を撃破するには卓絶した力を発揮する榴弾砲には、射程距離が短いという致命的な欠陥があった。戦艦大和や武蔵に搭載された艦砲は、三万メートルあまりの射程距離をもっていたが、三十サンチ榴弾砲の射程距離は一万千メートルしかなかった。

「敵艦隊は沖合一万五千メートルのところにいる。これではいくら撃っても届かない。三十サンチ榴弾砲から発射された弾丸は、敵艦船のはるか前方で水しぶきをあげるだけです。リーチの届かないボクシングと同じで、なぐられっぱなしでなぐり返すことができない。

しかし戦争とはよくできたもので、敵の艦砲も、戦艦の甲板をぶち抜くためにつくられていたので、いくら陸上に向かって撃っても、着弾するだけで爆発しないものが多かった」

このときの戦闘は緒戦で、散発的なものにすぎなかった。防衛庁防衛研究所戦史室が編纂《へんさん》した『戦史叢書《そうしょ》』(「捷号《しょうごう》陸軍作戦」②ルソン決戦)は、そのときの状況をこう記している。

〈敵の第一軍団(第六師団、第四三師団)の上陸正面に配備されていた盟兵団(独立混成第五八旅団、佐藤少将)および旭兵団(第二三師団、西山中将)は、方面軍から「陣地を死守せよ、撤退を許さず」と命じられていたため、敵の砲撃、戦車、火炎の猛攻に耐えて戦況苛烈《かれつ》を極め、辛くも守地を死守していた。

山下大将は、一億国民の絶大な期待にこたえるべく、一部兵力をもって夜間に挺身攻撃させることを決意し、盟兵団から戦車一個中隊と機動兵の一部をもって一月十六日に出撃して敵海岸頭堡《とうほ》を夜襲するよう命令した。その日深夜、各隊それぞれ出撃し、相当な戦果をあげたが甚大《じんだい》な被害をこうむって旧軍に復した〉

ダイエー東京本社の社長室には、敵艦隊がリンガエン湾に上陸した際、日本軍が応戦した戦闘に対しての感状が、大きく掲げられている。

〈右ハ大隊長陸軍中佐大石正義指揮ノ下独立混成第五十八旅団ニ配属中ノ所昭和二十年一月九日敵「リンガエン」上陸以来勇戦敢闘熾烈《しれつ》ナル砲爆撃下適切功好ナル陣地ノ選定ニ依《よ》リ最後ノ一弾ニ至ル迄《まで》果敢的確ナル砲撃ヲ続行シテ遺憾ナク巨砲ノ威力ヲ発揮シ以《もっ》テ数次ニ亙《わた》ル敵上陸部隊ヲ撃砕シ敵ニ甚大ナル損害ヲ与フルト共ニ全弾ヲ射耗シ優勢ナル敵ノ重囲ニ陥ルモ敢《あえ》テ屈セズ当面ノ敵ニ対シ果敢ナル挺進奇襲ヲ敢行シ多数ノ人員兵器弾薬ヲ殺傷破壊シ且《かつ》長期ニ亙リ熾烈ナル砲撃ニ堪ヘ堅忍持久陣地ヲ確保シ遺憾ナク歩砲共協同ノ実ヲ発揮シテ敵ニ多大ノ出血ヲ強要シ軍ノ作戦ニ寄与シタリ〉

この感状を贈ったのは、第一四方面軍司令官の山下奉文陸軍大将だった。

『戦史叢書』といい、この感状といい、米軍の攻撃はできるだけ過小に、日本軍の守備力をできるだけ過大に評価した、いかにも〝大本営発表〟的な文章である。しかし、実際の戦闘は、中内もいっているように、ある意味では間のぬけたものであり、ある意味では悲惨きわまるものだった。

前出の市川も、フィリピン戦の回顧録『バギオの灯』のなかで、満州から運んできた三十サンチの榴弾砲には驚いたものの、他の軍備に関しては落胆せざるを得なかった、と書き、つづけて次のように率直に述べている。

〈昭和一七年一月に日本軍が上陸してからすでに二年半になるのに一体何をしていたのか、当然、米軍の反撃が予想されていたはずなのに、防備体制はほとんど零に等しい、これは苦しい戦闘になるぞと、ひそかに覚悟した……〉

その市川によれば、敵の上陸に備えてリンガエン湾に配備された砲は、敵は西から攻撃してくるだろうとの予測に基づいて、すべて西に向けられていた。

ところが敵は南から北上してくる形で上陸した。このため砲門をすべて西から南に方向をかえなければならず、この作業に手間取っているうちに、敵の上陸を易々《やすやす》と許し、同時に日本軍は甚大な被害を受けることになった。

中内らが満州から運んだ自慢の三十サンチ榴弾砲は、数発の弾丸をむなしくリンガエン湾の海中に発射しただけで、敵のグラマンなどによる爆撃ですぐに撃破された。

敵は撃破した三十サンチ榴弾砲の写真を撮り、そこに「われ、巨砲を占領せり」というキャッチコピーをつけ、宣伝ビラとして空中から大量に散布した。

圧倒的な兵力を誇る米軍に対し、日本軍は陣地も装備も比較にならぬほど貧弱だった。

敵の艦砲射撃はすさまじく、砲門から蛇の舌が出るような赤い閃光《せんこう》が走ったかと思うと、腹の底をゆるがすような大爆音とともに、陣地後背にある山がふきとばされ、たちまち地形がかわった。敵の艦砲射撃による土砂がもうもうとあがり、まるで夜のように視界をふさいだ。応戦する戦闘員の顔はみな真っ黒だった。

応戦する砲は連続砲撃によって、すぐに赤く焼けついた。赤くなった砲に水をかけて撃っても、かけた水はたちまち水玉となって散った。最後は砲身に毛布をかけ、その上から水をかけながら撃ったが、それでもすぐに砲身は赤くなった。

上空には、敵の偵察機が音もなく飛んでいた。敵に秘匿《ひとく》した陣地から砲撃すると、偵察機の無線で連絡するのか、敵の砲艦は見えないはずの日本軍の陣地に、正確に砲撃を加えた。

その上、ロッキード、グラマンの敵編隊が一日三千機も飛来し、容赦なく機銃掃射を加えた。

旋回する敵機は、人影を求めて執拗《しつよう》に銃撃を繰り返した。夜になると、敵機は曳光弾《えいこうだん》を大量に投下した。その光であたりは真昼のように明るくなり、新聞が読めるほどだった。

頼みの綱の航空機の援護は、いつまで待ってもやってこなかった。ときどき零戦の特攻機が沖合に浮かぶ敵艦隊を襲ったが、敵の全弾発射するような恐ろしいほどの弾幕にさえぎられ、ことごとく海中に没し、百に一つも命中することはなかった。たまたま陸上に墜落した零戦には、子供のような顔をした飛行兵が操縦桿《かん》を握ったまま死んでいた。

一発で山形改まるような圧倒的な火砲をもつ米軍と、明治につくられた三八式小銃で武装した日本軍とでは、はじめから勝負にならないことは決まっていた。

リンガエン湾の正面に配備された部隊は、最初の戦闘でほぼ壊滅となった。

だが、敵の砲弾以上に日本軍将兵を悩ませたのは、食糧の枯渇《こかつ》だった。『バギオの灯』のなかにこんな記述がある。

〈食糧はいよいよ不足してきた。特に副食物がない。トンボグサ（スベリヒエ）とかいう赤い茎の、松葉牡丹《ぼたん》ににた雑草をゆでて喰ったり、さつま芋の茎や葉を喰ったりである。てきめんに便が青くなるのには驚いた〉

飢餓の気配が徐々にしのびよりはじめた一月二十三日夜明け、総反撃の命令が中内らに下された。中内らは全員白襷《しろだすき》をかけ、塹壕から出て、隊列を組んだ。武器は小銃だけだった。これで敵の戦車隊に反撃せよ、というのである。完全な玉砕命令だった。命令を待つ中内らに、恩賜《おんし》の煙草《たばこ》と酒が配られた。出撃前の特攻隊員に配られたヒロポン入りの菓子も渡された。

もしこのとき実際に出撃命令が出ていたら、中内は間違いなくリンガエン湾の土となっていた。中内を救ったのは、一四方面軍司令官の山下奉文の突然の撤退命令だった。玉砕戦法はやめ、マニラに入る敵を少しでも減らすため、山岳ゲリラとなって後方移動せよ、という命令だった。

中内が戦争のむなしさと、それにともなう飢餓の恐ろしさを本当に肌身にしみて知るのは、これ以後だった。

私は中内のフィリピン戦線での闘いぶりを客観的資料で裏づけるため、目黒にある防衛庁防衛研究所の図書館に何日か通い、中内の所属した独立重砲兵第四大隊と、その部隊を含めてフィリピンで編成された独立混成第五八旅団（盟兵団）の記録をさがした。

結論からいえば、一九四五（昭和二〇）年一月九日の敵艦隊リンガエン湾上陸以後の資料は、皆無だった。公的資料がまったくといっていいほどないことに、私は敗戦までの数カ月間のフィリピンにおける戦闘と飢餓が、いかにすさまじいものだったかを、思い知らされるような気がした。

満州からフィリピンまで中内と行動をともにし、奇蹟《きせき》的に生還した前出の北原修造はいう。

「フィリピンの戦場は厳しいなんて言葉じゃ、とてもいい表せません。食糧はむろん、まったくない。身を隠すところもないから、敵やゲリラにやられっぱなしです。一度斥候に出るときには、実際にはこの世のお別れだった。斥候に出ると、二度と再び帰らなかった。斥候兵に対し、なけなしのおにぎりを一個渡すのも、そのためでした」

防衛研究所の図書館には、中内が配属した部隊に関する公的記録が、二つだけ残っていた。

一つは、厚生省援護局が一九五一年十二月に発行した「比島方面部隊略歴」というもので、そこには次のような簡単な記述がみえた。

独混五八旅団六四大　盟兵一二一八部隊

駐屯地＝綏南《すいなん》

昭和一九年七月二十一日マニラ上陸

もう一つは、ボロボロの表紙に綴《つづ》られた手書きの文書だった。表題は「独立重砲兵第四大隊戦闘詳報」といい、赤いタテの罫線《けいせん》が入った用紙に、鉛筆の走り書きで、昭和二〇年一月六日から同年一月二十二日までの戦況が記されていた。

つまりここには、中内が、リンガエン湾に敵艦隊の姿を現したのを目撃する前日から、玉砕を覚悟した中内が山下奉文の突然の撤退命令で、ゲリラ戦に入る前日までの戦闘状況が克明に記録されている。そして、これ以後、文書として残された公的記録はまったくない。

中内らがゲリラ戦に入ってからの記録がまったく残されていない、いや残そうにも残せなかったことに、くどいようだが、私はあらためて将兵をはじめから見殺しにすることを見込んだルソン島の戦闘の無残さを思った。

〝戦闘詳報〟から目についたところをいくつか抜き書きしてみる。

〈一月七日　晴時々曇
一、戦闘《せんとう》前ニ於《お》ケル彼我ノ形勢ノ概要
〇九：〇五　戦艦七、大型巡洋艦四、大型駆逐艦一六、計二七
尚艦載機、グラマン戦闘機、カーチス等編体《ママ》ヲ以テリンガエン湾陸上地区ヲ猛爆セリ
右艦船ダモルティス区水際サンファビアン方面ニ対シ、二十〇《不明》加農砲ヲ以テ砲撃又爆撃及銃撃ヲナス
六、戦闘ノ成績
部隊ガ敵ニ与ヘタル損害

命中弾無キモ敵ニ大ナル脅威ヲ与ヘタルモノト考慮ス
我方ノ損害
一六・三〇頃敵機ノ投下セル爆弾・第二小隊砲例《ママ》二〇米附近ニ落下シ歩《ほ》哨《しよう》交代中ノ兵一名戦死ス〉
〈二月十日　晴
三、彼我ノ兵力
1、敵ノ兵力
昨九日一八・〇〇敵戦艦六、巡洋艦一一、駆逐艦四六、海防艇一三八、輸送船及大型上陸用舟艇一四八、船種不明七、合計三五六、其ノ外小型上陸用舟艇《ママ》二三六、上陸セシ戦車、サンファビアン六〇、其他《そのた》漸次戦車、重車輛《じゆうしやりよう》兵力上陸ス
我方ノ兵力
火砲一門（一大隊）ヲ以テ援乱射撃〉
防衛研究所の図書館ではコピーに二週間以上の時間がかかるため、この〝戦闘詳報〟は、何日かかけて筆写した。戦闘のまっただなかで、鉛筆を使って走り書きしたそのメモを写していると、おそらくは塹壕のなかで書いたと思われる兵士の緊迫した息づかい

がいまにも聞こえてくるようで、私はしばし筆をおき、何度もタメ息をついた。ノモンハンでソ連軍の重戦車に蹂躙《じゅうりん》され、壊滅的打撃を受けた経験をもつある将校は、ルソンの戦闘を目《ま》のあたりにして、これは戦《いくさ》じゃない、一方的殺戮《さつりく》だ、といったという。

中内のほうりこまれた戦場は、明らかに生きて帰ることをまったく想定しない地獄の戦場だった。

中内は、フィリピンの戦闘をふり返って次のように語っている。

「敵弾を受けて、天皇陛下万歳なんていうヤツは、勲章が欲しいヤマ師だな。傷が浅いから、そんな山っ気を出す。本当に瀕死《ひんし》のヤツは〝やられた〟とか、〝お母さん〟とか〝助けてくれ〟といって、泣きよるだけです」

中内はまた、勇敢な兵士ほどあっけなく死んでいった、僕は卑怯《ひきょう》未練な男だったから、生きて日本に帰ることができた、ともしばしば語っている。

「前線で弾丸が飛んでくるなかで、恐怖心を忘れたかのように勇敢に突撃していく部隊もいました。しかし、われわれのような少しばかり教育を受けた者はたいてい卑怯でした。なるべく弾が当たらんようにと祈って、勇敢な兵隊たちの後からついていくようなことが多かった」

いまでも中内は戦争に生き残ったことを強く愧《は》じており、死んだ戦友たちが〝神〟として祀《まつ》られた靖国《やすくに》神社には一度も足を踏み入れていない。

中内と同じ盟兵団の士官だった前出の市川嘉宏は、戦友の遺骨を一つひとつ集めるような気持ちで、前掲の『北部ルソン戦記・盟兵団—独立混成第五八旅団激闘の戦史』を十年以上かけて書きあげた。

フィリピン戦場跡を十一回も訪れ、厚生省援護局の倉庫に眠る戦友の兵籍簿を一枚一枚丹念にめくって調べあげたその私家版の本は、市川の執念が築いた紙の墓碑銘だといってよい。

その本の末尾に、盟兵団各部隊の損耗状況を調べた記録が載っている。これは市川が足を棒にして調べあげたもので、公刊戦史類にも一切載っていない、まことに貴重な記録である。そこには酸鼻をきわめたルソン戦の状況が、どんな戦記よりも雄弁かつ冷静に物語られている。

金沢大隊（第五四六大隊）＝七百六十名中戦死七百三十九名

金沢大隊はリンガエン湾の正面警備についた部隊である。市川が配属された部隊では、百二十八名のうち生存者はわずか十二名だったという。

中内が配属された大石正義陸軍中佐率いる一二一八部隊は、五百三十二名中三百八十九名の戦死者を出した。中内は戦死率七三パーセントという激戦をかいくぐって生きのびたのである。

一万三千百五十六名いた盟兵団全体では、戦死、行方不明者は一万一千四百二十七名にも及んだ。中内を含め、生存者はわずか千七百二十九名だった。盟兵団全体の損耗率は八六・九パーセントにものぼった。

中内は酷寒のソ満国境から灼熱《しゃくねつ》のフィリピンに送られ、そこに置き去りにされた上に、完全に見殺しにされた。戦後、中内がすべての秩序を破壊するように、驚くべき行動を起こしていったのは、自分は国家に裏切られた、もう法秩序は信じない、という固い決意があったからに違いない。

その思いは中内のなかで、フィリピン山岳地帯での敗走しながらのゲリラ戦と、その後につづく飢餓体験、俘虜《ふりょ》体験によって、いよいよ強固なものとなっていった。

数年前、中内は中央公論社発行の雑誌で、ある宝塚スターと対談したことがあった。そのあと担当編集者が謝礼の送り先をたずねると、中内は謝礼を丁寧に断った。編集者がそれでは、うちが発行している本で何か欲しいものはありませんか、と重ねてたずねると、中内は照れたような笑いを浮かべてこういった。

「大岡昇平さんの全集、あれは確かキミのところの社で出しているんやな。もしよかったら、あの全集を送ってもらえんやろうか」

一九四五（昭和二〇）年一月に敢行された米艦隊のリンガエン湾上陸作戦以後、中内が味わった異常な体験は、前にもふれたように、同じフィリピン戦線を敗残兵として生きのびた大岡昇平が自らの体験にもとづいて描いた『野火』や『俘虜記』の世界と、まったくかわらない世界だった。

中内より十三歳年上の大岡は、戦前、勤務の関係で神戸に住み、中内に遅れること一年三カ月目の一九四四(昭和一九)年三月、三十五歳で召集を受けた。同年六月、大岡はフィリピンに送られ、ミンドロ島サンホセの警備にあたった。

その年の十二月、米軍がミンドロ島に上陸したため、大岡はフィリピン山中に撤退し、ひとりの敗残兵としてフィリピンの山野を彷徨《ほうこう》することになった。次にあげるのは『野火』の一節である。

〈死は既に観念ではなく、映像となって近づいていた。私はこの川岸に、手榴弾《しゆりゆうだん》により腹を破って死んだ自分を想像した。私はやがて腐り、様々の元素に分解するであろう、三分の二は水から成るという私の肉体は、大抵は流れ出し、この水と一緒に流れて行くであろう〉

すでに食糧は尽き、飢餓死は目前に迫っていた。

〈少し前から、私は道傍《みちばた》に見出《みいだ》す屍体《したい》の一つの特徴に注意していた。海岸の村で見た屍体のように、臀肉《しりにく》を失っていることである。

最初私は、類推によって、犬か烏《からす》が食ったのだろうと思っていた。しかし或《あ》る日、この雨季の山中に蛍がいないように、それらの動物がいないのに気がついた。

雨の霽《は》れ間に、相変らずの山鳩《やまばと》が、力無く啼《な》き交すだけであった。蛇も蛙《かえる》もいなかった。

誰が屍体の肉を取ったのであろう――私の頭は推理する習慣を失っていた。私がその誰であるかを見抜いたのは、或る日私が、一つのあまり硬直の進んでいない屍体を見て、その肉を食べたいと思ったからである〉

中内が所属する盟兵団独立重砲兵第四大隊は、満州からわざわざ運んだ三十サンチ榴弾砲を、敵の猛烈な艦砲射撃ではやくも失っていた。このため中内は、これ以後敗戦を知るまで、丸腰の一歩兵としてフィリピンの山中をさまようことになった。

軍規はとうの昔に乱れ、隊としてのまとまった行動はもはやとれる状態ではなかった。盟兵団の各兵士たちは、思い思い集まり、ナギリアン、イリサン、ベンゲット、バギオ、ボンドッグと、北へ北へ、そして平地から山地へと、次第に追いつめられていった。

平地では三十度をこえるルソン島でも、二千メートル近い山岳地帯では、夜になれば七、八度まで急激に冷え込む。昼すぎには必ず霧が湧《わ》いた。霧の粒は大きく雨のようだった。

霧は疲れ切った兵士たちの体をぐっしょり濡《ぬ》らし、マラリア患者が続出した。食糧は完全に底をついていた。どの兵も瘦《や》せ衰え、幽鬼に等しい形相となった。骸骨《がいこつ》に皮をはったような顔はみな真っ黒で、白目だけが異様に白かった。

リンガエン湾の制空権は完全に米軍の手のなかにあった。上空にはたえず偵察機が飛来するため、昼は飯がたけない。中内はやむをえず、壕《ごう》のなかでローソクに火をつけ、その上に飯盒《はんごう》をかけた。飯盒一つの飯をたくのに、二十時間かかった。

市川嘉宏が、リンガエン湾上陸以後の盟兵団の行動をまとめた『北部ルソン戦記・盟兵団—独立混成第五八旅団激闘の戦史』という私家版の記録を出したことは、前にふれた。

そのなかに、十人の〝敗残〟の記録が収録されている。彼らの記録は、中内が当時どんな状況にあったかを知る格好の手がかりである。

敗残兵たちがのろのろと歩くナギリアン街道からは、リンガエン湾がよくみえた。湾内に煌々《こうこう》と電灯をつけて浮く敵の大艦隊は、さながら一つの都会が浮いているようだった。川に出ると、橋のたもとの土手に背をもたせ、鉄帽をかぶった兵が、ずらりと腰をおろしていた。みな死んでいた。

道路ぞいにさらに行くと、鰯《いわし》の腐ったようなにおいがした。においのする方へ近づくと、道路わきの草むらのなかに足が二本みえた。日本兵の死体だった。近くにさらに四、五体あった。みな靴をはいていなかった。銃も銃剣も持っていなかった。ゲリラか米兵が持っていったものと思われた。

ぼろぼろの衣服をまとって、というより、腐爛《ふらん》した死体にぼろがまとわりついて、ハエが黒くたかっていた。人間の身体が腐ると、魚と同じにおいになることを、兵士たちはこのとき初めて知った。谷底の方から、現地の農夫かと思われる身なりの者が、水筒を下げて水呑場《みずのみば》の方へやってきた。男と思ったのは女だった。戦が始まってから初めてみる日本の女性だった。従軍看護婦とのことだった。

彼女は、各地の戦闘で負傷した兵が、毎日のように運ばれてくるが、簡単な手当を受けただけで、また戦場に帰され、重病兵は四、五百メートルもある暗い坑道の奥で、治療も受けられず、傷口から蛆《うじ》がわき、その苦痛に喘《あえ》ぐ声は、阿鼻叫喚《あびきょうかん》、生地獄そのものだ、と語った。

「一日に二、三名の兵隊さんが死んでいきます。死体さえ埋める場所もありません。切断された手や足も山の様に積まれています」

フィリピンの山中を敗走した中内もこれと同じ光景を見、これと同じ話を耳にした。いや、中内自身が、いつ鰯と同じ腐臭を放つ死体となって道端に放置されてもおかしくはなかった。

ヒル、ネズミ、バッタ、トカゲ、ミミズ……およそ食えるものはノミ、シラミ以外すべて食った。ウジのわいた水牛の死骸をあさり、トラックのタイヤを燃やし、そこいらに生えている野草を煮て食べた。

戦場で戦友が死ぬと兵士はどういう行動をとるか。中内はいう。

「すぐに死んだ兵隊の靴をぬがし、自分のとと っかえて履くんですわ。古くなった自分の靴は水洗いして小さく刻み、飯盒で煮て食べる。飯盒を失ってからは、水にひたしてガムのように噛《か》みつづけました」

中内の歯が若い頃からすべて入れ歯なのは、このとき軍靴《ぐんか》を噛みつづけたためである。中内の肩から大腿《だいたい》部にかけてはいまだに被弾の破片が埋めこまれており、雨が降ると、いまでもその古傷の跡がうずく。

指揮系統は混乱し、兵士たちは百鬼夜行の状況にあった。眠ればいつ味方に殺され、屍肉をあさられるかわからない極限状況だった。

「怖いのは人間だと思いました。私は結局、戦友を信頼し眠ろうと思いました。底知れぬ人間不信のなかで、人間信頼だけが生きる可能性をつないでくれると思ったんですわ」

この言葉には人間信頼といいながら、味方同士殺すか殺されるかわからない人間の極限状況を見てしまった者しか語り得ない、暗い響きのようなものがこめられている。

フィリピンの暗いジャングルの山中で、中内は、眠れば隣の戦友に襲われて、明日の太陽がおがめないかもしれないという恐怖心と必死で闘いながら、幾日もの夜を過ごした。それは身内からしびれてくるような根源的な恐怖心だった。

神戸三中や神戸高商時代に親しんだ文学は、とうの昔に消しとび、人間もまた一個の獣であることを底の底から思い知らされた。

目がさめる。生きている。隣の戦友も殺されなかったことを知って安堵《あんど》した表情で中内の顔をみる。そしてまた夜がくる。気の狂うような恐怖の夜がやってくる。

この人間不信と人間信頼の目のくらむような不条理を、中内は誰でもない自分の肉体に刻みこんだ。中内の戦後出発の原点は、まさにフィリピンのジャングルのなかにあった。

敗残兵とはいいながら、中内らには、一兵でも多く敵を斬《き》り殺し、マニラへの進攻をできるだけ遅らせる、という任務が一応与えられていた。

中内も赤い曳光弾《えいこうだん》が火の玉のように飛ぶ暗闇《くらやみ》のなか、敵陣に向け何度も斬り込みの夜襲をかけた。斬り込みといっても武器はほとんどなく、将校は拳銃《けんじゅう》と軍刀と手榴弾、下士官は軍刀と手榴弾、兵は刀剣もしくは竹槍《たけやり》と手榴弾だけだった。これで敵の機関銃や迫撃砲、自動小銃と戦うのだから勝算のないことははじめからわかっていた。

中内が痛感させられたのは、しかし火力の圧倒的差ではなかった。むしろ中内が痛いほど思い知らされたのは、彼我のあまりにも大きい兵站《へいたん》の差だった。

日本兵はガソリンの一滴は血の一滴と教え込まれていたが、中内らが食糧調達のために敵陣に斬り込みに行くと、アメリカ軍はガソリン発動機でアイスクリームをつくっていた。

阪神大震災で、ダイエーがグループがもつロジスティクス（兵站）を総動員して、国をもしのぐみごとな救援活動を行ったことは記憶に新しい。

中内の他に例をみないところは、人間不条理の極限状況にありながら、その世界にとらわれず、たとえ敵であろうと、学ぶべきものは学ぶという、欲の深さと旺盛《おうせい》な好奇心が絶えず働いていることである。

これだけの辛酸をなめながら、戦後、中内がよくありがちな単純な反戦主義者になるのでもなく、逆に自分の体験を美化するため、帝国陸軍に対する賛美や懐《なつ》かしさのニュアンスをもって、あの戦争を語ろうとしてもいないのは、やはり特筆すべきことであろう。

中内は、「フィリピンの野戦でいったん死線を通ってきたのが私の原体験」と口ぐせのようにいい、つづけて、「人間は幸せに暮らしたいと常に考えています。幸せとは精神的なものと物質的なものとがありますが、まず物質的に飢えのない生活を実現していくことが、われわれ経済人の仕事ではないかと思います」と述べている。

「人間の生活で最も大切なのは、詩でも俳句でもない。物質的に豊かさをもった社会こそ豊かな社会ではないか。好きなものが腹いっぱい食えるのが幸せです。観念より食べることが先です。動物的なものが満たされて、はじめて人間的なものがくると思ったわけです」

ここで思い出すのは、中内と同様の辛酸をなめながら、戦後二十年以上たってグアム島から発見救出されて、世間をあっといわせたあの横井庄一のことである。

彼が現れたとき、日本は昭和元禄《げんろく》の好景気に浮きたっていた。だからこそ彼は、〝戦後〟を〝耐乏生活評論家〟として生きる道を選んだ。だが、本当の〝戦後〟に登場し、その上、合理的な現実家でもあった中内は、物質的に飢えのない生活をストレートに求めていった。

そして多くの大衆もまた、耐乏生活はもうごめんだ、と思っていたからこそ、戦後、中内が目指した世界を、強い共感をもって支持していった。

フィリピンの斬り込みに話を戻す。中内が感じたのと同じような思いは、同じ盟兵団に所属した前出の市川も経験した。

前掲の『バギオの灯』に、敵陣に斬り込みをかけたとき、部下が、「隊長殿、こんなものがありました。間違いなく新兵器です」と、興奮して報告する場面が出てくる。

市川がよくみると、なんとそれは米軍が戦場まで持ちこんだひき肉器だった。

「前線までこんなものをもってくるアメリカの豊かさに本当に驚きました。斬り込みに行くというと兵はみな尻込《しりご》みするんですが、敵の糧秣廠《りょうまつしょう》を襲うというと、喜んでついてくる。なにしろ敵の食糧を奪う以外、食糧調達の方法はありませんでしたからね。

私も兵も一番喜んだのは、「Kレーション」（K号携帯食）という米軍の食糧でした。タテ二十センチ、ヨコ十センチ、厚さ三センチくらいの四角い箱に、ブレックファーストからサパー、ディナーまで三食分がぎっしりと詰まっている。

たとえば朝食から、コンビーフの缶詰、チーズ、ビスケットから、食事後口を拭《ぬぐ》うナプキン、煙草《たばこ》まで四本ついている。それをみたとたん、情けない話ですが、この戦争には勝てるはずがないと、確信しました」

敵の大艦隊がリンガエン湾に姿を現してからちょうど五カ月後の六月六日、中内はルソン島北西部のバンバン平地というところにいた。ここが中内の最後の斬り込みの舞台となった。

その日の夜明け、中内は約二十名の部下を引き連れ、オーストラリア軍の陣地に斬り込みをかけた。武器は軍刀と数個の手榴弾だけだった。この頃になると、敵も日本軍の斬り込みに馴《な》れ、たちまち逆襲をくった。至近距離から投げ込まれた敵の手榴弾は、中内の目の前で爆発した。

瞬間、バットで思いきり体をなぐられたような激痛が全身を走った。薄れゆく意識のなかで浮かんだのは、神戸「サカエ薬局」二階の狭い部屋で、裸電球の下、家族六人でつついたスキ焼きのにおいだった。

人は死ぬ前、自分がこれまで生きてきた人生が、走馬灯のように浮かぶという。中内の場合、それがスキ焼きのにおいだった。中内は召集されてからずっと、もう一度、神戸牛のうまいスキ焼きを腹一杯食べてから死にたいと、それればかり考えていた。

気がつくと右の腕と左の足が動かなかった。みると手榴弾の破片がくいこみ、二の腕と大腿部の肉がかなり深くえぐれていた。

隣には気を失って倒れた衛生兵がいた。それが中内の好運だった。薬はなかったが三角巾《さんかくきん》でとりあえず止血の手当だけはしてくれた。

背中に飯盒を背負っていたのも好運だった。飯盒は中内の身代わりにでもなるように、手榴弾の破片を受け穴だらけになっていた。

もし中内があと十センチ上体を起こして敵陣をうかがっていたら、手榴弾は中内の胸を直撃し、即死することは間違いなかった。

中内は身を起こしたが、目がかすみ、立っているのもやっとだった。倒れては起きあがり、起きあがっては倒れながら、中内はようやく味方の陣地にたどり着くことができた。

だが、そこにあるべきはずの野戦病院は、敵の砲撃にやられ、跡形もなかった。わずかに二、三名の衛生兵だけが残っていた。

彼らは、なにか薬はないかという中内に、「これしかありません」といって、ヨードチンキの入ったビンを差し出した。中内はえぐりとられてむき出しになった患部に、そのヨードチンキを流しこんだ。痛みを感じる余裕もなかった。

「ボクが助かったのはウジのおかげです。患部は腐って、そこにハエがたかる。卵をうみつけるものだから、すぐにウジがわく。そのウジが腐食部分を喰ってくれた。気持ちのいいもんではなかったが、ウジのおかげで、手も足もなんとか切断せずにすんだ」

中内は傷口が癒《い》えると、自分の軍刀でそこを切り開き、手榴弾の破片を摘出した。

そこには薬らしい薬も食糧もなかった。負傷兵が撤退するとき、動けない者は〝自決〟を選ぶほかなかった。

大岡昇平の『野火』は野戦病院から原隊に帰された兵隊が、分隊長から病院に帰れとなぐられるところからはじまっている。

〈私は頬《ほお》を打たれた。分隊長は早口に、ほぼ次のようにいった。

「馬鹿《ばか》やろ。帰れっていわれて、黙って帰って来る奴《やつ》があるか。帰るところがありませんって、がんばるんだよ。そうすりゃ病院でもなんとかしてくれるんだ。中隊にゃお前みてえな肺病やみを、飼っとく余裕はねえ。見ろ、兵隊はあらかた、食糧収集に出動している。味方は苦戦だ。役に立たねえ兵隊を、飼っとく余裕はねえ。病院へ帰れ。入れてくんなかったら、幾日でも坐《すわ》り込むんだよ。まさかほっときもしねえだろう。どうでも入れてくんなかったら——死ぬんだよ。手榴弾は無駄に受領してるんじゃねえぞ。それが今じゃお前のたった一つの御奉公だ」〉

敗戦を知ったのは、八月十五日から二、三日後のことだった。敵の砲弾がぴたりとやんだため、停戦と思い山をおりて行くと、そこに敵の兵士たちが自動小銃をもって身構えていた。中内はそこで投降を命じられた。

これで命だけは何とか助かった。それが中内のいつわらざる気持ちだった。思えば、神戸の「サカエ薬局」の前で万歳三唱の声に送られて満州に渡ってから、もう三年八カ月の歳月がたっていた。

中内がフィリピンで最初に配属となった大石正義陸軍中佐率いる一二一八部隊は、前出の市川の調べによれば、五百三十二名中三百八十九名の戦死者を出し、生存者は百四十三名にすぎなかった。

だが、中内を含む一二一八部隊の生存者はその後、別の部隊に配属がえとなり、中内が最終的に配属となった部隊の員数は六百名あまりだった。そのうち敗戦まで生き残ったのは、中内を含めわずか二十名だけだった。

中内はそこから無蓋車《むがいしゃ》に乗せられて、マニラ郊外にある日本人俘虜《ふりょ》収容所に送られた。俘虜収容所は、米軍の沖縄基地にみられるような有刺鉄線がぐるりと張りめぐらされ、カービン銃をもった兵士たちが警備にあたっていた。

中内らは俘虜収容所に着くと、すぐに身ぐるみすべてをはがされ、丸裸にされて整列させられた。みると、すぐ目の前に、石油のようなにおいのするまっ黒な液体が入ったドラムカンが並んでいた。

中内の同僚たちは、あのドラムカンのなかに裸でいれられ、火をつけられて殺されるに違いないと騒いだが、子供の頃から薬局で育った中内には、それがクレゾール消毒液だということがすぐにわかった。

中内はクレゾール風呂《ぶろ》につけられたあと、頭からシラミとりのDDTをかけられ、背中にPOWという文字がペンキで書かれた囚人服を着せられた。POWとは、Prisoner of War（捕虜）の略だった。

中内は俘虜収容所で、敗戦国の屈辱というものをつくづく思い知らされた。

「女の将校が着ているものをすべて脱ぎ捨て、それを洗っとけ、と日本人俘虜に命じる。それも犬でも扱うように、土足で日本人俘虜のケツを蹴《け》とばしながらの命令だった」

この当時、日本人俘虜の間では、この戦争で犠牲になったフィリピン人と同じ数だけ、日本人が処刑される、という噂《うわさ》が立っていた。ちなみにフィリピンで戦死した日本人将兵は四十七万六千人を数えたが、フィリピン人の犠牲者はその倍以上の百万人にも及んでいた。

日本人俘虜の間に広がる険悪な空気を察知した米軍は、毎日、テント内の寝床の順番をかえ、同じ人間が隣同士にならぬようにした。俘虜たちに反乱の謀議をさせなくするためだった。

中内は、米軍はこの当時から、パンチ式のコンピューターを使い、俘虜の管理をしていたのではないかという。

敗戦からちょうど一カ月後の一九四五年九月十五日、太平洋アメリカ合衆国軍総司令部は、「比島作戦当時における日本軍将兵の残虐《ざんぎゃく》行為に対する報告書」という文書を公開した。その翌日、日本の新聞は、連合国側に迎合するように、こぞってこれを大きくとりあげた。

そこには、日本人将兵のフィリピン婦女子に対する暴行の例などが、連合国側のいいなりの形で列記されていた。日本の世論はこれに敏感に反応し、ヤマシタ葬《ほうむ》れの声が巷《ちまた》にわきたった。ヤマシタとは、いうまでもなくフィリピン方面軍総司令官の山下奉文のことだった。

この空気はそのままフィリピンの日本人俘虜収容所にも伝播《でんぱ》し、俘虜たちはいよいよ恐怖におびえた。彼らを待っていたのは、現地民による密告と首実検だった。

当時、中内と同じマニラ郊外の俘虜収容所に収容され、クリスチャンだったため、教《きょう》誨師《かいし》を命じられ、日本人が絞首台に上るのを何人も見送った神奈川県平塚市在住の片山弘二によれば、ヤマダ、サトウ、スズキ、タナカなど日本人によくある名前の者から順番に残され、現地民の首実検を待たされたという。

「裁判といってもロクな取り調べはなく、現地人の証言だけで次々と絞首台に送られていきました。ぬれぎぬで死刑にされた人も随分いたんです」

一九五二年に発行された『残された人々』という本がある。副題に、「比島戦犯死刑囚の手記」とあるように、この本は無実の罪で絞首刑、もしくは銃殺刑に処せられた人々の手記をまとめたものである。

そこには、魂の慟哭《どうこく》ともいうべき手記がいくつも綴《つづ》られ、読んでいると、思わず胸が苦しくなり、目頭が熱くなる。次にあげるのは、人相も年齢も部隊もまったく違うにもかかわらず、ハマダという実際のフィリピン人殺害者と同じ姓をもっていたため、絞首刑を宣告された人物が獄中から妻にあてた手紙の一節である。

〈……私は最後まで希望を持っておりますが九九パーセントまではかなく消えることと思います。皆様のご努力も皆水泡に帰し、無実の私が処刑される。しかしこれも宿命と悲しく諦《あきら》める外《ほか》ありません。

私は万止《ばんや》むを得ないで諦めることが出来ますが、残ったお前はじめ、子供達、両親様のことを考えると実に断腸の思いです。そのことを考えると静かにその日の来ることを待つことが出来ないのです。

私の処刑の報を受けたなら大いに泣いて泣いて涙の涸《かわ》くまで泣いて下さい。そして諦めてください……〉

日本人俘虜のなかには、自分が罪を逃れるために勝手な名前をデッチあげて、同胞を売る者も少なくなかった。

東大医学部分院精神科医長の平井富雄は、いまから十五年以上前に中内に面接して、こんな精神分析をしている。

「中内氏は神戸三中、神戸高商、そして日綿時代と、いずれの時代にも海外雄飛の夢を描いていたが、戦争体験、とりわけ俘虜体験が、その夢を完全に閉ざした。戦後、中内氏が海外雄飛の意欲を回復し、積極的に外にうって出ていったのは、俘虜体験つまり禁固的閉塞《へいそく》状況から自分自身を解放することも意味していた」

ロシアの文豪として知られるドストエフスキーは、銃殺刑に処せられるまさに直前、皇帝の恩赦で死刑を免れるというきわめて異常な体験をもっている。中内がマニラの俘虜収容所で味わったのは、それと同じ恐怖の体験だった。

中内が〝ドストエフスキー的体験〟から辛くも逃れることができたのは、神戸高商時代に徹底的に叩《たた》きこまれた英会話の力と〝ナカウチ〟という日本人には珍しい名前のためだった。

中内の英会話力はブロークン・イングリッシュの域を出るものではなかったが、食事などの連絡事項を日本人俘虜に伝える黒人軍曹にとっては、それだけで十分だった。中内はいつしか収容所の中で一目おかれる存在になっていた。

「けれど、もしボクがナカウチという珍しい名前でなく、日本人に多い名前だったら、ロクな取り調べもなく、員数あわせのように絞首台に送られていたかもしれません」

一九八四年、中内は臨時教育審議会の委員の一人に選ばれた。同じ委員の一人に先年亡《な》くなった山本七平がいた。中内は山本の著作を通じて、山本が自分と同じマニラの俘虜収容所体験をもっていることを知っていた。だが、そのことを生前の山本と話す機会をもつ気には、なぜか、とうとうなれなかった。

山本は『ある異常体験者の偏見』のなかで書いている。

〈やがて証人の尋問がはじまる。被害者の母親が証人台に立って、娘が強姦《ごうかん》され殺されたと証言する。はじめは彼女も前にいる被告は同姓異人らしいと思って極力自己を抑制して証言していても、証言しているうちに次々と恐ろしかった情景が浮かんできて、いつのまにか次第にヒステリー状態が高まり、別人らしい被告と加害者の像が二重写しになっていく。(中略)

法廷内は異状な雰囲気になり、その雰囲気が逆に母親のヒステリーを高め、ついに興奮してわけがわからなくなり、「この男だーッ」と叫んで指さして気絶すると、検察側証人がいっせいに「これだ」「これだ」「これだ！」と叫ぶ。

その瞬間、傍聴人がワッと総立ちになり「ジャップ・ハング、ジャップ・ハング、ジャップ・ハング」「パターイ、パターイ、パターイ（殺せ）」と叫び、全員一斉に被告に殺到し、あわやリンチということになりそうになる〉

戦争とそれにつづく虜囚体験が中内にもたらしたものはなにか。

人間の底知れぬ残虐さ、卑劣さ、弱さであり、人間の運命の一寸先も知れぬ闇《やみ》の深さである。そして、権力というものがもつ、法の名を借りた不条理さだった。

中内のこれ以後の人生のエネルギーは、すべてこの体験が源泉となっている。

やはり中内と同じく、日本人にはあまり多くない名前をもっていた大岡昇平も、中内から遅れること一カ月後の一九四五年十二月、レイテ島の俘虜収容所から解放された。

その大岡もまた、権力と人間とのもつ底知れぬ不条理さを背負って復員し、その思いを叩きつけるようにして、『俘虜記』『野火』などの傑作を書きあげた。

中内がもし文学青年のままだったならば、大岡と同じく、フィリピン戦線で味わった苛《か》酷《こく》で異常な体験を、文字に刻みつけたかもしれない。しかし、文学への志向は、あまりにもすさまじい世界を見てきてしまったために、中内のなかではすでに霧消していた。

中内に残されていたのは、この灼《や》けつくような思いを一体どこに叩きつければいいか、ということだけだった。

中内にとって、身内からつきあげるようなこの破壊衝動を満足させてくれるものであれば、もう何でもよかった。そこにたまたまあったのが、子供の頃から馴《な》れ親しみつつも嫌悪《けんお》してきた小売業の世界だった。

中内は、かつて自分をみじめな思いにさせた零細小売業の世界を破壊することから、〝戦後〟のスタートを切っていった。

第五章　日本一長い百貨店

一九四五年十一月、中内は戦場から飢えと怒りと、人間の底知れぬ不条理を背負って復員した。

中内ら旧軍人約六百名を乗せた引き揚げ船「夏月」が、マニラ港を出港したのは、十一月三日のことだった。「夏月」は駆逐艦を改造したもので、マニラからの最初の引き揚げ船だった。

港には多くのフィリピン人が集まり、岸壁を離れる「夏月」に向かって、

「ヒトゴロシ、ドロボー」

といいながら、石つぶてを投げた。

「夏月」は三日後の十一月六日、鹿児島の加治木港に着いた。

中内はそこで百円の復員手当と、牛カン一個、それに全国に通用する無賃乗車券をもらった。中内はその乗車券で、まず門司に出た。門司の駅前には、何軒かの露店が出ていた。

中内は食堂をさがしたが、いくらさがしても食堂はなかった。中内は仕方なく、豆腐

を並べた一軒の露店に入った。値段を聞いて中内はキツネにつままれる思いだった。一丁五円だという。生命をかけた戦争の代償は、豆腐二十丁を買えば、もう終わりだった。ちなみに中内は兵役の期間が少し足りなかったため軍人恩給を支給されず、傷病兵として当然もらえるはずの手当も、あえて手続きしなかったため、一度ももらっていない。

中内はまさに丸裸で、〝戦後〟にほうりだされたのである。

中内という男の内面を考えるとき、戦場で生き延び、戦後に生き残ってしまったという後ろめたさが、大きなキーとなる。死んだ仲間の分までとり返すという戦中派ならではの過剰なまでの思いが、中内のエネルギーの源泉となったことは確かだった。そして消費者という名の大衆もまた、戦後に賭《か》けるさまざまな思いを中内に背負わせた。それは中内にとって心強い応援歌ではあったが、一面からいえば、ときにはほうりだしたくなるほどの重荷でもあった。

下関、小郡《おごおり》と山陽本線の列車は走って、中内が最初に入営した広島にさしかかると、そこは一望の廃墟《はいきょ》と化していた。

神戸に着き、高架のプラットホームから眺めると、一面の焼野原だった。中内は身のまわり品を詰めた雑嚢《ざつのう》を背に、焼け焦《こ》げのにおいが風に乗って流れる焼跡の街へ向かった。間違いなく実家もやられていると思っていたが、川崎造船近くの「サカエ薬局」に戻ると、家は奇蹟《きせき》的に焼け残っていた。

もう黄昏《たそがれ》どきだった。表の戸は閉まり、なかにも人のいる気配はなかった。それでも中内が戸を叩いていると、近くのバラックに住む住人がやってきて、

「その店のみなはんは山手の方に疎開《そかい》してはりますよ。朝になるとオヤジはんだけがきて店あけとるようですわ」といった。

中内はバラックの住人から梯子《はしご》を借りて二階にあがり、誰もいない部屋で、ひたすら眠った。

ふと気づくと頬を叩く者がいる。父の秀雄だった。もう朝の九時近かった。秀雄は照れくさそうに、

「なんだ、帰っとったんか」

それだけいうと、すぐ下におり、店をあけはじめた。

翌日から中内は山手の家に移った。母のリエも三人の弟もみな健在だった。すぐ下の弟の博は、神戸大学から学徒動員されて大阪の連隊にいたが、上等兵で復員し、大学に復学していた。三番目の守は、姫路高校から神戸大学に進むところで、四番目の力は、まだ中学生だった。

それからしばらくの間、中内はあてどなく神戸の焼跡をさまよった。そのうち中内の足は、自然と、三宮から元町、神戸の高架下につづくブラックマーケットに向けられる

ようになった。

東京、名古屋、大阪などをはじめとする、日本の大都市は、米軍機による空爆の最大攻撃目標となった。

空襲を受けた五大都市中、神戸の被災率は最大だった。全住宅の六割以上の十二万三千戸が全焼し、死傷者は二万二千人を超え、都心部の六百万坪が瓦礫《がれき》の山と化した。

戦後、日本の大都市にいちはやく現れた闇市《やみいち》（ブラックマーケット）のうち、神戸の闇市が群を抜いた規模となったのは、一つにはそのためだった。

闇市は、戦後社会の出発点の赤裸々な縮図だった。銀座から富士山が見えた東京では、敗戦直後から、新橋、渋谷、新宿、上野などの盛り場に闇市がぞくぞくと誕生し、闇市の露店がデパートを制した、といわれるほどの熱気と喧騒《けんそう》をみせた。

神戸闇市の活況は東京以上だった。三宮駅から神戸駅までの約二キロメートルに及ぶ国鉄（現・JR）高架下と、高架沿いの道路部分を含む闇市には、間口一間か二間しかないバラック建ての露店が七百軒あまり軒を連ね、地をはう百貨店、日本一長い百貨店といわれた。

この日本一長い闇市が誕生した最初のきっかけは、中国人による一個五円の揚げ饅頭《まんじゆう》の立ち売りだった。

敗戦はすべての面におけるタテマエの崩壊を意味していた。長い間日本の社会を支配していた伝統的価値体系が崩れ去り、国民は突然、かつて自分を律していた行動基準を失ってしまった。

市場があれば国家はいらない、という言葉があるが、まるで心にポッカリ穴があいたような放心と虚脱のなかで、すべてホンネでたちあげた闇市に人々が群がっていったのは、しごく自然ななりゆきだった。

兵庫県警察本部が一九七五年にまとめた『兵庫県警察史・昭和篇』には、神戸の闇市は異様な活気とともに、もろもろの犯罪の温床となり、スリ、たかり、かっぱらいが横行するようになった、各地で頻発した窃盗《せっとう》事件の被害品も並べられるようになり、闇市はたちまち泥棒市の様相を呈するようになった、と述べられている。

はじめは揚げ饅頭の立ち売りだけだったが、神戸の闇市にはやがて、蒸し芋、握り飯、てんぷら、焼きメシ、うどん、カレーライス、餅《もち》、焼酎《しょうちゅう》、砂糖なども出回るようになり、価格もそれなりの安定と均衡をみせるようになった。

神戸の空襲体験をもつ野坂昭如《あきゆき》は、直木賞受賞作の『火垂《ほた》るの墓』のなかで、三宮の闇市風景をこう点描している。

〈九月に入るとすぐに、まず焼けた砂糖水にとかしてドラム缶《かん》に入れ、コップいっぱい五十銭にはじまった三宮ガード下の闇市《やみいち》、たちまち蒸し芋芋の粉団子握り飯大福焼飯ぜんざい饅頭《まんじゅう》うどん天どんライスカレーから、ケーキ米麦砂糖てんぷら牛肉ミルク缶詰焼酎《しょうちゅう》ウイスキー梨《なし》夏みかん、ゴム長自転車チューブマッチ煙草《たばこ》地下足袋おしめカバー軍隊毛布軍靴《ぐんか》軍服半長靴《はんちょうか》、今朝女房《にょうぼう》につめさせた麦シャリアルマイトの弁当箱ごとさし出して「ええ十円、ええ十円」かと思えば、はいている短靴《たんぐつ》くたびれたのを、片手の指にひっかけてささげ持ち「二十円どや、二十円」ひたすら食物の臭《にお》いにひかれてあてもなく迷いこんだ……〉

闇市は敗戦のどさくさにまぎれて現れた泡沫《ほうまつ》的風俗現象ではなく、独自の集荷、流通、販売のルートをもつ経済現象となっていった。

神戸に日本一の闇市が出現した背景の一つには、隣接する大阪、京都では最初から、闇市絶滅の強硬方針がとられたことがあげられる。これに対し神戸の行政当局は、焼跡の瓦礫のなかに渦巻くこの巨大なエネルギーとバイタリティーを、むしろ神戸の戦後復興のための強力な牽引車《けんいんしゃ》として位置づけた。

闇市は抹殺すべき対象ではなく、人間にたとえれば〝皮膚呼吸〟に相当する、人間が肺呼吸だけでは生きられないように、配給だけで生きられない人々のために、闇市を健全に育成することこそむしろ肝要である、というのが、神戸市の行政当局が最初からとった基本姿勢だった。

しかし、神戸に日本最大の闇市が形成される上でそれ以上に大きかったのは、第三国人の存在だった。

三宮から元町に至る界隈《かいわい》には、明治以来中国人が数多く住んでおり、朝鮮人居住者もまた大阪、東京に次いで多かった。中国人、台湾人、朝鮮人を総称して〝三国人〟といわれた彼らは、戦勝国意識をむきだしにし、敗戦国家日本の警察権力を認めようとしなかった。

日本一大きな神戸の闇市を事実上取りしきったのは、戦時中、苛酷な強制労働を課せられ、敗戦後の日本に解放の狼煙《のろし》をあげた彼らだった。

彼らは次第に暴力団化し、闇市を取り締まる生田署や須磨《すま》署の巡査部長二人を射殺するまでとなり、神戸の闇市は一時、治外法権の無法地帯の様相すら呈した。

敗戦国家のコンプレックスと、国際関係への配慮から日本の警察は、彼らに対し、なんら有効な取締対策をもたなかった。無力化する一方の警察権力にとってかわり、彼らを弾圧する役割を積極的に担《にな》ったのは、国内法にも屈しない無法実力者のヤクザ集団だった。

こうした構図は全国各地にみられた。たとえば東京の新橋では、一九四六年十月闇市の利権争いに端を発して、新橋を根城とするテキヤの松田組と華僑《かきょう》グループが対立した。このとき松田組は、組事務所の屋上に据えつけた四丁の軽機関銃で、新橋駅前に集まった華僑グループ目がけて乱射した。

田村町、愛宕《あたご》町など付近の住民が全員荷物をまとめて避難したこの〝戦争〟をどうにか鎮圧したのは、日本の警察力ではなく、進駐軍の武力だった。

無法地帯と化した神戸の闇市で、新橋の松田組同様の役割を担ったのは、まもなく田岡一雄を三代目組長と仰ぐことになる山口組だった。山口組は横暴をきわめる〝三国人〟武装集団と連日のように闘争を繰り返し、〝山口組の田岡〟の名を高めていった。

フィリピンのジャングルから飢えと怒りを背負って復員した中内が、神戸の闇市に目を向けはじめたのは、まさにその頃だった。

中内がはじめて目にする闇市は不思議な世界だった。千万人餓死説がまことしやかに噂《うわさ》され、日本中が食糧難にあえいでいるというのに、闇市にはなにからなにまで揃《そろ》っていた。

一体、この商品はどこからどう湧《わ》いて出たものなのか。中内はその流通メカニズムの不思議さにひどく興味をひかれた。同時に、戦勝国というだけで闇市を勝手放題牛耳る〝三国人〟たちに、強い敵愾心《てきがいしん》をおぼえた。

ルソン島で米軍の雨アラレの砲弾にさらされ、マニラの俘虜《ふりよ》収容所で〝勝者の論理〟によって、次々と無実の人々が絞首台に送られてゆく姿を目《ま》のあたりにしていただけに、その思いはなおさらだった。

そんなある日、闇市をうろついている中内に、突然声をかけてきた男がいた。

「オイ、中内やないか。久しぶりやな。生きて帰ってたんか」

神戸三中、神戸高商で一緒に机を並べた同期の大森実だった。

大森は当時、大阪の毎日新聞の新鋭記者として神戸の闇市取材を担当していた。

「ところで、キミはいま何やっとるんや」

そうたずねる大森に、中内はいった。

「うん、オレはキミの取材しとる闇屋をはじめようと思うとるんや」

驚く大森に、中内はギラギラした目でつづけた。

「大森、俺はな、こんな姿で神戸の三宮や元町が朝鮮人、台湾人に占領されているのを黙ってみておれんのや。いまに必ずこのヤミ市を一掃してみせる！」

「山口組みたいなことというなよ」

「いや、必ず俺の手で掃除してやるねん！」

「あの連中の裏には共産党がいる。注意した方がええで」

大森は中内にそんな忠告をして別れたが、特攻隊の飛行服に白いマフラーを巻き、軍用長靴で雑踏のなかに消えていった中内の背中に、殺気めいた迫力を感じた。

中内の父親の秀雄が神戸の場末に「サカエ薬局」を開いたとき、そこからほど近い川崎造船所に幼き日の田岡一雄が、旋盤見習の少年工として働いていたことは前にふれた。

戦前、同じような環境で育ったその田岡と中内が、敗戦直後、神戸の闇市で再びすれちがい、〝三国人〟を追放するという同じ目的で立ちあがったことは、興味深い。田中内ダイエーの出発点には、山口組とかわらぬアモルフ（無定形）な情念が強く働いていた。

ダイエーの中内㓛にとっても、山口組の田岡一雄にとっても、人間の欲望がむきだしのまま渦巻く神戸の闇市は、彼らの〝事業〟を立ちあげる〝原資〟蓄積過程の第一歩だった。

中内はこの闇市時代のことをふり返って、

「女と麻薬以外のものはすべて売った」と語り、

「ハジキを真ん中に中国人ブローカーと取引したこともある」と回想している。

中内が、応召前につとめていた日本綿花（現・ニチメン）に復職する道を蹴《け》り、あえて闇屋商売に飛びこんだのは、もう一つには、父親の経営する「サカエ薬局」が、戦前とはうってかわって、繁盛をきわめていたためだった。

この頃、「サカエ薬局」は、庶民相手の細々とした小売商売から、業者相手の闇屋商売へと大きく方向転換を図っていた。闇屋商売への最初の道筋をつけたのは、中内ではなく、すぐ下の弟の博だった。博は当時、神戸大学の経済学部に復学しており、同じ経営学のゼミナールをとっていた同級生から、自分の親友だといって京都大学の薬学部に通う学生を紹介された。

その学生は博に、当時熱さましに使っていたフエナセチンを調合すれば、甘味剤のズルチンやサッカリンがすぐできる、自分はそのフエナセチンを調達するルートを知っている、といった。

砂糖が極端に欠乏していた敗戦直後、アイスキャンディーなどの甘味剤となるズルチン、サッカリンは仕入れればたちまち売れるドル箱の商品だった。

その商品を生む〝魔法の薬〟のフエナセチンを扱っていたのが、その後、神戸・元町の国鉄高架下のブラックマーケット内に中内と共同で「友愛薬局」という店を出すことになる井生春夫という男だった。

敗戦直後から井生の手伝いをしていた末角要次郎によれば、中内の父親の秀雄が、博から聞いた情報をたよりに、ブラックマーケットの井生をたずね、フエナセチンを仕入れていったのが、井生と中内が共同で「友愛薬局」をはじめるそもそものきっかけだったという。

ちなみに末角は、その後、秀雄に請われてダイエーの前身ともいうべき「サカエ薬品」に入社し、それから間もなくダイエー一号店の「主婦の店・ダイエー」の店長となった。末角はその後も、クラウンの初代社長に抜擢《ばってき》されるなど、一九八四年にダイエーグループを去るまで、三十年以上にわたって中内の身近に仕えた、中内の人となりと初期のダイエーの実態を最も知悉《ちしつ》する人物である。

「井生商店では、ズルチンの原料のフエナセチンを扱ってました。フエナセチンは病院関係者からの横流しでした。あるとき、『サカエ薬局』の方がきて、フエナセチンを仕入れていった。それを原料にズルチンをつくって売る、といっていた。それが中内さんを知る最初でした」

井生商店にフエナセチンを仕入れにきたのは、中内の父親の秀雄だった。秀雄は井生の商才と、人をそらさぬ態度が気に入り、中内をしばらく井生の元にあずけ、商売人として修業させようと思った。

秀雄は前にもふれたように、短期間で世界的大商社にのしあがり、そしてあっという間に倒産した鈴木商店に入社し、経営不振のあおりを受けて同社をやめた後、大阪に出て小さな薬局を開いた。だが、薬局経営はうまくいかず、尾羽打ち枯らす格好で神戸に戻り、父親の栄の元にころがりこんだ。秀雄の前半生は、いわば不如意《ふにょい》と失意の連続だった。

生前の秀雄をよく知る前出の末角によれば、秀雄は小さな薬屋の経営者で満足するような男ではなかったという。

小成には決して甘んぜず、いつの日にか大成をと、ひそかに野心をたぎらせていた秀雄にとって、かつての価値観が百八十度転換した〝戦後〟という時代は、これまでの失点をすべて得点にかえられる千載一遇のチャンスだった。

秀雄は神戸大学で特待生だった博をどこにも就職させず、「サカエ薬局」の二階でズルチンづくりの仕事に従事させる一方、フィリピン帰りの功を一人前の闇屋に育てあげようとした。

この当時、巷《ちまた》には悪性インフレがはびこり、たとえ就職しても、月給だけでは米一升買えない時代だった。秀雄が二人の息子を闇屋にしたのは、食わんがためのぎりぎりの選択でもあった。

ここで注目したいのは、秀雄が四人の息子のうち、一人として自分と同じ薬剤師にはしていないことである。やはり秀雄は自分の果たせなかった夢を息子たちに託したというべきだろう。

中内はいま自分の息子や娘婿《むすめむこ》を、ダイエーグループ要所のトップにそれぞれ張りつけ、事業の〝血の継承〟を図ろうとしている。その〝血の継承〟は、実はいまにはじまったことではなく、そもそも秀雄がはじめた薬局に、父親・栄の名前をつけた大正末年まで遡《さかのぼ》ることができる。

中内家の四代にわたるこの血の紐帯《ちゆうたい》と、一族の強い結束は、まさに家業経営を地でゆく姿だった。秀雄が二人の息子に裏稼業ともいうべき危険な商売をはじめさせたのも、中内一家の将来の繁栄を願ってのことだった。

しかし、秀雄が自分の果たせなかった夢を息子たちに託すべく、兄弟の結集を図ったことは、結果的にみれば、兄弟間の亀裂をつくりだすことにもつながった。

秀雄がズルチン、サッカリンの原料となるフエナセチンを仕入れにいった井生商店は、商店と名はついているものの、店舗はなく、経営者の井生も三宮の闇市にたむろする一介の薬品ブローカーにすぎなかった。

一九四八年三月、薬事法が改正され、ブラックマーケットでの路上商いが禁止された。薬品は今後、店舗販売しなければならない、というのが薬事法改正の要点だった。これを機に秀雄は井生に息子の㓛との共同経営を申し入れ、こうして元町高架下に、「友愛薬局」なる小さな薬品問屋が生まれた。

中内によれば、「友愛薬局」という名前をつけたのは、父親の秀雄だったという。

「父は精神的には、賀川豊彦さんがはじめた友愛運動を継承していた。それで〝友愛〟の名前を店につけたのではないかと思う」

神戸生まれのキリスト教社会運動家の賀川豊彦が住みこんだ神戸最大のスラムの新川に、秀雄の父親の栄がつとめる山県眼科があり、秀雄が栄を頼って一時、その三階にころがりこんだことは、すでに述べた。秀雄はあるいはこの頃、賀川が結成し、その後、関西労働運動の中心となった友愛会の活動と身近に接する立場にあったのかもしれない。

　私は五十年以上前の闇市の面影を求めるようにして、元町のガード下を何度もさまよった。そのとき私の脳裏に二つのことが浮かんだ。

　一つは中内の側近から聞いたばかりのこんなエピソードだった。

　少し前、篠田正浩監督の「瀬戸内ムーンライトセレナーデ」の公開試写会が行われ、中内も招待された。この映画の冒頭シーン、空襲で灰燼《かいじん》に帰した神戸の街並みが映し出される。そのシーンをみていた中内は、側近に「ちょっと便所に行ってくるわ」といって、薄暗い物陰でそっと涙を拭《ぬぐ》った。

　もう一つは、かなり以前、中内のライバルといわれるイトーヨーカ堂創業者の伊藤雅俊から聞いたこんな話だった。

　伊藤は中内より二歳若いだけで、ほぼ同世代といえる。

　世上、女性的とも臆病《おくびょう》すぎるともいわれるその伊藤に会い、戦後みた風景のなかで、あなたは何が一番強く印象に残っていますか、とたずねたことがある。それまで伏し目がちに私の名刺をクルクル回していた伊藤は、私の目を直視してこういった。

「戦後の焼け跡です。北千住の店から日本橋までずっと焼け跡が広がっているのがみえました。そのなかに三越だけがポツンとたっていた。それを眺めながらいつかはあの店を抜くような店をつくりたいと考えていました」

伊藤はそれだけいうと、また目を伏せ、私の名刺を再びクルクルやりはじめた。

そのとき私は、焼け跡が広がる戦後の風景のなかに無数の中内㓛や伊藤雅俊が息をひそめていたことを知り、いい知れぬほどの感動を覚えた。中内が神戸の闇市を商売の原点としたように、伊藤も東京の場末の北千住で、戸板一枚の上に猿股《さるまた》を並べるところから出発したのである。

阪神大震災で神戸・元町の高架下はほとんどつぶれてしまったため、当時の面影を知ることはまったくできなかった。だが約二十年前、私が元町の高架下をたずねたときには、戦後のブラックマーケットの雰囲気はまだそこかしこに残っており、中内の共同経営者の井生も「友愛薬局」の看板を掲げた薄暗い店先で健在だった。

「友愛薬局」は表向きは正規の薬品を販売していたが、裏では当時貴重品といわれたいくつかの薬を扱っていた。「友愛薬局」がブラックマーケットにたむろするブローカーたちに売ったのは、サッカリン、ペニシリン、ストレプトマイシン、それに虫下しのサントニンなどだった。

これらの薬品の仕入れはすべて闇ルートによるものだった。「友愛薬局」には毎日のように「ムネハイッタ」「ムシハイッタ」など隠語まじりの電報が、全国各地から舞いこんだ。ムネとは、胸つまり肺結核に効くペニシリンやストレプトマイシンのことであり、ムシとは、虫下し用のサントニンを意味していた。

「友愛薬局」を中内と共同経営した井生は、生前、私に闇取引の実態と、商売の繁盛ぶりについて、次のように語っている。

「いまの神戸大丸のところだったと思うが、元の陸軍病院がありました。そのすぐ下に神社があり、境内に散髪屋が出ていました。この男が中間ブローカーだったんです。話をつけると、散髪屋は元の陸軍病院に向かって手旗信号をおくる。しばらくすると、窓が開き、ペニシリンを投げてよこすんです。

だけど、これだけじゃとても間にあいません。すぐに香港や台湾から密輸されるペニシリンに替えました。中国人ブローカーと神戸の波止場で待ちあわせ、現金とペニシリンをサッと交換するんです」

中内自身も、「友愛薬局」の薬品はほとんど香港からの密輸品だったと、はっきり認めている。

「結核はあの当時、いまのエイズよりずっと恐れられていた。それに卓効を発するペニシリンやストレプトマイシンは飛ぶように売れた。それらは国内ではごく限られた範囲でしか流通してなかったから、当然、密輸品だった。

ストマイでは副作用として、ずいぶん耳の聴こえなくなる人や、難聴者も出たが、当時はそんな知識もなく、売れるだけ売りまくった」

私が井生に会った一九八〇年当時、ペニシリンの値段は一本五、六十円だったが、井生の生前の証言によれば、敗戦直後のその当時、ペニシリン一本に三、四千円の値段をつけても、飛ぶように売れ、「友愛薬局」の一日の売り上げは、軽く百万円を突破したという。

「私が仕入れと営業、中内君は経理をやっていたんですが、あんまり百円札が多すぎてよう数えきれんのです。百円札を一枚一枚数えているうちに、指の脂《あぶら》がとられてしまうんです。そこで、中内君が家から薬剤を調合する精密バカリを持ってきて、それに札束を乗っけて一日の売り上げを計ったもんです。

金庫なんてものもありませんでしたから、石炭バコを下において、計ったやつをポン投げこむ。それでもたちまち石炭バコはあふれてしまう。それを足で思いっきり踏んづけましてネ。中内君があれよと大成功して、同じ共同経営者だった私がいまだにこんな穴グラみたいなところで細々とした商売をしているのは、きっとあのとき百円札を踏んづけたバチがあたったんでしょう」

敗戦直後のブラックマーケットの雰囲気をかすかに残す元町高架下のうす暗い店先で井生の話を聞きながら、私は昔みた映画「第三の男」を思い出していた。

「第三の男」は、第二次大戦後、米英仏ソの四カ国の管理下におかれたウィーンのブラックマーケットを舞台に、悪質なペニシリンの密売で儲《もう》けた闇屋《やみや》を親友の作家が追跡するサスペンスドラマである。

ラスト近くウィーン名物の大観覧車に二人が乗り、オーソン・ウエルズ扮《ふん》するハリー・ライムという闇屋が、親友の作家に向かって、「ボルジア家の圧制はルネサンスを生んだが、スイス五百年の平和は何を生んだ？　鳩《はと》時計だけさ」

という件《くだ》りは、あまりにも有名である。

私はハリー・ライムがふてぶてしい面構《つらがま》えで呟《つぶや》いたその台詞《せりふ》に、神戸のブラックマーケットをかけずりまわってペニシリンを売りまくった二十代の中内の姿が重なって見えた。

フィリピンのジャングルから奇蹟《きせき》の生還をとげた中内にとって、たちまち平和ボケした日本の戦後は退屈な日常でしかなく、無法が大手をふってまかり通るブラックマーケットだけが、唯一《ゆいいつ》、生を燃焼できる場所だと感じたに違いない。

中内、井生の下で働いていた前出の末角によれば、ズルチン、サッカリンをつくっていた「サカエ薬局」に関税法違反の容疑で捜査が入り、自分も同じ容疑で六カ月間勾《こう》留《りゆう》されたことがあるという。

「ほとんどが『友愛薬局』の商売繁盛をねたむ〝三国人〟の密告によるものでした。ボクを逮捕したのは日本の警察でしたが、取り調べは進駐軍の担当官でした。彼らは夜も寝かせず、取り調べは本当にきつかった」

末角は取り調べの内容についてはロをにごしたが、末角からそのときのことを聞いた中内によれば、その取り調べ方法は、水を張った洗面器に両手をつっこませ、そこに裸電線を入れて電気ショックを与えるという文字通りの拷問《ごうもん》だったという。

中内が井生と共同で、「友愛薬局」をはじめてから約三年半後の一九五一年八月、秀雄は古くから薬の問屋街として知られる大阪・道修町《どしょう》に隣接する平野町に、やはり父親の名前からとった「サカエ薬品」という医薬品の現金問屋を出店し、息子の博を社長に据えた。

この頃、元町高架下の「友愛薬局」では、共同経営者の井生と中内の間の亀裂が深まっていた。この頃になると薬品流通の世界も整備がはじまり、闇屋もかつてほどうまみのある商売ではなくなっていた。

末角によれば、こうした状況の変化のなかで、井生があくまで闇商売にしがみつこうとしたのに対し、中内が闇商売からもっと手広い商売をはじめようとしたところに、二人の決裂の根本的原因があったという。

こうして中内は神戸・元町の高架下を去り、父が捲土《けんど》重来の夢をこめて大阪・平野町に新しく出店した「サカエ薬品」に参画することになった。中内一家が闇屋稼業から足を洗い、〝正業〟の医薬品販売業に就いたのは、たえず警察の目を気にしなければならないリスキーな商売に嫌気がさしたからというよりは、もはや闇屋商売が時代のニーズにあわなくなりつつあることを鋭敏にキャッチしたためだった。

中内一家は約五年間にわたってブラックマーケットからうま味を吸いあげた。この〝非合法時代〟は、まさしく中内一家の〝原資〟蓄積過程そのものであり、中内一家が、その後のダイエーを含めた〝合法時代〟に突入するための欠くべからざるプロセスだった。

中内一家がその本拠地を神戸の闇市から、医薬品流通の本場に移した頃、中内の足跡と奇妙な暗合をもちながらその業界で頭角を現しつつあった山口組の田岡一雄も、時代から重大な選択を迫られていた。

一九五〇年六月の団体等規正令にもとづく暴力団解散命令が、それだった。戦前そのままに賭博《とばく》や売春からのあがりにしがみついていた親分衆は、突然の解散命令にとまどうだけだったが、田岡はこれを尻目《しりめ》に、神戸湊川《みなとがわ》神社で擬装の「山口組解散式」を挙行してこれをかわし、港湾荷役と興行界という〝正業〟の世界に乗り出すことで、勢力の温存を図っていった。

前掲の『兵庫県警察史・昭和篇』にもこのことはふれられている。狭い神戸市内の限られた利権をめぐってシノギを削るヤクザ世界にあって、山口組の田岡のとった方法は確かに異色のものであり、昭和三〇年代に田岡をして、全国制覇の野望を抱かせた組織力と資金源は、こうして形成された、と驚嘆のニュアンスすらこめて同書は述べている。その山口組と軌を一にするようにして、中内もブラックマーケットの季節に別れを告げて、〝正業〟の世界に飛び込み、やがて全国制覇に向け野獣のように疾駆していった。

大阪の中心部、中之島にほど近い道修町は、古くから薬問屋の街として知られている。その伝統はいまも残り、田辺製薬、大日本製薬、そして自社開発の血液製剤でとりかえしのつかないエイズの悲劇を生み、幹部全員が土下座したあのミドリ十字（現・ウェルファイド）など大手製薬会社の本社ビルが、この街の界隈《かいわい》に集まっていた。道修町の南側に隣接した平野町も、道修町ほどではないが、中小の製薬会社や、ホルマリン漬けしたヘビやサルノコシカケをショーウィンドーに並べた怪しげな漢方薬局などが密集し、独特の雰囲気をかもしだしていた。

一九五一年八月、その平野町の元医療器械問屋の一部を借り受けて出店した医薬品現金問屋の「サカエ薬品」は、もうなかった。中内の父の秀雄が会長におさまり、次男の博を社長にして開店したその跡地には、ダイエーグループのコンビニエンスストアの「ローソン」が店を開いていた。

当時、平野町も含めた道修町の問屋街には、小売りはしない、という不文律があった。どの薬問屋の店先にも「シロウトお断わり」のビラが貼《は》ってあった。値段に関しても売る方と買う方に駈《か》け引きがあって、一定していなかった。ところが「サカヱ薬品」には「シロウトお断わり」のビラはなく、売価もオープンで、商品はたとえ一個からでも売った。

「サカエ薬品」の繁盛ぶりはすさまじく、大阪の新聞が「乱売の元祖、サカエ薬品」とセンセーショナルに書きたてたことも一度や二度ではなかった。

朝の九時に店を開けると、店の前にはもう長い行列ができていた。道修町に本社を置く武田薬品や塩野義製薬の社員まで、「社員割引より安い」といって買いにきた。

東京から大阪へ出張する会社員は、「大阪へ出張するんだけど、何か薬の注文はないか」と聞くのが日常会話となった。

前出の末角によれば、「サカエ薬品」では現金で大量の大衆薬を買い叩《たた》き、この当時、九百円したパンビタンを五百円、五百円のグロンサンを三百円、二百円のアトラキシンを百四十円、九百五十円のポポンSを五百円と、軒なみ三、四割以上の値引きをして売りまくった。仕入れの現金が足りなくなり、客を待たせたまま道修町の薬問屋じゅうを走り回るのは日常茶飯だった。

客の求める商品を、安く売ってくれそうな問屋からとりあえずツケで買う。そしてその商品と交換に、待たせた客から受け取った現金を仕入れたばかりの問屋にすぐ支払う。儲けは仕入値と売価の差額だけだった。「仕入れてから売る」という商売の常道をはみだし、「売ってから仕入れる」という薄氷を踏むような商売だった。

一九五三年、神戸商大を卒業し、東京銀行に二年間つとめたあと「サカエ薬品」に参画した末弟の力によれば、ヤミ経済を脱したばかりのこの時代にあって、定価販売それ自体が、消費者にとって魅力的であり、ましてや値引き販売など思いもよらなかったという。

「これは案外忘れられていることですが、戦前も戦時中も定価販売が守られていました。ところが終戦後、ヤミ価格、つまり定価より高く売るというのが平常化してしまった。そしてそのまま製薬メーカーは大量生産時代に入っていった。メーカーは大量生産によって大幅なコストダウンが図れているのに、消費者はその恩恵にまったく浴すことなく、定価販売をむしろ喜んでいるという奇妙なことが起きてきたんです」

ここから出てきたのが、メーカーによる問屋、小売店など流通業者への優遇策であり、価格カルテル的体質だった。激しい販売競争をしているメーカーは、少しでも自社製品の売り上げを伸ばそうと、量産によるコストダウンを消費者に還元せずに、流通業に還元しはじめた。

「具体的には流通業者に大きなマージンを与えたわけです。またたくさん売れば売るほど儲けを流通業者に還元するキックバック制度もとりいれた。『サカエ薬品』が開店したのはこういう時代でした」

メーカーによるこうした流通業支配の構造に、真っ先に歯向かっていったのが、「サカエ薬品」の設立から少し遅れて参画した中内だった。

中内はまずどこの問屋が在庫過剰になっているかを徹底的に調べあげ、メーカーと問屋との間で結ばれた暗黙のバックマージン契約を逆手にとって、ありったけの現金で商品を買い叩いた。

たとえば定価千円の商品で正規の粗利が二〇パーセント、五百個売るとそれに五パーセント、千個売るとそれに一〇パーセント、正規の粗利に上乗せするバックマージン契約が結ばれていたとする。

これをすでに九百個販売している問屋の場合にあてはめてみると、マージン率は正規の二〇パーセントプラス五パーセントの二五パーセントで、二十二万五千円のバックマージンが入ることになる。

ところがあと百個売って千個にすると、マージン率は三〇パーセントとなり、三十万円が転がりこむ。

正規の粗利だけなら百個余計に売っても、利益は二万円にしかならないが、バックマージンがあるため、あと百個売るだけで、現実には七万五千円もの差が生じるのである。

中内は「サカエ薬品」の現金仕入商売をはじめて、手形だとそっぽを向く相手も、現金だと目を細めてすり寄ってくることを知った。二倍の現金には三倍の力があり、十倍の現金には百倍の力があることを知った。手形をかかえてウロウロしている間にも、現金は何回転もの利益を生み出すのである。

メーカーや問屋が顧客への特典として配る劇場などの招待券に関しても同じだった。中内はそれらの恩典がついてくると、すぐに劇場に店の者を走らせ、それをダフ屋に適当な値段で売りつけて換金し、その分だけ安く仕入れたことにして売価を安くすることにつとめた。

中内は道修町だけではなく、商品を売ってくれそうなメーカーや問屋があると聞くと、日本国中どこにでも足を運んだ。

この当時のことを中内はこう回想している。

「胴巻きにありったけの現金を詰めこんでどこにでも行った。商談はすべて現金即決主義だった。しかし、やがて業界筋から手配書が回りはじめ、地方といえども簡単には売ってくれなくなった。商品さえあればお客はいくらでもいるのにと思うと、仕入れがうまくいかず手ぶらで帰ったときなど、ほんまに涙が出た。

けど、ワシの後には大阪中の消費者がついとるんや、と思い直して、また仕入れに走った。つくる方が勝つか、売る方が勝つか。トコトン勝負したろやないか。安売り屋として生きていく腹が、本当に固まったのはあの頃だった」

力によれば、「サカエ薬品」の安売りの評判はたちまち広まり、わざわざ電車賃を使って遠方からくる客まで現れたという。

「京都、奈良はいうまでもなく、岡山、広島あたりからもきた。しかも、その大半は業者ではなく、入院患者など一般のお客さんでした。どうしてそんなに遠方からきたかというと、患者さんが、同じ病院の患者さんの注文を集めて、まとめ買いにくるからです。月に一回、当番をきめて買いにくる。これだと相当まとまりますから、電車賃を出しても損はしない。

もちろんお医者さんもくれば薬局の人もきた。『サカエ薬品』は、本当に笑いのとまらないほど儲かったんです」

「サカエ薬品」は確かに商売としては儲かっていたが、内部的には不協和音の連続だった。原因は、社長の博と中内との連日の衝突だった。中内は前述したように「サカエ薬品」に遅れて参画したため、身分的には七人の従業員と同じ一介の平社員でしかなく、従業員たちは仕方なく「お兄さん」と呼んでいた。会長の秀雄が中内を役職につかせなかったのは、一つには、神戸・元町高架下の闇屋稼業の〝前歴〟があったためだった。

この当時、中内には表面に出られない事情があった。

前出の末角はいう。

「中内さんは手当たり次第商品を買いつけ、それを利益がでるかでないかのぎりぎりの安値か、ときには仕入値を切ってまで売りまくった。会計、財務をみていた社長の博さんがどんなにブレーキをかけても、〝いくらで売ろうと勝手。お前にはとやかくいわせん〟といって全然いうことをきかなかった。二人の対立があんまりすさまじいので、従業員は皆いたたまれない気持ちだった」

口論がエスカレートしたときには、博にイスをふりあげて投げつけたことさえあった。中内は板割草履にランニング、ステテコで店のなかを走り回っては従業員を誰彼かまわず怒鳴りちらし、気が狂ったように仕入れにかけずり回った。その心理の背景には、大学出で子供の頃から優秀な博をいつもひきあいに出され、〝愚兄賢弟〟の見本のような扱いをされたと感じる中内独得の思いこみと、鬱屈《うつくつ》した感情が間違いなく働いていた。

中内の狂気じみた商売拡大のエネルギーの底には、フィリピン戦線からもち帰った飢えと怒りと、人間の底知れぬ不条理に加えて、弟たちに対する抜きがたい不信感とコンプレックスが、いつも澱《おり》のように淀《よど》んでいた。

俗に兄弟は他人の始まりというが、昔から〝兄弟経営〟というものがうまくいった例は、きわめて少ない。古くは山崎製パンオーナーの飯島兄弟（藤十郎、一郎）の血で血を洗うといわれた〝お家騒動〟が知られているし、戦後経営者の代表の一人といわれたリコー社長の市村清も、弟の専務を追放した。

兄弟経営がうまくいくのは、出光興産の出光佐三と計助や、三洋電機の井植《いうえ》歳男、祐郎、薫のように、年齢が親子ほど離れ、実力も衆目のみるところケタはずれに違っている場合か、さもなくば樫尾忠雄を筆頭とする四兄弟（俊雄、和雄、幸雄）のごとく、技術開発を軸に、兄弟一致して切磋琢磨《せっさたくま》したカシオ計算機のような技術系企業かにほぼ限られる。

西武グループの堤清二、義明兄弟がいつも不協和音が囁《ささや》かれながら、それでも一応バランスをとってやっていけたのは、事業を百貨店を中心とした流通業と、鉄道業にはっきりわけたからにほかならない。

温和な性格で最初から中内の軍門に下った格好の三男の守を別にして、博、力ともそれぞれプライドが人並み以上に高かった。中内兄弟の不幸は、博、力の我以上に、功の個性とコンプレックス、そしてその裏返しの闘争心、そして人間不信がとび抜けて強いことだった。しかも、その三人が、前近代的体質をいまだ濃厚に残す小売業という同じ土俵にあがった。ドンブリ勘定が平然とまかり通る小売業の世界にあって、金銭をめぐるトラブルは日常茶飯事であり、それが往々にしてそのまま縁の切れ目となる。

長男の切と四男の力を比べても、その年齢差がわずか九歳しかなかったことも、兄弟の反目に拍車をかけた。この兄弟は、それぞれの個性といい、同じ商売についたという組みあわせといい、はじめから激しい葛藤《かっとう》を内包していた。事実、後から述べるように、切と力は博と訣別《けつべつ》して「サカエ薬品」を離れ、その後、切と力も、〃ダイエー東西分割論〃までとびだすほどの凄絶《せいぜつ》な兄弟相克の事態を迎えることになった。

中内兄弟がこれほど激しい衝突を繰り返したのは、一口にいえば、切の絶対支配権への渇望《かつぼう》があまりにも強いためだった。しかし当の本人は幼い頃から、学歴コンプレックスを含めた自分の弱点を弟たちにさらけだしていたので、弟たちからすれば、絶対服従を命じ、オレを尊敬しろといわれても、片腹痛いというのが偽らざるところだった。性急に絶対権力を握ろうと高姿勢になる中内に対し、近親者ほど強い反感をもつことになるのである。彼らは、世間で〃カリスマ〃といわれる中内の実像を、あまりにも見すぎてしまっていた。その内と外との大きな落差が、兄弟相克の本当の心理的理由だった。

話を「サカエ薬品」に戻す。

力が参画してまもなく順調に売り上げを伸ばしてきた「サカエ薬品」の基盤を根底から揺るがす事件が起きた。

「サカエ薬品」が仕入れ部隊の斬《き》り込み隊長役の中内を中心にして、大量の現金で日本全国の問屋の横ッ面《つら》をひっぱたきながら、製薬メーカー側が敷いた厳しい流通管理網をかいくぐってきたことはすでに述べた。

メーカー側はこれに対し、「サカエ薬品」に商品を卸したことがわかった問屋に出荷停止などの措置を講ずることで、このゲリラ的戦法に対抗した。メーカーの締めつけが厳しくなるにつれ、かつて「サカエ薬品」に商品を横流ししていた問屋も、次第に「サカエ薬品」との取引を停止せざるを得なくなっていった。

商品供給のパイプは日ましに細くなり、四面楚歌《しめんそか》の状況に置かれたとき、「サカエ薬品」のとどめを刺すように一連番号事件が起きた。

一連番号とは、薬がどの工場でいつつくられたかを示す製造番号のことである。メーカーはその一連番号を、流通経路の監視番号として利用することを思いついた。この番号をみれば、メーカーが出荷した商品がどこの問屋を通して「サカエ薬品」に流れたかが、一目瞭然《りょうぜん》となる。

メーカーの社員はひそかに「サカエ薬品」に出向いて自社商品を買い求め、どこの問屋が流したかを割り出し、即座に出荷停止とする強硬措置に出てきた。

「サカエ薬品」では最初、これに対抗するため、一連番号を削って売っていた。だが、メーカー側は流通管理網の手綱をゆるめず、今度は製造者名の上に一連番号を刻印してきた。「サカエ薬品」では以前と同じように、これも削り取って売っていたが、一連番号を削れば、当然、その下の製造者名も削られる。

それがメーカー側が仕掛けた巧妙な罠《わな》だった。

「サカエ薬品」はそれからまもなく、大阪府衛生部薬品局から呼び出しを受けた。このとき出頭した力によると、大阪府衛生部では力の言い分をまったく聞かず、一方的に十日間の営業停止を命じてきたという。

「薬事法違反だというんです。薬事法には、製造者の名前を明記しなければならない規則があるという。それを削ったのだから薬事法に抵触するのは明らかだ、の一点張りです。

　僕は、明記しなければならないメーカー名の上に、わざわざ一連番号を重ね打ちして読みにくくしていることこそ問題だと食い下がったんですが、まったくとりあってくれません。要するに、お前のところは流通秩序を破壊したというんです」

結局、「サカエ薬品」は薬事法違反で十日間の営業停止処分を食うことになった。営業停止処分がとけてからも、「サカエ薬品」には商品がまったくといっていいほど入ってこなくなった。

われわれは消費者のために薬の安売りをやっているのであって、それを阻止するメーカーの方こそ独占禁止法違反の疑いがあると、大阪府の公正取引委員会に口頭でそう提訴したが、担当官が「おっしゃる通りです。よく調べておきます」というだけで、現実には何の改善もなされなかった。

「サカエ薬品」はいよいよ倒産の危機に追いつめられた。このとき、最後の手段として思いついたのが、消費者団体に訴えることだった。

力が関西主婦連の本部をたずね、ことのいきさつを詳しく話すと、主婦連では大いに賛同し、この話を機関誌一ページを使って大きくとりあげてくれた。いままでこの問題を無視していた一般紙も、関西主婦連が動いたということで、メーカー対現金安売り問屋の問題を大きくとりあげるようになった。

それから三日後、力に大阪府衛生部から呼び出しがかかった。衛生部の担当者がいうには、薬品の価格問題については衛生部はもう手を引く、あとは業界同士の話しあいでやってくれ、とのことだった。

中内ダイエーが他の大手スーパーに比べ格段の注目を集めてきたのは、売り上げの爆発的拡大という経営上の数字もさることながら、マスコミを巧みに使ってそのつど時流の波に抜け目なく乗ってきたためでもある。一般大衆がいま何を求め、誰を敵視しているかを敏感にかぎわける〝天才的時流屋〟の嗅覚《きゆうかく》は、消費者団体をリードして新聞各紙まで味方につけた、この四十年以上前の出来事にまで遡《さかのぼ》ることができる。

しかし、薬の安売り問題に関しては今後一切干渉しない、という行政の判断は、皮肉なことに、「サカエ薬品」を再び経営危機にさらすことになった。

そもそも新興の現金薬安売り問屋の「サカエ薬品」が、伝統的な薬問屋街の道修町界隈《わい》《かい》で辛うじて存在することができたのは、メーカーと問屋の間に、薬事法を錦《にしき》の御旗にした価格カルテルという暗黙の協定が結ばれていたからにほかならなかった。価格カルテルがあったからこそ、「サカエ薬品」は、〝価格破壊〟の一匹狼《おおかみ》として存在し、われらの味方と消費者から歓迎してもらうこともできた。

ところが行政がこの問題から手を引き、完全にレッセフェール(自由放任主義)の状況に置かれると、どこの現金問屋も集客のため安売りに乗り出すようになり、「サカエ薬品」の存在価値と独自性はたちまち失われてしまう。

中内が力を連れて博と訣別し、「サカエ薬品」を去ったのは、博との絶えまないケンカという内憂に加えて、こうした外的状況の変化という外患が出現してきたことをみてとったためだった。

「サカエ薬品」が開店してから六年後の一九五七年四月、中内と力は「サカエ薬品」を離れた。

これまでの〝ダイエー通史〟では、このあと中内はすぐに大阪・旭《あさひ》区の京阪電車千林駅前に、ダイエーの一号店となる「主婦の店・ダイエー」を出店し、以後破竹の進撃をしていくことになっている。

しかし、中内は現金薬問屋の「サカエ薬品」から一般大衆相手のスーパー「ダイエー」へと、ストレートにシフトしていったわけではなかった。「サカエ薬品」と「主婦の店・ダイエー」との間に、ほんの短い期間だが、「大栄薬品工業」という手痛い失敗の時代があることはあまり知られていない。

「サカエ薬品」を去ると同時に、㓛を社長に、力を専務にして神戸市の長田区に資本金四百万円で設立されたこの会社は、社名の示す通り、薬品の製造メーカーだった。のちに中内は松下電器産業に対抗して、格安のカラーテレビを製造するクラウンという家電メーカーの経営に乗り出すが、製販一体のバーチカルインテグレート（垂直統合）を目標とするメーカー志向は、実は昭和三〇年代の初頭から早くもはじまっていた。

ここで中内は大手製薬メーカーから仕入れたビタミン剤を小さく詰めかえ、「メタポリン」というプライベートブランドの薬品として売り出した。だが、無名ブランドのビタミン剤を買おうとする消費者は皆無に近かった。

中内に誘われて「サカエ薬品」から「大栄薬品工業」に移った前出の末角要次郎は、メーカーへの転身に失敗したにもかかわらずくさらず、再び小売業に進出する夢を熱っぽく語るその頃の中内を、いまでもよくおぼえている。

「中内さんとは帰る方向が、同じ阪急電車沿線で一緒でした。中内さんは終電の吊《つ》り皮につかまりながら、『いずれドラッグストアのチェーンをつくる。おまえは知らんやろが、アメリカのドラッグストアにはソーダファウンテンなんかを飲ませるカウンターもあってカッコええんや』と、いつも熱弁をふるってました」

中内はこの点について、神戸三中時代にみたジェームス・キャグニー主演の映画「汚れた顔の天使」の舞台がドラッグストアだったことに刺激を受けて日本でもドラッグストアをつくることを常々考えていた、と語っている。

この述懐それ自体にウソはないだろう。しかし、中内は「サカエ薬品」の時代、この伝説めいた話以上に決定的に影響された出来事に、実は出あっている。

のちに中内が「ダイエー」の基本コンセプトとして、スーパーの必須要件であるセルフサービスを導入したのも、肉、野菜、魚の生鮮三品を常備したのも、この出来事から直接的な触発を受けたものだった。

中内は無人の野をひとり行く開拓者のようにして、暗黒大陸といわれる流通業界の世界を単身切り拓《ひら》いていったわけでは、決してなかった。

中内の前には、先人たちの切り拓いた〝流通革命〟の細い道がかすかにのびていた。中内はその細い道を見逃さずに突き進み、その道を持ち前の馬力で強引に押し広げていった。

第六章　キャッシュレジスターの高鳴り

経済白書が「もはや戦後ではない」と、高らかに宣言したのは〝神武景気〟という言葉が巷《ちまた》にいきかった一九五六年のことである。

日本経済は、五〇年六月の朝鮮戦争からはじまった〝特需景気〟により、翌五一年には、実質GNP（国民総生産）を早くも戦前の水準にまで回復させていた。戦争は最大の消費とはよくいわれるが、アメリカ軍のロジスティクス（兵站《へいたん》）基地の役割を担《にな》うことからはじまった〝特需ブーム〟は、その後三年あまりつづき、日本経済は目をみはるような復興をとげつつあった。

五六年の神武景気は、〝特需ブーム〟でにわかに体力をつけた日本経済が、戦後はじめて味わう未曾有《みぞう》の好景気だった。新製品が次々登場し、これまで庶民には高嶺《たかね》の花だったテレビ、電気洗濯機、電気冷蔵庫の〝三種の神器〟が手の届くところにまで近づき、日本は急速に大衆消費社会に突入しようとしていた。

好景気にわくこの五六年の三月、北九州・小倉市に百二十坪の総合食品店がオープンした。中内が大阪・千林駅前に、「主婦の店・ダイエー」を出店する一年半前にオープンしたこの店こそ、わが国スーパーの嚆矢《こうし》をなすものだった。この店には、現在みられるスーパーの原型がすべて備わっていた。

店の名は丸和フードセンターといい、これまで日本人にほとんどなじみのなかった、セルフサービス方式と、低価格高回転のローコストオペレーションを日本ではじめて本格的にとりいれた店だった。

このスーパー第一号店の丸和フードセンターと、千林の「主婦の店・ダイエー」は、実は浅からぬ因縁で結ばれている。この事実はほとんど知られていない。ダイエーの一号店に「主婦の店」という名が冠せられたのも、この縁からだった。

しかし、ダイエーの社史ともいうべき『ダイエーグループ35年の記録』には、丸和のことは一行もふれられておらず、ダイエーこそわが国スーパーのパイオニアといわんばかりの記述だけが書きつらねられている。ダイエーの社史には、むしろこの事実を歴史から抹殺しようとしているフシすら感じられる。

ダイエーは昭和三〇年代からはじまる大衆消費社会への突入を時代背景にして、突然変異的に生まれたわけではなかった。ダイエー誕生の前史には、丸和を中心とした〝流通革命〟のさまざまなうねりがあった。その小さなうねりを巧みにとりいれ、〝本家〟以上のスピードとエネルギーで拡大していったところに、ダイエーが短期間に〝国民的〟支持を得ていった最大の秘密があった。

丸和を創業した吉田日出男という人物は、年齢的には中内より十歳上だが、中内といくつかの共通点をもっていた。

一九一二(明治四五)年、小倉で生まれた吉田は、旧制小倉商業を卒業後、父の経営する海産物卸の店を手伝い、その後、叔父《おじ》に従って満州に渡り、満鉄系の国策会社に勤務した。現地召集で中国戦線に従軍後、中内と同じ一九四五年十一月、故郷に復員した。

小倉も神戸と同じく闇市《やみいち》でにぎわっていた。その闇市を支配していたのは、やはり神戸と同様、三国人たちだった。吉田は暴威をふるう三国人らに対抗するため、強制疎開させられた跡地に、知人と共同出資してバラックの食品マーケットをつくった。この頃の吉田にはこんなエピソードがある。

あるとき対馬《つしま》から船で煮干しを大量に売りこみにきた。値段を聞くと、小売りの統制価格と同じだという。その値段で買えば、小売統制価格以上のヤミ値で売らなければ儲《もう》からない。吉田が知りあいの小倉警察署の経済主任に相談に行くと、経済主任はこういった。

「あのな、吉田君、泥棒というのは、つかまったヤツのことをいうんだ」

日本の国法を無視して傍若無人にふるまう三国人たちを、小倉の警察でも苦々しく思っていた。それが、吉田に対するヤミ販売黙認のシグナルとなった。

丸和マーケットは食糧難という当時の状況に支えられて順調に推移したが、やがて経済が落ち着きをとり戻しはじめると、かつてほどの売り上げはあがらなくなった。

吉田ら小売業者たちの前に大きく立ちふさがったのは、生協運動と百貨店の目ざましい復興だった。

商人に頼らない消費者の自立的配給機構の確立という目標をかかげ、職域、地域に利用促進を図った生協運動は、戦中の一九四〇（昭和一五）年、全国で二百四十二組合、組合員数四十万三千人、売上高も、その年の伊勢丹の売上高の三・三倍に相当する約七千五百万円にものぼったが、その後は、統制経済の強化と組合活動の弾圧により、ほとんどの消費組合が活動停止に追いこまれていた。

敗戦から三カ月後の一九四五年十一月、消費者運動の生みの親で、中内ともなにかとゆかりの深い賀川豊彦は、いちはやく日本協同組合同盟を結成し、四八年十一月には、生活協同組合法を成立させていた。

その組織は全国で、五〇年、千百十八組合、組合員数二百二十一万人、五五年には戦中のピークの八倍近くの千五百十六組合、組合員数三百十万人と著しく伸び、員外利用もあって、地域の小売業者をおびやかす存在となっていた。

一方、中小小売業者の激しい反対運動によって一九三七年に成立した百貨店法により、戦中を通じて厳しい規制下にあった百貨店は、戦後の一九四七年四月、ＧＨＱの強い指示による独占禁止法の施行と、これにともなう同年十二月の百貨店法撤廃措置により、次第に息を吹き返しはじめていた。

一九三八年の百貨店の実質売上指数を百とすると、一九五三年には百八・三となり、これ以後、百貨店業界は毎年二ケタ台の驚異的な成長率をみせていた。

小売業者たちはこれに強い危機感をつのらせ、新たな百貨店法制定運動に立ちあがった。結局、新店舗の営業と売り場面積を許可制とすることなどを骨子とした第二次百貨店法は、一九五六年五月に成立したが、その間、百貨店側は駆けこみで売り場面積の大増設を図っていた。

吉田日出男が、それまでのバラックだてのマーケットを大改築し、わが国第一号のスーパーとなる丸和フードセンターをオープンしたのは、生協と百貨店の挟撃がはじまるまさにこの時期だった。

吉田にアメリカ流のスーパー方式を採用するよう強くすすめたのは、日本ナショナル金銭登録機（現・日本ＮＣＲ）企画課長の、長戸毅（現・ＭＭＩ総合研究所所長）という人物だった。一九五五年九月のことだった。

長戸が所属したこの日本ＮＣＲという外資系企業こそ、日本の前近代的小売業をアメリカ流の近代経営に、〝改宗〟するよう迫った〝宣教師〟たちの総本山だった。

ＮＣＲが日本に進出したのは古く、一八九七（明治三〇）年のことだった。だが太平洋戦争中は敵性企業という理由で事実上解体され、戦後本格的な活動が再開されたのは一九四九年のことである。しかしこの時点では、日本に進駐した米軍施設関係への用達が中心で、同社のメイン商品のキャッシュレジスターが一般商店にまで普及するにはまだほど遠かった。

日本ＮＣＲの名が日本の小売業者の一部で囁《ささや》かれるようになったのは、五三年十二月、東京・青山で青果を扱っていた紀ノ国屋が、同社のキャッシュレジスターを入れ、同社の指導の下、日本におけるセルフサービス第一号店としてスタートを切ってからである。

戦前、宮内庁御用達の〝高級八百屋〟だった紀ノ国屋が、アメリカ流のセルフサービスの店にリニューアルすることを決意したのは、一つはその立地条件のためだった。紀ノ国屋のある青山から表参道の広い通りを進み原宿の駅を越えると、そこにはアメリカ軍人の宿舎の代々木ワシントン・ハイツの広大な敷地が広がっていた。六四年の東京オリンピックで〝選手村〟として使われ、いまは代々木公園に生まれかわったこの場所は、戦前は代々木練兵場があり、二・二六事件の青年将校たちもここで処刑された。

ワシントン・ハイツに住むアメリカ軍人たちは、ＧＨＱ公衆衛生福祉局の指導によって化学肥料のみ使用して栽培したレタスなどの〝清浄野菜〟を、東京都内で一番早く販売した紀ノ国屋を愛顧していた。その顧客の一人に、日本ＮＣＲ現地法人社長のジョージ・ヘインズ夫人がいたことが、紀ノ国屋がセルフサービスの店にきりかえる直接のきっかけだった。

このときスライドなどを使い、半年間かけて指導にあたったのが、オハイオ州デイトンにあるＮＣＲの本社で七カ月の研修を受けて帰国したばかりの日本ＮＣＲ企画課長の長戸だった。長戸の指導は、時には深夜にまで及んだ。

陳列した商品を客に自由に選ばせ、レジで精算するセルフサービスの導入により、紀ノ国屋の業績は信じられないほどの伸びをみせた。それまで八人の店員でも客の対応ができなかったところが五人の店員ですむようになり、売り上げも四割上がった。

だが、長戸は不満だった。セルフサービス方式は導入したものの、店舗面積は約三十五坪と小さく、陳列商品も野菜、果物が中心で、肉、魚はなく、その上、掛売がまだ四〇パーセントもあり、さらには、御用聞きによる配達制度も残っていた。これらのことを考えれば紀ノ国屋を、アメリカ流スーパーマーケットの第一号と呼ぶにはほど遠かった。

当時、長戸の頭にあったのは、日本ＮＣＲのキャッシュレジスターを売るということ以上に、日本の小売業の近代化に尽くそう、との思いだった。それは、アメリカにおける近代的な小売業の展開が消費者の生活を豊かにしているという現実を目《ま》のあたりにしてきた、長戸なりの確固たる信念だった。

その後、長戸を中心とした日本NCRの八百人のセールスマンたちは、セルフサービス、低価格政策、高回転、多店舗政策、取扱商品の増加など、現在のスーパーの骨格をなす七項目を盛りこんだMMM（モダーン・マーチャンダイジング・メソッド＝現代小売業経営法）のマニュアルをひっさげ、全国キャンペーンに歩いた。

こうして紀ノ国屋につづき、五四年に、京都・五条の大友（食品店）、翌五五年に、東京・日本橋のわけや（佃煮屋《つくだに》）、横浜菊名生協、東京・世田谷の島田商店（酒販店）、ニチイ（現・マイカル）の前身の大阪ハトヤ（衣料品店）などが、次々とセルフサービスの店に切りかわっていった。ちなみに、この当時のキャッシュレジスターのシェアは、NCRが全世界の九〇パーセント以上を占めており、セルフサービスの店に切りかえたければ、日本NCRのキャッシュレジスターを買うほかなかった。

日本NCRのセールスマンたちの中小小売店主たちを相手にしたセールスアプローチは、いまから考えれば、ほとんど子供だましに近いものだった。だがある面からいえば、小売店主たちの琴線にふれるすぐれたアプローチ法ともいえた。

よく使われたのは、NCR本社の創業社長のジョン・H・パターソンという人物が開発したコイン・アプローチとカレンダー・アプローチという二つの方法だった。

コイン・アプローチとは、戦前使われていた一円銅貨と同じくらいのコインを、セールスマンが握りこぶしの人指し指と中指の間にはさみ、相手にひっぱらせるのが最初の手口だった。コインが指の間からスルリと抜けると、セールスマンは間髪いれずに、

「ごらんなさい。おカネというものは、昔からおアシというくらい足のはやいものです。放っておけば、こんなに簡単に逃げていってしまいます。ではもう一度、コインをひっぱってみて下さい」

といって、再び相手の目の前にコインをはさんだ握りこぶしを差し出す。すると今度は不思議なことに、いくらひっぱっても抜けない。

そこでセールスマンはいぶかる相手にタネ明かしをする。セールスマンが掌《しのひら》を広げると、相手に見えないコインの反対側に小さな穴があり、そこに小さな錠前がかかっている。その錠前をギユッと握っているのだから、抜けるはずがない。

「ねッ、おカネにカギさえかけておけば、おカネも逃げないでしょう。レジスターというものは、大切なおカネにカギをかけるようなものなんです」

カレンダー・アプローチとは、セールスマンがカレンダーを持ち出し、一カ月のうち、仕入原価は何日分、人件費は何日分と、こと細かに説明したあと、最後にいう。

「小売店の純益は一カ月のうちたった一日半くらいの分量なんです。こんなに少ない純益ですから、きちんと管理しないと一カ月分の働きはゼロになってしまいますよ」

こんな大道手品師まがいのセールストークが功を奏し、日本NCRのキャッシュレジ

スターが日本の小売店に洪水のように入りこんでいったのは、いまから思えば、なんとも不可解である。

しかも、当時のキャッシュレジスターは、いまから想像できないような高額商品だった。安いものでも約十五万円、高級機では五、六十万円もした。当時の大卒初任給は約七千円だったから、これで換算すると、現在の価格では、安いものでも四百三十万円、高級機では千四百万円から千七百万円もしたことになる。

初期に日本NCRのキャッシュレジスターをいれた小売店では、店のど真ん中や、神棚のあたりに置く店が多かったというが、それも故《ゆえ》なしとしなかった。

これは、農機具メーカーの積極的売りこみによって、冷静に考えればそれらをたいして必要としない中小農家にまで、耕耘機《こううんき》やトラクターなどの大型農耕機が、戦後急速に普及していった珍事と比肩《ひけん》できる出来事だった。

ここで個人的な思い出をいうことを許してもらえば、東京下町で零細な食品店を営むわが家にも、日本NCRのセールスマンがかなり遅れてからだが、頻繁にやってきた。

わが家で購入したのは最も安い機種だったが、それでも、レバーを引くかボタンを押すかすると、どっしりとした重々しい器械が、チーンという音とともに、ピンボールの鉄球の動きのような思わぬすばやさで開き、その音と作動の軽やかさと、重厚な器械とのアンバランスに、私はたちまち魅了された。

私はそこにアメリカ文化のにおいを強烈に感じ、陶然となったことをなつかしく思い出す。零細な小売店まで争ってキャッシュレジスターを入れたのは、それによって経営の合理化、近代化を図るというよりは、日本を破ったアメリカというものを、手でさわれる形で実感したかったからではなかったか。

それに、ペテン師じみたセールストークとはいえ、それまで日本の商家を支配していた石田梅岩の石門心学に端を発する古くさい処生訓や精神主義よりはずっとマシだった。そこには少なくとも、未来への希望を感じさせるだけの合理性と〝科学〟のにおいがあった。

もっともせっかく大枚をはたいて買ったキャッシュレジスターを十全に使いこなせる店は少なく、ほとんどの店ではたちまち店の片隅に追いやられ、そのままホコリをかぶった。

かくいう私の家でも同じだった。しばらくの間、新しもの好きの客がそれみたさに通ってきたが、要はそれだけだった。私の家はキャッシュレジスターの導入を機に、セルフサービスの店にもスーパーにも生まれかわったわけではなく、まもなく鼻唄《はなうた》を歌うような気楽さで急坂を転げ落ちていった。

話を日本のスーパーの第一号店となった丸和フードセンターに戻す。

日本NCR企画課長の長戸毅が丸和創業者の吉田日出男をたずねたのは、八幡《やはた》製鉄（現・新日本製鉄）に行った帰りだった。この当時、八幡製鉄の厚生課所管の購買部は分配所と呼ばれており、長戸はその分配所を対面販売からセルフサービスの店に切りかえるべく指導にあたっていた。

八幡製鉄の分配所が日本NCRにセルフサービス化の相談を申しこんできたのは、勘定を待たせすぎる、いつも混雑しているなどの苦情が、利用者から寄せられていたためだった。

セルフサービス化は一九五六年二月、八幡製鉄病院内の二十坪の分配所をテストケースとしてはじまり、これが好評だったため、やがて社宅近くに設けられた社外十三カ所の全分配所に及んだ。

当時、長戸の下で指導にあたった日本NCR元社員の荒屋勝はいう。

「社員の奥さんたちからものすごく喜ばれました。いままでの対面販売では、役員や部課長の奥さんたちが買い物にくると、平社員の奥さんを平気で放ったらかしにしたり、言葉づかいや態度まで役職によって違っていたんです。

ところが、セルフサービスにすると、誰もがみんな、レジのある出口に向かって平等に一列です。それに店員の目を気にして、シャケ一切れでいいところを、見栄をはって二切れ買う必要もない。

この成功は日本NCRにとって非常に大きかった。紀ノ国屋のセルフサービス化は一部で評判になりましたが、なんといっても天下の八幡製鉄がセルフサービスをとりいれたというので、全国から見学者が殺到し、そのための担当者を二名つくったほどでした」

荒屋の上司の長戸によれば、八幡製鉄所の分配所には、当時、「サカエ薬品」の仕入れで全国を走り回っていた中内も、わざわざ見学にきたという。後述するが、中内はこの頃、日本NCRのセールスマンが持ちこむパンフレット類を熱心に読んでおり、まもなく長戸や荒屋本人とも直接出会うことになる。

ここで興味深いのは、分配所という限られた職域の範囲内とはいえ、日本を代表する大企業がいちはやくアメリカ流のセルフサービスをとりいれたことである。八幡製鉄はそれからまもなく、〝鉄は国家なり〟のスローガンを地でいくような大増産体制に入り、世界に羽ばたくことになるが、その実現に不可欠な近代化、合理化対策は、福利厚生面にまで及んでいた。

八幡製鉄分配所は国内外の注目を集めた。アメリカスーパーマーケット協会の設立者の一人であるM・M・ジンマーマンや評論家の大宅壮一をはじめ、日本鋼管、川崎重工業、東洋紡績、松下電器など一流企業の役員、防衛庁、国鉄などの幹部も、ここを視察に現れた。

もう一つ興味深いのは、分配所の利用者がセルフサービス方式を、お客に公平なサービスと感じたことである。アメリカ流民主主義の日本への移植は、日本の小売業改革のうねりのなかで、最も定着に成功したといえる。

八幡製鉄の分配所にセルフサービス化の下話にきた長戸が、小倉の丸和に立ち寄ったのは、北九州きっての繁盛店という評判を聞いていたためだった。一方、丸和の吉田も日本NCRが今度、八幡製鉄の分配所をセルフサービスの店にするらしいという噂《うわさ》を聞いていた。

前述したように、この当時、生協の発展は目ざましく、全国各地の小売業者に多大な影響を与えていた。まして八幡製鉄の分配所は、丸和の直接的な競合店であっただけに、吉田の関心は他人事ではなかった。

吉田は店だけではおさまらず、長戸を自宅まで連れこみ、夜を徹して長戸の話に耳を傾けた。

「吉田さんは実に勉強熱心な人でした。明治生まれの商人らしく、私の話を矢立てを使って一言ももらさず書きとってました」

その後、大工を連れて上京した吉田は、青山の紀ノ国屋、日本橋のわけや、世田谷の島田商店など、すでにセルフサービスを実施している店を見て歩き、長戸のいうこれからは必ずスーパーの時代になる、という言葉にいよいよ確信をもった。

知りあいの大工を連れていったのは、長戸からスーパーにはゴンドラという陳列棚が必要、と聞かされていたためだった。だがそんなものをつくれる業者は九州には見当らず、仕方なく長戸から紹介された東京の業者に製作を依頼し、あわせてその業者のもとで大工にゴンドラづくりの修業をさせようと吉田は考えていた。

ゴンドラは総額で百三十万円かかり、貨車で三台にもなった。見本をみた大工が、

「社長、私がつくれば二十万か三十万安くつくりますよ」といったが、吉田はまったくとりあわず、逆にこういって叱《しか》った。

「余計なことをいうな。私はいま、のるかそるかの大仕事をするんだ。十万、二十万の安い高いの問題ではないんだ。君は東京の近代的なものをしっかり勉強してくれれば、それでいいんだ」

吉田はゴンドラに加えて、一台八十三万円する最高級機種のキャッシュレジスターNCR六〇〇を五台も買っていた。これらをあわせると、現在の貨幣価値に直して、それだけでも十五億円以上かかる巨額な投資だった。

一九五六（昭和三一）年三月十日、丸和フードセンターは、八幡製鉄病院内分配所に少

し遅れてオープンした。肉、野菜、魚の生鮮三品をはじめ、瓶缶詰、味噌《みそ》、醤油《しょうゆ》、油、ちり紙、コップ、石鹸《せっけん》に至るまで置き、百二十坪の売り場面積をもったこの店は、アメリカ流スーパーの要件をすべて満たしたわが国最初のスーパーだった。

オープン当初は、客が新しい方式にとまどい、思ったほど売り上げは伸びなかった。七月頃には社員が一致して、「社長、こんな店はもうやめにしたらどうか」といってくる有様だった。

しかし、問題にぶつかるごとに解決策をなんとか考え、翌日には手直しする、という努力が実って、秋頃にはだいたい軌道に乗るようになった。これまで十五人いた菓子売り場が二人ですむ、というように効率化も進んだ。

とりわけ年末商戦の売り上げはすさまじかった。改造前、一日の売り上げは平均八十万円だったが、十二月三十日に三百八万円、三十一日には四百十八万円という記録的な数字をあげた。これは現在の貨幣価値に換算すれば、一億二千万円にものぼるものだった。

ちなみに翌五七年九月にオープンした大阪・千林の「主婦の店・ダイエー」一号店は、その年の大晦日《おおみそか》、百万円の売り上げをあげたが、丸和に比べれば四分の一以下でしかなかった。

戦後流通業界史のなかで、丸和はある意味でダイエー以上に特記すべき存在だった。

客が商品を入れるカゴを開発したのも、入口と出口を完全に分けたアメリカ流のスーパー方式を、入りにくく出にくいという客の苦情を聞いて間口を全面オープンにしたのも、中身がみえ、しかも経費があまりかからぬよう紙袋の真ん中にセロファンの窓をつけるなどの工夫をしたのも、すべて丸和だった。

カゴに関していえば、丸和は最初、大阪の業者に頼んで針金製の真四角のものをつくらせていた。だがこれでは、真四角だから重ねると十個くらいしか積めないし、針金製なので引き出すとき、針金がからむなどの難点があった。このため、カゴ抜き係として力のありそうな学生アルバイトを二人雇わなければならなかった。

現在の形態に近い逆台形にして重ねやすくし、針金にビニールを巻いてひっかかりにくくするまで試行錯誤の連続だった。カゴの開発だけでも、三十万円の経費がかかった。

九六年四月十日、東京・青山で八十四歳の老人がひっそりと息を引きとった。五日後に行われた葬儀は、ごく近親の者しか参列しなかった。それが日本ではじめてスーパーをつくった吉田日出男の最期《さいご》だった。

吉田の死は、新聞も一切とりあげなかった。朝・毎・読・日経、西日本新聞にまで目を通したが、吉田の死亡記事はどこにも見当たらなかった。さまざまな〝日本型スーパー〟のノウハウを開発し、〝主婦の店〟運動を起こして全国の小売業者に強烈な衝撃を与えた吉田は、その華やかな前歴とは裏腹に、晩年はきわめてさびしいものだった。

丸和を創業した中心メンバーは、吉田日出男を長兄とした吉田四兄弟だった。だが兄弟間のこじれから吉田はまもなく丸和を追われた。

北九州・小倉の丸和に、吉田のことで取材の申し込みをしたが、なぜかすぐに断ってきた。その反応は、血をわけた兄弟とは思えぬほど冷淡だった。一時、全国を席捲《せっけん》した〝主婦の店〟運動も、一派三派に組織分裂し、吉田の名は急速に忘れられていった。

元日本NCR企画課長の長戸によれば、吉田は〝主婦の店〟加盟店へ商品を卸す問屋から店の紹介料という形でリベートをとったため、かつての評判をにわかに落としていったという。

また、生前、吉田と親交のあった公開経営指導協会理事長の喜多村哲によれば、吉田は晩年、次第に宗教めいたことばかりいうようになったため、誰からも敬遠されるようになり、時々、「あそこからもお手当を切られちゃった」と、さびしくいうことがあったという。

先駆者の栄光と悲惨という言葉をそのままに、吉田は日本流通業の舞台から次第に溶暗していった。これとは対照的に、舞台中央に突然躍り出し、華々しいスポットライトを浴びていったのが中内だった。

中内は、日本NCRの理論、八幡製鉄分配所と丸和フードセンターのシステム、さらには吉田が提唱した〝主婦の店〟のノウハウまで吸取紙のように吸収していった。そして、これら先人たちの業績を抹殺するように、ダイエーこそわが国最初のスーパーとばかりに呼号していった。

大阪・千林に「主婦の店・ダイエー」一号店がオープンするちょうど八カ月前の一九五七年一月二十三日、昔から〝山陰の大阪〟といわれた商都、鳥取県米子市に、全国から三百五十人の小売業者が集った。

真っ白く雪の積もった皆生《かいけ》温泉を会場としたこの集まりは、全国小売業経営者会議と呼ばれ、ここで日本初のスーパー、丸和フードセンターをつくった吉田日出男の提唱する〝主婦の店〟運動が、呱々《ここ》の声をあげた。

全国小売業経営者会議の中心議題は、生協問題だった。先にふれたように、当時、全国各地で小売商店と生協が鋭く対立していた。

なかでも米子を中心とする鳥取県西部勤労者消費者生活協同組合（西部生協）は、一九五一年の売り上げ二千万円を五年後の五六年に三億五千万円に伸ばすめざましい成長をみせていた。このため米子商店街百五十軒のうち、四十軒が転廃業に追いこまれていた。

会合の場所をあえて激戦地の米子としたのは、そのためだった。

小売業者にとって生協問題は、もう一つの百貨店問題とは異なり根の深い問題だった。

生協運動が必然的にはらむ〝商人排除〟と〝商業否定〟の考えに、どう対決し、流通活動のなかで商業者がどんな位置を占めるかという本質的な問題が、そこには含まれていた。

二日目の午後九時、演壇に立った吉田は、前年開店したばかりの丸和フードセンターの体験を語り、最後をこう締めくくった。

「生協は月給トリという鳥である。われわれは商人という人である。人が鳥に負けてどうする」

吉田は消費者はいま小売店に対し多くの不満をもっているといい、次の六点をあげた。

①店内に入ると店員がうるさくつきまとうので買いにくい
②気がねしないで自由に商品を選びたい
③小売店では買わないと態度を変えたり、取り換えに行くと嫌な顔をする
④店員が無愛想だったり、逆に心にもないお世辞をいわれたりするので、わずらわしくて買物が楽しめない
⑤食事の支度をするのに何軒も回って買い集めるのが不便だ
⑥かけひきが強く安心して買えない

セルフサービス方式によるスーパーマーケットは、これら小売店に対する不満を解決し、さらに関連商品の売り上げ増、事前の袋詰めによる販売効率の向上にもつながる、

スーパーは良品廉価という消費者の要望にこたえる小売形態である。

これが吉田の主張のポイントだった。吉田の演説は、小売業の将来に強い危惧《きぐ》感《かん》をもっていた参加者たちに激しい感銘を与えた。

吉田に万雷の拍手を送る聴衆のなかには、一連番号事件で十日間の営業停止処分をくい、価格カルテルの崩壊から現金問屋の使命がやがて終わるだろうとうっすら予感していた「サカエ薬品」の中内力の姿もあった。

このとき両者はあくまで精神上の交流関係でしかなかったが、それから一年半後、「サカエ薬品」と小倉の丸和フードセンターは、本業の商売でも強い絆《きずな》で結ばれることになった。

生協の侵攻に脅《おび》えていた各地の小売業者たちは吉田の話に共感し、吉田の指導の下、「主婦の店」と吉田自身が名づけたスーパーマーケットを、次々と開店していった。春秋の筆法をもってすれば、生協がスーパーをつくったともいえる。

一九五七（昭和三二）年五月、岐阜県大垣市の田んぼの残るひなびた場所に、百坪のスーパーが誕生した。これが、米子会議で吉田の演説に感動した小売店による「主婦の店」の第一号店だった。地元の商人たちは「あんなところで商売になるものか」と冷笑したが、開店すると、一日の売り上げ目標十万円に対し、初日三十六万円、二日目三十二万円と、好調なスタートとなった。

しかもこの売り場面積ならば、従来の対面販売の場合、五十名あまりの従業員を必要としたが、ここの従業員はわずか十三名、それも全員商売の未経験者だった。

この店の成功に刺激を受け、吉田の指導による「主婦の店」は、青森県の三沢、岐阜県の加納、愛媛県の松山と次々にオープンし、一九五八年十月までに、二十五店を数えるまでになった。少なくとも昭和三〇年代の終わりまで、「主婦の店」は完全にスーパーマーケットの代名詞だった。

「婦人公論」の一九六三年二月号に、「スーパーマーケット物語」という大きな特集が組まれている。そこに、スーパーマーケットの利点があげられている。

○尾行販売のいやなサービスがないので、一人で自由に商品の選択吟味と好きな量だけ自由に買えるので、楽しい買い物ができる

○待たずに買うことができる

○裸陳列だから、どこに何があるかすぐわかる

○商品にすべて値段ラベルがついているため買いやすい

○値段が一般より安い

○常に商品が動いているので、より新しい品物を買うことができる

いまから考えれば、どれもこれもあたり前のことだが、当時とすれば、〝尾行販売〟

がなく、すべての商品が、〝裸陳列〟で値段がついているスーパーは、毎日買物をする主婦の目にきわめて斬新《ざんしん》に映ったことが、この記事でよくわかる。

「主婦の店」一号店となった岐阜の大垣店には、実は中内も見学に行っている。中内はなにもかも自分で発案したといいたいところだろうが、ダイエーのルーツの一つに、吉田の命名と指導による日本型スーパー「主婦の店」があったことは間違いない。

リクルートや野球のダイエーホークス、最近ではヤオハンと、中内は商売になりそうなものであればどんなものにでも手を出すが、その貪欲《どんよく》さは、ダイエーをはじめる前から、すでに中内の体内にＤＮＡのように埋めこまれていた。

「主婦の店」運動が全国に展開されるかなり前、中内は日本ＮＣＲのセールスマンにも頻繁に会っていた。元日本ＮＣＲ社員の荒屋勝が、中内にはじめて会ったのは昭和二〇年代の終わり頃だった。

「その頃、中内さんは大阪の通称ドブ池といわれた道修町の薬問屋街の近くで、薬の現金問屋をやっていました。私は先輩にくっついて、レジスターを売りに行ったんです。行ってみたら三十坪程度の小さな薬屋なんですが、カネが乱れ飛ぶくらいの売れ行きなんです」

荒屋の上司の長戸毅もこの頃、中内に会っている。

「セルフサービスの勉強がしたいから一日だけきてくれ、というので『サカエ薬品』に行ったんですが、とても一日じゃ放してくれなかった。朝の八時から夕方五時まで私を放さず、あれやこれやと熱心にたずねてくる。そんなことが一週間もつづきました。その後、日本NCRで開いた講習会にも必ずきた。中内さんはきまって一番前の席なんです。そこでノートを広げ、一心不乱に講師のいうことを逐一メモしていた」

中内が並はずれたメモ魔であることはよく知られている。その昔は、名刺の裏、タバコの空箱、チリ紙、紙ナプキンまで、身のまわりにあるものをなんでもつかんでは、片っぱしからそれにメモした。

「サカエ薬品」から中内と力が離れ、製薬メーカーを目指して「大栄薬品工業」を設立したものの失敗し、再び小売業への転身を図ろうとしていた頃、北九州・小倉の丸和フードセンターから力の許《もと》に、一本の電話が入った。

丸和は一九五七（昭和三二）年七月、本店と川をひとつへだてた向かい側に七十坪の別館を設け、ここを「主婦の店」全国三号店とした。ここでは主に衣料品、化粧品、薬品などを扱う予定だったが、北九州市の薬品小売組合の猛烈な反対運動にあい、薬品を扱えなくなりそうな事態に陥った。

丸和からの電話は、その危機を何とか救ってもらえないだろうか、という救援の電話だった。当時、大阪の「サカエ薬品」の名は九州にまで鳴り響いていた。次兄の博とは袂《たもと》を分かったとはいえ、「サカエ薬品」との関係は依然つづいており、力はこの依頼を二つ返事でひき受けた。

力はトラック一杯の薬を積んで小倉へ出かけ、十日間ほど泊まりこんで商品の陳列を手伝った。

それから二カ月後の九月二十三日、大阪・千林にダイエーの一号店がオープンする。この店の正式名称は、「主婦の店・ダイエー薬局」である。これはいうまでもなく、丸和の吉田との深いかかわりからだった。

力がいう。

「丸和さんの薬品売り場の開設についていろいろとお手伝いをした経緯がありましたので、吉田社長から、主婦の店という名前を使ってもらっても結構だ、加盟費も何もいらない、といわれました。当時、吉田さんは丸和の社長であると同時に、〝主婦の店〟全国チェーンの会長という立場でもありました」

当時、〝主婦の店〟は「開店する前から地域の物価を下げる」と、どこでも評判を呼んでいた。ダイエーが一号店に、〝主婦の店〟という名を冠したことは、ブランドイメージアップに大きく寄与したことは確かだった。

神戸・元町高架下ブラックマーケットの闇屋《やみや》、大阪・平野町の現金薬問屋、そして薬品メーカーを目指した神戸・長田区の「大栄薬品工業」、と目まぐるしい転身を繰り返してきた中内は、この店でやっと、一般消費者相手の商売につくことになった。だが中内は、千林店を開くにあたって必ずしも積極的というわけではなかった。

理由は、「サカエ薬品」の社長をつとめる弟の博との間の長年の心理的くすぶりだった。博によれば、中内は、なぜ弟が社長で、わしには何もつけんのか、としょっちゅう文句をいっていたという。

「これではいかんと思って、新しい店を探していたんです。それが千林です。店の名も同じ〝サカエ〟では具合が悪かろうと思い、大栄薬品工業からとって〝ダイエー〟としました。その社長として兄貴を送りだしたんです。

私としては、商品は〝サカエ〟から支給するから、ひとつ頑張って、小売りでチェーンを展開してくれ、というつもりだったんですが、あとから聞くと、それを逆にとったんです。あいつは、わしをほうりだしよった、〝サカエ〟の方は何とかやっていける目鼻がついたのに、まだ海のもんとも山のもんともつかん小売りの方に追いだした、そういうふうにとったんです」

しかし、「主婦の店・ダイエー薬局」は、中内のそんな猜疑心《さいぎしん》を吹きとばすような売れ行きを示した。

大阪・淀屋橋《よどやばし》から京都方面に向かう京阪電車で七つ目の千林駅をおりると、かなり大きなラーメン屋が、すぐ目の前にとびこんでくる。いまから四十年前、ここにダイエーが一号店を開いた。

千林は戦後間もない頃から、通称天六（天神橋六丁目）、阿倍野の駒川《こまがわ》と並んで、大阪の三大商店街の一つに数えられていた。

千林商店街にはいまも、戦後の闇市《やみいち》のにおいが、かすかだが漂っている。

黒焼き赤まむしの漢方薬局の隣に、天プラ屋、その隣に宝石屋、そのまた向こうに、猿股《さるまた》、ステテコを山と積んだ下着屋……。何の脈絡もない店がざっと二百四十軒、六百六十メートルにわたってひしめきあっている。

商店街を少し離れた京阪電車のガード下近くの路地裏には、昔の〝青線〟の名残りをとどめるいわくありげな一杯飲み屋と旅館が、くすんだ映画セットのように軒をつらねてうずくまっている。

〝日本一の商店街〟とも呼ばれるこの街は、陰陽道でいけば、大阪の中心の大阪城からみて東北すなわち丑寅《うしとら》の方角にあたり、万事に忌《い》み嫌われる場所だった。

千林から京都寄りに十駅先に行ったところに香里園という駅がある。一九三一（昭和六）年、この駅の東に、成田山新勝寺の別院が建立《こんりゅう》された。京阪電車が〝除霊〟のため誘致したものだった。

大阪と京都を結ぶ京阪電鉄に乗って気がつくのは、車輛《しゃりょう》の一輛ごとに〝魔除《まよ》け〟のお札が貼《は》ってあることである。なるほど鬼門を走る電車とはそういうものなのかと感心しながら、ふと車内に掲示された路線図をみた。私はそこでもまた一つの発見をする思いだった。

千林から京都寄りに五つ先に行ったところに、門真《かどま》市という駅がある。門真市はいうまでもなく松下電器産業の本社が置かれているところである。

戦後高度経済成長というものを考えた場合、それを支えた一方の旗頭は間違いなく電気製品だった。テレビ、電気洗濯機、電気冷蔵庫は〝三種の神器〟と呼ばれ、日本の一般大衆はそれを手に入れることで高度経済成長がよそごとではなく、まさに自分の生活に根本的改革をもたらす出来事だったことを肌身にしみて実感した。

高度経済成長を支えたもう一方の旗頭は〝消費〟だった。〝よい品をどんどん安く売る〟というダイエーの初期のキャッチコピーは、戦後復興からようやく立ち直った日本の庶民に、金さえあれば何でも買える消費生活の楽しさを強烈かつ楽天的に訴えかけるものだった。

高度経済成長を支えたその二つの柱が、いずれも関西の鬼門の方角から誕生したことに、私は強い興味をおぼえた。高度経済成長とは、過去の風習をすべて因習、封建制として捨て去り、日本人の生活意識を経済合理主義一本やりに染めあげていった歴史だったともいえるからである。

戦後の高度成長を象徴するその両社が、その後、カラーテレビの再販価格をめぐって激しく対立することも含めて、私は大阪から北東に延びる京阪電車の路線が、高度成長の背骨をなす最も主要な道筋のように思えてならなかった。

この街のなかほどで陶器屋を営む、千林商店街振興組合理事長の山本正夫によれば、千林商店街が最もにぎわいをみせた昭和三〇年代、ここには毎日三十万人もの買物客が押し寄せ、反対側の店に行くにも、体をななめにし、人の波に乗るようにしなければ、幅六メートルの道を渡ることすらできなかったという。

ダイエーが産声《うぶごえ》をあげたこの商店街は、サティ、ビブレなどを展開する、もう一つの大手スーパー、ニチイ（現・マイカル）の発祥の地としても知られている。

旧ニチイは、ハトヤ、岡本商店、ヤマト小林商店、エルピスの四社が合併してできたものだが、そのうちの一つの岡本商店はこの街で創業し、ダイエーの出店に少し遅れニチイとして再出発した。

一九六三年十一月、四社が合併してニチイが誕生したとき、初代社長となったのはハトヤ出身の西端行雄（故人）だった。あまり西端の店が混雑するので、女店員が万引の疑いを無実の客にかけたことがあった。すると西端はすぐさま、「おゆるしくださいお客様、お詫《わ》びセール」と銘打った特売セールを打った。この挿話は、商人道を物語る際の亀鑑《きかん》としてよく知られている。

昭和三〇年代のにぎわいこそもうなかったが、売り買いというものが本来もっている活気と熱気と発見にみちたこの二つのスーパーを誕生させた商店街を歩いていると、機械的なだけで、店員とのやりとりを含めた買物の楽しさがなにもないスーパーなど実は不要なのではないか、という皮肉な思いが一瞬頭をかすめる。

前出の山本によれば、戦前の千林は見渡す限り田んぼで、商店と名のつくものは、万《よろず》屋《や》が二、三軒あった程度だったという。

「この街が発展したのは戦後のことや。大阪の中心部は全部戦災で焼けたため、焼け出された商売人たちが当時ガラ空きだったここに集まってきた。大阪の南は海、西は神戸、南東は和歌山で、逃げて新しく商売するには、北東の京阪沿線しかなかった。大阪の中心からみて、方角的には〝鬼門〟やったが、そんなことをいっているような場合じゃなかったんや」

山本が述懐した次の話は、中内という最も〝戦後的〟な人間と、やはり〝戦後〟が生みだしたこの街のとりあわせを語って、興味深い。

「実はこの街も、昭和二〇（一九四五）年の八月十五日に爆撃される予定やった。前日には、ここから五百メートルも離れていない一帯がえらい空襲を受けた。ねんねこ半纏《ばんてん》に赤ん坊を背負った母親が次々とここへ逃げこんできたんやが、みると、みんな赤ん坊の首がない。逃げる途中で爆風にやられたのやろうが、逃げるのに夢中で気がつかないのやな」

山本によれば、千林商店街は、他に逃げ場のなかったこれらの被災者の群れと、京阪沿線の門真市、守口市一帯の松下電器産業や三洋電機など家電大メーカーの工場に、戦後、労働者が大挙して集結したことによって形成されたという。

前にもふれたように、〝家電〟と〝消費〟は、戦後高度成長の最大のシンボルだった。

中内が読売新聞の三行広告をみて借りたのは、千林駅前の二十六坪の店で、元は台湾人オーナーが経営するパチンコ屋だった。

開店前日、中内以下十三人の従業員はベニヤ板を敷ブトンにして、棍棒《こんぼう》片手に店に泊まりこんだ。暴力団の殴り込みに備えるためだった。というのは、「サカエ薬品」の繁盛で〝安売り・中内〟の名は業界に鳴り響いており、製薬メーカーや薬の小売商たちが暴力団を雇って中内の店をつぶす、という噂《うわさ》が流れていたからである。

中内がメーカーにあまりにも激しい敵愾心《てきがいしん》を燃やすので、こんな忠告をする友人もいた。

「五万円も出せば香港から殺し屋が雇える。あんまり無茶せん方がええデ」

心配された暴力団の襲撃はなく、翌二十三日午前九時、ダイエー第一号店はオープンした。ダイエーのマークはまだなく、看板の真ん中には〝主婦の店〟の「主」という文字を二重の丸で囲んだマークが飾られた。中内はジャンパーにゴム草履で陣頭指揮に立ち、夜十時までの十三時間、全員が立ちん坊のまま売りに売りまくった。

初日の売り上げは二十八万円だった。千林の繁盛店でも一日一万円の売り上げは至難とされていた時代である。終日、客はひきもきらず、従業員が客にはじきとばされ、店内に入れなかった。

人気の理由は、一にも二にも〝安さ〟だった。当時、定価百円のサロンパスが五十八円、他の商品もすべて三割、四割引きの値段で売られた。

開店記念として映画のキップをつけたことも功を奏した。当時、ここには「千林松竹」という映画館があり、一週間後に木下恵介監督、佐田啓二、高峰秀子主演の話題作「喜びも悲しみも幾歳月《いくとしつき》」が封切られる予定だった。

百円以上買った客に、その映画の無料招待券が配られた。無料招待券の仕入値は一枚平均十二円五十銭だった。もらう方は百円の買物で百円の映画券がもらえる。つまり買物の代金はタダになるというので喜び勇んで買いにきたが、中内は中内できちんと採算をとっていた。

「千林松竹」の収容人員は、立ち見を含めて約六百人だったが、ダイエーで無料招待券をもらった客がそこに千人以上も押し寄せた。当時の映画館の支配人、千賀藤祐は、「二階の床が落ちやしないかと気が気でなかった」と語っている。

この頃、日本全国には現在の四倍以上に相当する七千五百軒の映画館があり、映画人口も現在の十倍あまりの十億人にものぼっていた。映画は完全に〝娯楽の王様〟の座に君臨していた。「千林松竹」はそれから四年後の一九六一年七月、ダイエーの千林二号店に生まれかわった。この頃になると、映画産業は衰退の兆《きざ》しをみせはじめ、映画館はスーパーやパチンコ屋にとってかわられていった。現在、ディスカウントストア「トポス」にかわった千林二号店は、そうした日本映画産業の低落状況を示す生き証人ともいえる。

しかし千林店の爆発的人気は三日間でピタリと止まった。四日目の売り上げは、開店初日の売り上げの四分の一をわずかに上回る八万円だった。売り上げは、その後も復調せず、連日二万円前後と低迷した。

これは、ダイエーの三軒隣にあった京阪薬品（現・ヒグチ産業）と、やはり近くにあった森小路薬局が、ダイエーに対抗して猛烈な安売り攻勢をかけてきたためだった。

中内がいう。

「千林のお客は本当にシビアやった。〝おたくなんぼです〟と聞いて、隣に行く。すぐ引き返して〝やっぱりおたくがいちばん安かった。おくれ〟。こうやからな」

猛烈な安売り合戦がつづいた。ダイエーの売れ行きが、ピタリと止まる。

「隣みてこい」中内が命じる。「うちより三円安い」「よっしゃ、五円下げいや」

従業員たちはふんどしビラを書きかえるため、泥絵の具をもって狂人のように走り回った。

中内は二軒隣にあったうどん屋の「吉田屋」で、立ったまま鴨《かも》なんばんをすすり、従業員にビタミン剤を配って回った。

乱売合戦は評判を呼んだ。

新聞の募集広告をみて「サカエ薬品」に採用され、そのまま商品の入った段ボール箱と一緒に、トラックに乗せられ千林に連れていかれ、その日から働かされた薬剤師の内藤宏によれば、両手で荷物をもてるよう、首からゴムひもでつった定期券をぶらさげた客が、京都あたりからやってくることも珍しくなかったという。

また、神戸・元町ガード下の「友愛薬局」時代から中内と行動を共にし、千林店の店長に抜擢《ばってき》された末角要次郎によれば、商品が品切れしたときには、隣の京阪薬局から小売値で買ってきて、それを損覚悟で、値引き販売したこともあるという。

だが、同一商品の乱売合戦は自らの首を絞めるだけだった。中内も専務の力も会長の秀雄も頭をかかえこんだ。そのとき力が、北九州・小倉の丸和に相談してみよう、といいだした。丸和には、数カ月前「サカエ薬品」から商品を送っており、いわば商売上の〝貸し〟があった。

連絡をとると、さっそく吉田の部下の阿部という丸和の常務が千林にとんできた。阿部は丸一日がかりで店内を詳細に点検し、こんなアドバイスをした。

「店の半分を改装して、食品を扱ったらどうでしょう。特に菓子類は絶対に置くべきです」

結果からいえば、この診断が千林店を再び黒山の人だかりがする繁盛店によみがえらせた。のちに千林店では菓子類を量り売りから袋づめにして売るようにかえるが、これも阿部のアイディアだった。

丸和の診断を仰ぐことを提案した力によれば、これはダイエーにとって、ドラッグストアからミニスーパーに転換する歴史的な出来事だったという。

「食品、とりわけお菓子という商品の強さに驚かされました。まだ食品分野にはディスカウントがそれほど広がっていませんでしたので、なおさらでした。薬は一カ月に一回買いにくる程度ですが、食品は毎日でもお客さんがくる。丸和さんの適切なアドバイスによって、ダイエーの初期店舗展開が成功したといってもいいすぎではありません」

中内本人はこの点について、「自分ははじめからスーパーを考え、チェーン化を考えていた」と語っているが、それは創業者にありがちな〝神話化〟というものだろう。少なくともダイエーの初期を語るとき、〝主婦の店〟運動を提唱した丸和の吉田を抜きにすることは絶対にできない。

商品構成を薬品中心から食品中心に切りかえたのを境にして、千林店の売り上げは急カーブを描いて上昇した。

一九五七年の大晦日、千林商店街を埋めつくした買物客たちは、まるでつかれたようにダイエーに吸いこまれていった。閉店したのは翌日元旦《がんたん》の午前二時すぎだった。売り上げは百万円を記録し、店内に残っていたのは歯ブラシ三本と、オカキ二袋のみだった。ダイエー一号店の売り上げに大きく寄与したのは菓子類だった。

昭和三〇年代初頭、日本にはまだそれほどテレビが普及していなかった。駅前の〝街頭テレビ〟か、町内の裕福な家にあるくらいのものだった。放送時間も限られており、その時間帯になると近所の子供がテレビのある家に集まるというのが、ごくふつうにみられる光景だった。

そうしたときに茶菓子でもてなしたり、手みやげに菓子をもっていったりするのが、一般的な庶民のふるまいだった。その場面に高級菓子は必要なく、量り売りの駄菓子はもってこいのものだった。

「サカエ薬品」以来の、メーカーに対するむきだしの闘争心がダイエーの原点であるとするならば、商売人・中内を開眼させたのは、千林のしたたかな商人たちと、格式にとらわれない客だったといえる。

中内はいう。

「千林店のすぐ裏は〝青線〟やったんやが、そこで働く姐《ねえ》ちゃんたちには鍛えられましたワ。菓子二百グラム量るのに、多めに入れてから減らす。そうするとエラい剣幕で怒鳴られまして……。〝おっちゃん、感じの悪いことせんときッ。百八十グラム入れて、あとで足していったら感じいいやないか〟。自分の肉体売ってるわけですから、商売に関してはほんま、プロ中のプロやった」

とんでもない注文もきた。

「おっちゃん、海綿ないか」

「なにするんや」

「けったいなこと聞きいな、このイケズ！」

海綿は生理中の彼女たちの商売に欠かせない小道具だった。

千林駅をおりる客を一人残らず動員しようと、中内の発案で駅からいちばん目立つ建物の屋上に「千円札で千三百円の買物ができる店」という看板が掲げられた。

中内は千林店で、文字通り不眠不休で働いた。中内は千林店がオープンする五年前の一九五二年十一月、岡山出身で七歳年下の妹尾萬亀子《せのおまきこ》と結婚し、五五年に長男の潤、五七年に長女の綾の二子もすでになしていた。だが、神戸の高級住宅街・御影《みかげ》の自宅に戻るのは、いつも深夜で、家庭を顧みる余裕はまったくなかった。

だいたい中内は見合いの席からして商売の都合ですっぽかし、一週間の予定で出かけた別府・阿蘇《あそ》への新婚旅行も三日で切りあげて帰り、仕事をはじめるような男だった。

神戸から別府航路で新婚旅行に出かけた中内夫妻は別府で地獄めぐりをしたあと、ホテルに泊まった。中内は新婚の妻に「きみはそこへ寝とれ」といって、別室に入った。気がつくと、中内がほうぼうにかけているらしい電話の声がする。

しばらくすると客が現れ、襖《ふすま》ごしにクスリがどうのこうのという会話が聞こえた。客は入れかわりたちかわり八人も現れた。中内は新婚旅行先でも、商談をしていたのである。

忙しさにかまけ、子供にも何一つ親らしいことをしてやれなかった。とりわけダイエー一号店がオープンしたときに生まれた長女の綾には、ずっと不憫《ふびん》な思いを抱いてきた。中内は、いまでもときどき小学校を皆勤賞で通した綾のランドセル姿を思い出して涙ぐむという。

一九八〇年、綾は神戸の名門商事会社、近藤忠の御曹司と結婚したが、まもなく離婚、八五年、三井不動産につとめるサラリーマンの浅野昌英と再婚した。浅野は旧浅野財閥と旧三井財閥の血筋を引く名門の出で、現在、ダイエーグループのディベロッパー、イチケンの社長である。

将来のダイエーグループの一翼を担《にな》う上場企業の社長夫人となった綾は、七歳の頃、ある週刊誌に中内の人生論を書いた詩人の寺山修司のインタビューに答えて、父親のことをこう語っている。

「パパはとってもやさしいひとよ。だけど、いまは会社に行ってて、ズーッとウチにはいないの」

第七章　牛肉という導火線

一九五八年十二月、中内は自分のフランチャイズともいうべき神戸に舞い戻った。元町ガード下を根城に、黒長靴《ちょうか》に飛行服姿で密輸のペニシリンを売りさばいてまわっていた頃から、もう十年の時が流れていた。

中内が第二の出店地として神戸を選んだのは、そこが事実上の生まれ故郷という理由からだけではなかった。そんな情緒的なことよりも中内はまず、神戸という街のもつ独特の風土に目をつけた。

前に述べたように、神戸は賀川豊彦が心血を注いで育てあげた生協運動発祥の地である。神戸市民の間には戦前から、他の都市にはみられない消費に対する意識の高さがあった。加えて、神戸には種々雑多な外国人が混然一体となって住んでいる。それだけに、どんな新しい物でも呑《の》みこんで消化してしまう旺盛《おうせい》なエネルギーを兼ねそなえていた。逆にいえば、植民地的な性格を開港以来もたされてきたこの街は、流行に敏感でおっちょこちょい、新しいものなら何でも飛びつくという精神風土をもっていた。

中内はこの点について次のように述べている。

「ええもんを安く買えたらええやないか、という経済合理性を神戸人は身につけている。へんな店で買っても、別にそんなことは気にしない。それだけに〝主婦の店〟運動も一番よく理解してもらえるだろうと思っていた」

中内が神戸・三宮に目をつけたのは、こうしたことに加えて、三宮が戦後神戸の中心的繁華街で、阪急、阪神両電車のターミナルという条件をもち、しかも神戸で最も乗降客の多い国鉄（現・JR）三ノ宮駅を控え、最も集客力にすぐれていると判断したためだった。

とはいえ、店周辺の環境は劣悪といってよかった。現在の三宮からはとても想像できないが、ダイエーが出店した三宮センター街の一帯は、通称〝ジャンジャン市場〟と呼ばれ、終戦以来、バラックや屋台の一杯飲み屋、ホルモン焼き屋、にぎりメシ屋などが密集し、日雇い労働者たちがメチルアルコールや焼酎《しょうちゅう》の一種のバクダンを求めてやってくるような場所だった。昼間から酔っぱらいが徘徊《はいかい》し、ダイエーが相手にする主婦たちが近寄れるような場所ではなかった。

だが、ダイエーが開店すると、そんな劣悪な環境にもかかわらず、狭い店内は、ダイエーは安いという評判を聞きつけた主婦たちでごった返し、店はすぐに飽和状態に達した。

四十坪の店はすぐに手ぜまとなり、翌五九年四月、そこからセンター街を西に約百メートル行ったところの自転車倉庫を買いとり、そこに百七十坪の店を出した。千林店も三宮一号店も、薬品、化粧品、雑貨、日用品、菓子類などがメインだったが、ここでは食料品、衣料品などの分野を思いきって拡充し、はじめて本格的なスーパーを目指した。

ダイエーの財務を担当していた中内力は、この店をはじめてみたとき、ここなら野球もできる、と思ったという。

「それまでは二十八坪に四十坪の店だったものですから、百七十坪の店をみたときは、本当に広いな、と思いました。当時は資金もありませんでしたので、一括ではとても買いとれず、銀行から借りた金でまず百坪ほど買収し、残りは入金次第分割払いするなど、いろいろと工面算段したものです。

兄貴は銀行には一切行きませんでしたから、資金繰りはすべて私がやりました。当時、スーパーといえば、スーッと現れてパーッと消える商売だと誰もが思っていましたので、それなら余計、決算をガラス張りにしなければいかんと、二カ月ごとの決算報告書を融資銀行にもっていくようにしました。

これは私が(東京)銀行の出身で、神戸商大で会計学をやったせいかもしれません。銀行の方もそれで安心し、スーパーというものを十分理解してくれたんだと思います」

この当時、ダイエーの取引銀行は、神戸銀行(現・三井住友銀行)と、後述する東海銀行の二行がメインだった。

一九五三年に神戸銀行に入行し、六二年に審査第一部課長代理に就いて以来ずっとダイエーを担当してきた泥達郎は、力と中内の経営に対する考え方は最初から対照的だったという。ちなみに泥は、力とは神戸商大の同級生という間柄である。

「中内さんは完全にカンの人でした。中内さんはいつも天性のカンで、この地域に出店すればうまくいくという見極めで計画をたてていた。

力さんはこれに対し、地図とコンパスをもってきて、机の上に地図を広げ、出店予定地から半径何キロメートル以内かの円を描く。そして、その商圏のなかに、家が何軒あって、人口はこのくらいある、だから店はこれくらいの大きさで、品揃《しなぞろ》えはこうすべきだ、という具合に、理詰めで計画を練っていた」

泥の目には、中内と力のとりあわせは絶妙のコンビネーションにみえたという。

「もしお二人がダイエーをやめて別の仕事につくようなことがあれば、お金を返してからにして下さい。また、もしものことがあったら困るので、兄弟で御一緒に飛行機に乗ることはやめて下さいと、よく冗談でいったものです」

しかし、それから約十年後、二人の間に決定的な亀裂が走り、力は中内の力業にねじふせられるようにしてダイエーを追い払われることになった。

その一つの遠因となったのは、創業からまもなく、力の神戸商大時代の同級生を中心とした人材が、力に請われる形でダイエーに続々と入社してきたことだった。

彼らはすぐに幹部に登用されダイエー急成長の原動力となったが、中内にとっては不安の種ともなった。彼らは次第に〝力一派〟を形成して社内のヘゲモニーをにぎり、いつか自分の権力を奪取するのではないか。その疑心暗鬼が、兄弟相克のそもそもの伏線となった。

三宮二号店が開店した翌日の一九五九年四月二十六日、神戸新聞の市民版に、こんな記事がのった。これはダイエーを紹介した神戸での最初の記事だった。

〈……すでにスーパーマーケットは姫路、明石などにあるが、いずれも食料品類が主で、衣料品、薬品、化粧品、日用雑貨品、食料品などをそろえた総合的な主婦の店はこれがはじめて。

スーパーマーケットは全部セルフサービス。入口に買物カゴがおいてあり、客は自分の必要な品物を勝手に選ぶ。買い終ったあと品物をまとめて精算する仕組み。同店の説明によると、このため人件費が節約でき、それだけ品物が安くなる。

百人の店員が必要な商店でも、スーパーマーケットでは三、四十人で運営でき、値段も市価より三割ぐらい安くなるという〉

ここで面白いのは、ダイエーを〝主婦の店〟の代表的存在と見なしていることである。

前にもふれたが、〝主婦の店〟運動の最初の提唱者の吉田日出男は、この頃、全国を行《あん》脚《ぎゃ》しながら各地に〝主婦の店〟をつくっていた。

吉田は将来、各地に散らばった〝主婦の店〟の各店舗を、ボランタリー・チェーンにまとめあげる構想をもっていた。だが、〝主婦の店〟はこの時点ではまだ、各店同士のゆるい同志的結合体にすぎなかった。ボランタリー・チェーンとは、任意連鎖店とも呼ばれ、同じ業種の小売店が経営的には独立しながら、商品の仕入れや販売促進などを共同で行う形態のことをいう。

しかし、中小小売店の組織化は「南京豆で握り飯をつくるようなもの」と、当時からいわれていたように、吉田の構想は結局、画餅《がべい》で終わることになった。

これにかわって、中内が超ワンマンとして君臨するダイエーが、庇《ひさし》を借りて母屋《おもや》を乗っとるように、あたかも〝主婦の店〟の本家本元でもあるかの如《ごと》くにふるまい、世間もそれを素直に受け入れていった。

セルフサービス方式をどこよりも早くとりいれる先見性をもちながら、明治生まれらしく、どこかいつも〝商道〟にこだわりつづけた吉田と、大正生まれで、若い頃は新聞記者を目指していた中内との差は、つまるところマス・メディアの利用法を心得ているかどうかの差だった。

一九六〇年代に澎湃《ほうはい》として起きてきたわが国の〝流通革命〟の背景として、大量生産システムの確立、消費能力の向上、都市新中間層の増大などに代表される社会構造の変化、労働時間の短縮にともなう余暇時間の増加などがあげられる。だが、もう一つ忘れてならないのは、マス・メディアと広告宣伝活動の急速な発達である。

この当時実施されたある調査（社会構造研究会「ホワイト・カラーの意義」）で、都市生活者の三七パーセントが、ビタミン剤、肝臓薬、強壮剤、睡眠薬、精神安定剤などを常用しているという実態が明らかにされた。

戦前、薬を常用するのは半ば病人を意味していた。そのことを考えあわせれば、これは医学知識の普及という以上に、マスコミによる宣伝の効果の大きさを抜きにして考えることはできない。

ダイエーが驚異的に伸びた最大の理由の一つにあげられるのは、こうした社会状況の激変期に、中内が三十代なかばという最も働き盛りの年齢で出会ったことである。

神戸新聞の記事はこうつづけている。

〈この店は売場面積約四百平方メートルで、神戸を中心に加古川〜尼崎間の客を対象にする。センター街のどまん中でのダンピングだけに、付近の商店街の一部には「二割も三割も安く売られては大きな打撃だ」という声もある。

これに対し同店は「最近のように製品が大量生産され、購買力も向上すると販売方法は当然セルフサービスのように簡単なものになる。値段を安く、よい品物

を提供するのは商人の使命なので、自信をもってスーパーマーケット方式を進めていく」といっている〉

日本はアメリカを三十年遅れて追っている、とはかつてよくいわれた。この言葉は、スーパーマーケットというものを例にとるとよくわかる。

アメリカにスーパーマーケットが登場したのは、一九二九年にはじまる世界大恐慌《きょうこう》下のことだった。国民経済は疲弊し、商人は大量のストックを抱えこんだ。この過剰商品をどうさばき、購買力を失った消費者にどう売るか。そこから考えられたのが、都心を離れた郊外の安い土地でガレージを使い、セルフサービス方式によって商品をできるだけ安く売るスーパーマーケットだった。

そのとき彼らが広告のキャッチフレーズとして頻繁に使ったのは、〝価格破壊〟という言葉だった。

そのアメリカから遅れることちょうど三十年目の一九五九年、中内もまた〝価格破壊〟を最大のスローガンにして、業績を飛躍的に伸ばしていった。

三宮二号店の開店からちょうど一カ月後の五月二十五日、神戸新聞に、〝主婦の店〟ダイエーの最初の新聞広告が載った。

「あなたのおかげで美しい大きな店に生れ変り、移転しました」というキャッチコピーの下に、いくつかの商品の値段が並べられている。

［薬品］
一般品……三割引以上
特殊品……五割引以上（絶対他店の追随を許さぬお値段）
［化粧品］
一般化粧品……三割五分引以上
チェーン品……二割引以上
［衣料品］
旭化成トリコットショートパンツ……五十円
婦人用ウーリーナイロンソクレット（一足）……五十円
ナイロンレース付スリップ……百六十円
紳士高級四十番ブロードカッター……三百二十円

またチラシも第一報から第二十九報まで絨毯《じゅうたん》爆撃のようにバラ撒《ま》かれた。その第一報に書かれた「おかげさまで冷房装置が出来ました」というコピーは、いかにも六〇年代という時代を感じさせて、いまとなっては微笑《ほほえ》ましい。

大阪・平野町の「サカエ薬品」にキャッシュレジスターをセールスしに行って以来、中内と顔なじみになった元日本NCR社員の荒屋勝は、三宮店の雰囲気をいまでも印象深くおぼえている。

「三宮の店はたいへんな繁盛店で、問屋の人たちも団体でよく見学にきてました。店内には中内さんの肖像写真が飾られ、その下に〈私が社長の中内です、云々《うんぬん》……〉という自己紹介の文章が書かれていました。

これはアメリカのスーパーマーケットのやり方と、まったく同じなんです。それをみたとき、中内さんは随分アメリカ流スーパーマーケットのやり方を勉強しているな、と感心した記憶があります」

この頃、ダイエーの店舗はまだ千林と三宮のわずか二店舗（三宮の一号店は二号店のオープンと同時に閉鎖）にすぎなかったが、この年、ダイエーの売り上げは早くも十四億円を突破した。

この売り上げに決定的に寄与したのは、三宮二号店新装オープン記念の目玉商品として売り出した安売りの牛肉だった。

中内がフィリピン戦線で敵の手榴弾《しゅりゅうだん》を浴び、瀕死《ひんし》の重傷を負ったとき、遠のく意識のなかで、スキ焼きの匂《にお》いを思いだしたということは前にふれた。中内にとって牛肉は、消費者を獲得する目玉商品であったばかりではなく、忘れても忘れきれない苦痛な戦争体験につながる骨がらみの商品でもあった。

安保闘争のあおりを受けた岸（信介）内閣が総辞職し、そのあとを継いだ池田（勇人）内閣が、高度経済成長政策、国民所得倍増政策を発表するのは、翌一九六〇年のことである。

日本経済は岩戸景気といわれた空前の活況期に入り、国民の食卓は急速に豊かさに向かっていた。

その象徴が庶民にとってはまだ高嶺《たかね》の花の牛肉だった。とりわけ肉といえば豚肉や鶏《とり》肉《にく》でなく、牛肉だと頭から信じ込んでいた関西人は、ダイエーの牛肉安売りにまっすぐに飛びついていった。

牛肉はこの当時、安い店でも百グラム七十円、高い店では百円していた。それを三宮店は破格の三十九円で売り出した。

百グラム三十九円の牛肉は売れに売れた。だが一カ月もすると、その目玉商品はたちまち品薄となった。ダイエーの安売りに脅威を感じはじめた周囲の精肉商たちが、ダイエーへの納入をストップさせようと、仕入先の枝肉商に圧力をかけてきたためだった。

中内は枝肉がダメなら生きた牛を買おうと何人かの若い社員を引き連れて神戸の家畜市場に出むいた。そこで買った立ち牛を隣の屠場《とじょう》でさばいてもらい、店頭に並べようというのが、中内の考えだった。

中内は千三百円の手数料を支払い、買ったばかりの和牛の屠畜現場に立ち会った。

振りあげられたハンマーが牛の眉間《みけん》を割った。牛の巨体は、その場に地響きをあげて崩れ落ちた。

中内に随行してきた社員たちは、みな顔面を蒼白《そうはく》にひきつらせ、その場にへなへなと座り込んでしまったが、中内だけは仁王立ちして、一瞬のまばたきもせず、この光景を最後まで脳裏にきざみつけた。

この話は、いまや中内ダイエーを語る際の神話となっている。

しかし、生きた牛を買い、それを一頭、一頭屠畜して店頭に並べるという方法には、やはり無理があった。この方法では皮や内臓の処理ができず、結局、赤字が増えつづけるだけだった。

みんながいうようにやはり肉は素人《しろうと》には扱えんのか、とあきらめかけた頃、中内はひとりの枝肉商に偶然出会った。それが上田照雄、通称ウエテルとの最初の出会いだった。

私とウエテルは奇妙な縁で結ばれている。その縁は、いわば中内がとりもってくれたものだった。

私がウエテルと会ったのは、一九八〇年春、中内ダイエーをはじめて取材したときである。

一九七五年三月の出店表明以降、大規模小売店舗法に基づく商業活動調整協議会（商調協）で、四度のゼロ回答を出されながらどうにか決着、やっと出店にこぎつけた熊本店のオープンに際してのことだった。

熊本店オープンの店内巡回には、十人近くの側近たちが油断ならない視線を光らせながら、中内のまわりをとり囲むように随行していた。そのなかにプロレスラーを思わせるひときわ屈強な男がいた。それがウエテルだった。

私は中内に随行したウエテルのいかつい顔と体つきをはじめてみたとき、正直、暴力団の組長かと思った。激烈な反対運動を抑えて熊本に進出した中内が、反対派のテロを恐れて、組関係者を雇ったのではないかとひそかに感じたのである。身の丈は百八十センチ以上あり、体重は優に百キロを超えていた。

その夜、熊本市内の馬肉屋に入り、ウエテルの話を聞いた。彼の話は抱腹絶倒の連続で、私はその粗削りな語り口の魅力に、たちまちひきこまれた。

「車はいつも百キロ以上でとばすことにしとるんや。赤信号？　そんなもんかまへん。ありゃ、注意の合図や。

女？　そりゃようけいるで。ワシはスッチャデスがごっつう好きでな。飛行機はいつも一番前の座席に座ることにしとんのや。むろん口説くためや。ひい、ふう、みい……っと、そやな、もう七人は口説いた。

愛人で囲う？　そんなもったいないことせえへん。みんな、うちの肉工場で働いとる。

大きな牛刀もって肉を器用にさばきよる。みんなよう働きまっせ。愛人兼工場長や、ワッハハハハ……」

ウエテルの話の面白さは、野性そのままの人物を主人公とした中上健次の小説をはるかにしのいでいた。私は彼に、ある意味で中内に勝る魅力を感じ、同時に、中内がウエテルをいつも身近においておく理由がよくわかるような気がした。

これは中内を長年みてきて直感的に感じることだが、中内は自分より屈強にみえる男を従えて歩くのが好きである。それが、人知れぬコンプレックスゆえなのか、それとも人並み外れて強い支配欲ゆえなのかはわからない。だが、中内のまわりに、〝主君〟のためなら馬前に討死にするのも辞さないという屈強で心強い〝忠臣〟が、少なくとも十数年前まで必ずつき添っていたことは確かである。

彼ら〝忠臣〟に子供じみた無理難題をふっかけて〝忠誠度〟を試すというのが、中内一流のやり方だった。中内は激すると手にしたものを相手に投げつける困った癖があるが、それをよけたのでは中内を激昂《げっこう》させるだけで、彼の〝忠臣〟はつとまらない。

中内と二十年以上のつきあいがあるウエテルは、中内の強そうで弱く、弱そうで強いそうしたアンビバレントな性格を最もよく知り抜いた男だった。ましてウエテルはダイエーの社員でもなく、自ら〝黒子〟に徹しきっていた。中内もウエテルに関してだけは、相手との間あいを見はかりながら〝忠誠度〟を試す必要がなかった。逆にいえば、子供っぽい虚勢をウエテルの前で張っても仕方がないことを、中内の方でも知りぬいていた。野卑にみえて繊細で、愚かにみえて実は賢く、そして田舎を回って一頭、一頭牛買いする零細ブローカーから最後は年商百億円をあげる畜肉商まで自分の腕一本と度胸一つでのしあがったウエテルは、やはり裸一貫からのしあがってきた中内にとって一番心の安まる相手だった。

社内で思い屈することがあると、中内は、山口組系暴力団・山健組事務所のまん前にあった神戸・花隈《はなくま》のウエテルの事務所をよくたずねた。中内は「あそこは本当に気のおけんとこやった。勝手にあがりこんでは棚にズラッーと並んだナポレオンをしょっちゅう飲んだもんや」と語っている。

中内が「後からついてくる牛の足音を聞いただけで、その牛の目方がわかる男」と驚嘆したウエテルこそ、初期ダイエーを急成長に導いた最大の功労者であり、中内が素っ裸になれる本当の〝戦友〟だった。

そのウエテルは私と熊本で会ってからわずか四カ月目の八〇年八月、五十三歳という若さで急逝した。

そのとき中内から私にこんな電話が入ってきた。

「ウエテルが昨日死んだ。あなたとも因縁のあった男やから、どうしても彼の評伝を書いてやってほしいんや」

涙声だった。あとから聞くと、中内はウエテルの訃報《ふほう》に接したとき、「ウエテルもワシと付きあわんかったら、もっと長生きできたやろう。本当にかわいそうなことをした……」

といって、あたりをはばからず号泣したという。

私はその話を中内の側近から聞いたとき、中内とウエテルの強い絆《きずな》と、牛肉がダイエーを急成長させる上でいかに重要なものだったかを、あらためて知った。

中内が商売人としてはじめて扱ったのは、前述したように、軍から横流しされたペニシリンだった。薬の安売りはその後もつづき、やがて牛肉の安売りにたどりついた。

昭和二〇年代から三〇年代はじめにかけてのこうしたダイエーの足どりをふり返ったとき、私は戦後の新興宗教の爆発的普及とダイエーの初期の歴史を重ねあわせたい誘惑にかられる。

創価学会をはじめとする戦後の新興宗教が、庶民の間に沈澱《ちんでん》していた〝貧・病・争〟の不安をすくいあげることで、急速に信者数を増やしていったとはよくいわれる。

ある意味でダイエーもこれら新興宗教の道すじと軌を一にしている。薬の安売りとは〝病〟の市場化であり、肉の安売りとは〝貧〟の市場化ともいえるからである。

新興宗教団体が巨大化するに従ってかつての魅力を失い、新々宗教といわれる組織に勢力を奪われかけている点も、ダイエーとよく似ている。

話をウエテルと中内の最初の出会いに戻す。

三宮店が新装オープンしてから三カ月後の一九五九年七月のある暑い日の昼下り、中内は神戸の場末にある明治冷蔵という枝肉冷凍保管倉庫をたずねた。そこは戦前からの歓楽街の新開地にほど近く、中内が死線をこえて復員してきた実家の「サカエ薬局」とも目と鼻の先だった。

中内のその日の目的は、ある社員の知りあいという枝肉の仲買人に会うことだったが、目的の仲買人はあいにく不在だった。冷凍庫の前では何人かの男たちが車座になって将棋盤を囲んでいた。

「ワシはダイエーの中内や。誰か枝肉を売ってくれへんか」

誰ひとりふりむこうとさえしなかった。男たちの間では屠場に乗りこんだ中内の一件はすでに知れわたっていた。それゆえの無視であり、黙殺だった。そんななかで、ねじり鉢巻きに赤い毛糸の腹巻きをし、ステテコ一枚という格好の若い男だけが、中内に声をかけてきた。

「ダイエーの中内さんというのはあんたか。ワシはウエテルというもんや。なんで肉がほしいんや」

中内が、これからの日本人の食生活は必ず牛肉が中心になる、それには近代経営を阻害する因習がいまだに残る精肉業界の体質を改革しなければならない、と熱弁をふるうと、ウエテルは身を乗り出した。

「面白い男や。けど一回や二回の取引で終わるんなら、ワシもいままでの取引先を全部なくして元も子もなくなる。やるんなら、とことんや」

「それはこっちも同じじゃ」

当時、中内は三十六歳、ウエテルは三十二歳だった。二人とも人生で最も血気盛んな年頃だった。だが、精肉業界のギルド的タブーを破ることにお互い抵抗がなかったかといえば、それはウソになった。それを乗りこえさせたのは、中内のいう〝大量販売〟という言葉だった。

二人の商談は冷凍庫のなかで現物の枝肉を前にして行われた。冷凍庫のなかはまるで北極のような寒さだった。夏服姿の中内はあまりの寒さに歯をガチガチいわせながら商談をつづけ、ついに七頭分の枝肉を契約することに成功した。

牛肉は必ずスーパーの目玉商品になる。この中内の読みはズバリ的中した。三宮店の牛肉売り場の前は連日、黒山の客が押しかけ、その重圧で三カ月に一度ショーケースのぶあついガラスが割れ、肉を運ぶ三輪トラックは肉の重さで半年に一台はつぶれた。

ウエテル商店からオート三輪で運ばれた枝肉は、三宮店の二階にかつぎあげられた。

当時、店の二階は肉のさばき場所にあてられていた。ドンゴロスの袋に入った枝肉は百キロ以上もあり、中内もその重い荷物をしょってあがった。

二階の作業場には冷凍設備などなかった。というより、その必要がなかった。肉はさばくそばから売り切れた。枝肉をかつぎあげる。職人たちがさばく。三宮店の二階は戦場さながらだった。

生前、ウエテルは私にこう語っている。

「オレは中内という男に心底惚《ほ》れこんだ。これまでの得意先を全部失ってダイエーに枝肉を卸したときには、中内と心中するつもりやった」

その言葉にウソはなかった。ウエテルは生前、ダイエーの牛肉の安売りに対する業界の反発は、そりゃすごかった、ワシもダイエーと取引したため、苦労してつくった八軒の大口得意先をいっぺんに失った、ダイエーとの取引が失敗したら、沖仲仕にでもなるくらいの覚悟はしていた、と語っている。

肉の調達ルートはウエテルの〝心意気〟で何とか確保することができた。だが、中内の目指すシステマチックな肉の直売体制をつくるまでには、まだほど遠かった。

牛の解体から枝肉処理に至る工程は、昔から素人の立ち入る余地がなく、その技術を身につけるには古い徒弟制度のなかでもまれて十年はかかるといわれていた。

中内はそこに素人でもできる近代的オペレーションシステムをもちこもうと考えていた。一升ビンをわきにおき、それをのみながらランニングにステテコ姿で肉をさばくような昔気質の職人集団のみに頼っていたのでは大量販売などとても叶《かな》わない。それに、彼らとダイエーの社員たちとの融和も図らなければならなかった。

中内はこの大役を、一九六三年から採用がはじまった大卒一、二期生たちに託した。中内はあえて大卒の社員をウエテルの事務所に派遣し、すべてデータにもとづく商売をした。カン一本でやってきたウエテルは、最初、このやり方が気に食わず、

「あんたんとこの若い衆が、データ、データとやかましくいうが、いったいどんな幽霊がデータんや」

という冗談をとばして、中内を苦笑させた。

六五年にダイエーに入社、食肉部門に配属された大高弘にはこんな思い出がある。

「社員と職人さんの間には、当時もまだ、みえない溝がありました。たとえば社員食堂に行っても職人さんは職人さんだけで固まっている。社員もまた彼らに近づこうとしない。彼らはダイエーの食肉部門で働きながら、ダイエーという会社に対するロイヤリティーはなかった。

しかし、中内社長個人へのロイヤリティーはものすごくありました。社長は年末になると必ず職人さんを集めて忘年会を開いていた。ちょうどその頃、ダイエーの労組が結

成されたんですが、組合が職場にオルグにきて社長の悪口でも言おうものなら、大変でした。その人間をつかまえて零下何十度という冷凍庫に閉じこめちゃうんです」

停め役はいつも中内だった。中内が「もうそれぐらいにしとけや。やっつけるのはいいが、包丁だけはふりまわすなよ」というと、職人たちは素直にいうことを聞いた。

大高より一年早い六四年に入社した一人に小崎孝哉という社員がいる。小崎は関西学院大学レスリング部の出身だった。小崎と面接した中内が、小崎に精肉部門の近代化を図るための先兵として白羽の矢を立てたのは、その年行われる東京オリンピックに日本代表のレスリング選手として出場するという下馬評も立ったほど、小崎の体格がよかったためだった。

大学出のにおいのしないこの男なら、包丁一本で生きる気の荒い職人集団のなかでもうまくやっていけるのではないか。そう考えた中内は小崎を、プリマハムがはじめた全寮制の「竹岸食肉専門学校」に半年間ほうりこみ、屠畜《とちく》から肉のさばき方までみっちりと叩《たた》きこんだ。

小崎は中内に精肉部門に行くように命じられたとき、悩みに悩み、家族も反対した。小崎が意を決して中内の命令に従ったのは、中内の強烈な個性に電気にふれるように打たれたからだった。下世話にいえば、男心が男に惚れたのである。

小崎が精肉の仕事についた頃、父親がガンで倒れた。やっと日曜日に休みをとって病院に駆けつけようと思ったが、牛の初入荷にぶつかり、ようやく夜遅く病院に行くと、父の枕元《まくらもと》には、中内㓛の名刺がおいてあった。

前出の大高も「竹岸食肉専門学校」にたたきこまれた一人である。店の職人たちは定時で帰ってしまうため、大高ら精肉部門に配属された大卒の社員たちは店頭に肉がなくなると、屠畜場に走り、自らハンマーをふるい、さばいた肉をもって走り、それをそのまま待たせた客に売ることまでした。そうしなければ間にあわないほど、ダイエーの牛肉は売れに売れた。

まだ保冷車などというものはなく、肉を積んだトラックの後ろにドライアイスを置き、それに扇風機をあてて保冷車がわりとする苦肉の工夫をしたのも、小崎や大高ら初期大卒入社組だった。

しかし売れ行きはすさまじかったものの、百グラム三十九円では絶対に採算はとれず、内情は一頭につき一万円の赤字がでる状態だった。食肉担当者がいくら値上げしたいといっても、中内は頑として値上げを認めようとしなかった。中内がようやく折れたのは、食肉部門になんとか近代的オペレーションシステムが導入され、素人でもマニュアルに従ってどうにか肉がさばけるようになった六八年のことだった。

中内は赤字覚悟で九年間も牛肉の安売りをつづけたのである。

その一方で中内はひまをみつけると、ウエテルを連れ、国内の和牛飼育農家をみて回った。ダイエーの牛肉販売量の増加に伴い、肉牛の不足は深刻な問題となっていた。六二年秋には、鹿児島や奄美《あまみ》大島でダイエーの肉牛の肥育を依頼するまでになった。

東京オリンピックが開催された一九六四年三月、ダイエーとウエテルは共同出資で、当時まだアメリカの占領下だった沖縄に、肉牛の委託生産会社の沖縄ミートを設立した。沖縄はまだ本土復帰前で、渡航するのにも日本のパスポートが必要な時代だった。鹿児島や熊本で買った子牛を沖縄へ送って肥育し、再移入するというねらいだった。沖縄にはサトウキビやパインかすなどの飼料が豊富なため、コストダウンのメリットもあった。だが子牛の価格の値上がりなどもあり、この方法では大量の肉牛を供給することは不可能となった。そこで編みだされたのが、オーストラリア産の子牛を沖縄に運び、それを肥育して神戸に運ぶという方法だった。

この目のさめるようなアイディアを思いついたのは、中内でもウエテルでもなかった。二人が沖縄に通ううち知りあうようになり、沖縄ミートの現地代表となった現地の家畜商の多和田真利という男だった。

中内とウエテルと多和田の三人は、すでに設立した沖縄ミートとは別に、六六年八月、ナハミートプロセスを設立した。資本金は三万ドルで、多和田が八割の二万四〇〇〇ドル、ダイエーとウエテルは各三〇〇〇ドル出資した。

沖縄で六カ月間肥育したオーストラリア牛の〝本土〟への移送については、当時沖縄がアメリカの統治下にありながら準国内扱いとなっていたため、関税がかからないという利点があった。

中内ダイエーはこの方法で、年間四千八百頭のオーストラリア牛を、和牛肉同然の扱いで売りに売りまくった。

中内とウエテル、多和田との交流は、その後、急速に深まっていった。沖縄に本土資本初のスーパー、ダイナハが設立されたときも、多和田は中内と並んで代表取締役におさまった。

中内、ウエテル、多和田は、いわば牛肉を媒介とした刎頸《ふんけい》の友ともいうべき間柄だった。

多和田は、中内ダイエーの歴史を語る上で、絶対に欠かすことのできない人物だった。だが多和田に関しては、これまで中内ダイエーについて書かれた百冊近くの参考文献や、約千点にものぼるダイエー関連の雑誌記事に目を通しても、まったく記載がなかった。中内ダイエーの歴史のなかから完全に抹殺されてしまった多和田は、しかし、ウエテルと並んで中内ダイエーを急成長に導く上で必要不可欠な人物だった。

その多和田もウエテルのあとを追うようにして、九七年八月、不帰の客となった。そして生き残った中内のみ盛名をはせている。

私はいささか感傷的な気分になり、ウエテルの伝記を書くためによく通った神戸・花隈のウエテルの事務所をたずねようと思った。

生田区の花隈は、花街の風情をかすかに残した坂の多い街である。道行く人が少ないのは、この街のほぼまんなかに、山口組大幹部の山健組の事務所があるせいかもしれない。組長の山本健一、通称山健は、山口組三代目の田岡一雄の跡目を継ぐものと目されていた大物だったが、田岡の死の翌年の一九八二年二月、収監中の大阪医療刑務所で肝硬変が悪化、拘置を執行停止されて出所した一週間後に死亡した。

組事務所の周囲はものものしかった。それはいまから考えれば、それから間もなく起きた山口組若頭の宅見勝射殺事件を予感させていたからといえなくもない。

私は若い衆が道行く人々に警戒の目を怠らない組事務所の前をなんべんも通りすぎながら、ウエテルの事務所をさがした。事務所はとうとうみつからなかった。これはあとになってわかったことだが、ウエテルの事務所は数年前に閉鎖となり、商売の方も廃業になっていた。

しかし、ここがかつて牛肉の流通革命を熱っぽく語りあう男たちの梁山泊《りょうざんぱく》であったことは確かだった。中内㓛が自宅同然にして出入りし、多和田真利が沖縄から遠路わざわざたずねてきた。

ウエテル事務所の二階にあがったことを思い出す。そこにはウエテルが使っていた寝室があった。寝室の前の上がり框《かまち》には、絵皿、鷹《たか》の剝製《はくせい》などにまじって、五十センチほどの流木が無造作にころがっていた。

その流木には「恥はかいても字は書かん」といっていたウエテルが生涯ただ一度書いた文字が残されていた。そこには、事業なかばに早世した思いをたたきつけるように「何糞《なにくそ》」、力まかせの二文字があばれたように刻まれていた。

この事務所に頻繁に出入りしていたダイエー社員の大高から聞いたこんな佳話も思い出された。

ウエテルの事務所は山健組のまん前にあるため、兵庫県警の警察官の警邏《けいら》がたえなかった。ウエテルの娘は気立てのよい子で、警察官たちにまめまめしくお茶をだしていた。そのうち、ある警察官と恋仲になり、とうとう結婚にゴールインした。家業はつぶれたが、彼女はいまたいへん幸せに暮らしている……。

それから数カ月した頃、私はウエテルの長男の上田照章に会うことができた。はじめての対面だったため特徴をたずねると、野球帽をかぶっていくからすぐにわかるはずや、という答えが電話の向こうから返ってきた。私はその言葉だけで、この男がすっかり気にいった。

彼が指定してきた場所は、新幹線・新神戸駅前の中内が経営する新神戸オリエンタルホテルのロビーだった。照章に電話をいれる数週間前、山口組若頭の宅見勝が、野球帽をかぶったヒットマンに射殺されたばかりのところである。そこに野球帽をかぶって堂々と現れる。さすがウエテルの息子というだけのことはある。受話器をにぎりながら、私の頬は自然にゆるんでいた。

上田照章は、約束通り、野球帽をかぶって人気《ひとけ》のないコーヒーラウンジで待っていた。もう五十代になるはずだが、まるでアメリカの十代の少年が着るようなハデなジャンパーをはおっている。そばには、相撲とりのような体格をした二人の息子がついている。

「ウエテルの事務所はいま管財人に管理されておりますのや。それでわからんかったんと違いますか。倒産の理由でっか？　先代（ウエテル）の伝記を書いてくれたあんたやからいうが、バクチや。先代が死んだあと、ワシが社長になり、次に弟が社長になった。その二人ともサイコロバクチにはまってしもうた。

先代の頃の年商九十億を、ワシの代に百二十億まで伸ばしました。ワシは給料をもらうと、毎月、会社の株を買いつづけとったんです。月に五万円しか残らなかったこともあります。会社から手を引くときには三一パーセントの株をもっていた。それを一パーセント一億円で計算して全部会社に売った。税金で半分引かれたから残ったのは十五億円です。それでバクチの借金を全部返した。会社つぶしたといわれてもかましません。

借金は耳をそろえてきちんと返したんだから。

いや、先代はバクチには一切手を出さなんだ。先代は向かいの山健さんとは仲はよかったが、盃はもらっていません。その気はまったくなかった」

彼に会う前、私はもう一度、花隈を歩き、近所の住人から、ウエテル所有の建物は山健組のまん前にあるさかい、誰も買い手がつかん、あんなところ誰が買いまっかいな、という話を聞いていた。

「ワシは高校を十八で卒業して、その日から牛を割った。ちょうどダイエーとの取引がはじまった頃やから、一日じゅう牛を割っていた。ワシは大学もいってないし、この年まで他のことはなにもわからへん。けど、牛と豚の肉のことなら、口にいれただけで、どこの土地でとれたもんかすぐにわかるわ。

先代の愛人のことでっか？　よう調べてはりまんな。ようけいました。ワシは彼女らに毎月のお手当を送る係をやってました。現金封筒で送っていたわけや。そう、七、八本は送ってましたかな。

中内社長にはずいぶんかわいがってもらいました。仲人《なこうど》も中内社長です。中内社長は株式会社ウエテルの役員報酬ももらっていたし、株も一〇パーセントくらいもっていた。もっとも先代が死んだとき、全部手放しよりました。

中内社長はあの頃、弟（力）と仲悪くなりましてな。どうやったら弟をダイエーから追放できるか、そんな作戦会議を、毎日うちの事務所で先代とやっとりましたわ」

中内兄弟の血で血を洗う抗争については後から詳しく述べたいが、その兄弟相剋《そうこく》にウエテルも一枚かんでいたことは初耳だった。

「先代は晩年、韓国のタングステン鉱山の仕事の関係で、韓国によく行きよりました。KCIAがガードしてくれて、税関もウォーカーヒルも全部フリーパスでした。そんな縁もあって、先代は韓国のお寺に鐘を十三個も寄付しています。一つ一千万から千五百万円はする。韓国のお寺に行ったとき、鐘がないのに気がついたのがきっかけです。聞くと、戦争中に日本軍が全部持っていって鉄砲の弾にしたという。それで申しわけないと、寄付するようになった。先代は熱心な仏教徒でしたから。

寺の鐘は一つ、百貫以上もありますから、山の上の寺に運ぶときには、人間の力じゃとても運べない。韓国軍のヘリコプターが協力して運んでくれました。

いまでも韓国のお寺では、先代の命日になると、ゴーン、ゴーンと、鐘をついてくれとります。

先代はよういうとりました。

『日本で一千万円寄付しても、ありがとうの一言や。でも韓国やったら、鐘が鳴るたび、昔のことを知っているお年寄りたちが手をあわせてくれる』

それでも、五十三で死ぬんやからな。人間の運命なんて本当にわからんもんですわ……」

海峡を渡る梵鐘《ぼんしょう》の音か。私はいかにもウエテルらしいい話を聞いたと思い、最後に、いまどんな仕事をしているのか、と照章にたずねた。

「産廃の仕事ですわ。今日も和歌山から帰ってきたところです」

牛肉の次は産廃か。この男は自分の会社が倒産してもちっともへこたれずにたくましく生きている。私はあらためて、さすがウエテルの息子だけのことはあると思った。

私は上田照章と会ってから約一カ月後、沖縄に飛んだ。牛肉安売りは、間違いなく、ダイエー急成長の導火線だった。

ウエテルと一緒にそれを仕掛けた沖縄の多和田がすでに鬼籍に入っていたことは知っていた。だが、照章の話では未亡人はまだ那覇《なは》市内に住んでいるはずだという。多和田本人に会えないならば、せめて未亡人に会い、当時の話を聞いておきたかった。

那覇に着いた翌日、私は那覇の街を北上して、浦添市に向かった。

私が浦添に向かったのは、多和田が創業社長となった沖縄ミートの後身の那覇ミートが、港に近い同市の工業団地にあると聞いたためである。しかしダイエーの子会社の那覇ミートで応対に出た幹部は、同社の創業の経緯についても、多和田の遺族の住所についても、なにひとつ知らないといった。

仕方なく私は那覇に戻り、登記所で沖縄ミートの登記簿を取ることにした。多和田の遺族の電話番号が本人の希望で電話帳に記載されていないことは、東京からの連絡ですでに確認済みだった。南国の日射《ひざ》しは午後になるといよいよ烈《はげ》しく、登記所に着く頃にはうだるような気温となっていた。一時間ほどかけて登記簿を探しだすと、閉鎖役員の欄に確かに「代表取締役・多和田真利」の名前があった。そこには、当時の住所も記載されていた。

ところが当該の地番をたずねると、そこには幽霊屋敷のような二棟の古ぼけたアパートがあるだけで、住人にたずねても多和田という人間にはまったく心当たりがないという。そばには沖縄特有の墓地と草ぼうぼうの空き地があり、なにやら不吉なイメージが漂う土地だった。

近所の家を何軒か聞き込みに歩くうちに、その草ぼうぼうの廃園が、多和田が元住んでいた自宅だということがわかった。未亡人は健在で、いまはそこから車で二十分ほどいった那覇の住宅街に住んでいるという。

そこに向かうタクシーのなかで、私はウエテルから、かれこれ二十年も前に聞いた話を思い出していた。

「多和田という男は抜け目のないほど頭のええ男や。沖縄をいわば〝トンネル会社〟にして、オーストラリアの子牛を沖縄で飼育し、それを、ダイエーに関税なしで輸出するちう、とっぴょうしもないアイデアを考え出したのはあの男や。多和田は、フィードロットちうて、牛を自動車のように大量生産する方式も、日本で最初に始めよった。あれはホンマにとんでもなく頭のええ男や」

フィードロットとは家畜の多頭飼育のことで、この当時ハワイなどではじまっていたが、日本に導入するのは多和田がはじめてだった。

タクシーは、まもなく多和田未亡人の住む家の前でとまった。

来意を告げると、すぐに未亡人が姿を現した。しかし、中内ダイエーの取材できたんですが、というと、夫人は急に態度を硬化させた。あまりにも取りつく島のない態度に、私は取材を一度はあきらめかけた。そのとき、ちょうど多和田の息子が帰宅したのが幸いだった。息子のとりなしで家に入ることを許された私は、まず、多和田の遺影が飾られた仏壇に線香を供えた。沖縄人特有の眉《まゆ》の太い、いかにも意志の強そうな顔だった。

「ウエテルさんと主人と中内さんは、そりゃ仲がよかった。テルさんが生前、オレたちが死んだら一緒の墓に入ろうな、といっていたくらいです。本当の兄弟以上でした。私の口からいうのもなんですが、主人は本当にスケールの大きい人でした。沖縄でダイエーが大きな顔をしていられるのも、多和田がいたおかげだと、みんな言っています。昔、中内さんが多和田に、月給千ドル出すからダイエーに入らんか、といってきたこともありました。その頃の千ドルといえばたいへんな額でした。多和田は人に使われるのが嫌いな性格でしたから断りましたが……。

オーストラリアから牛を輸入して沖縄で育てるというアイディアは、間違いなく主人のものでした。あの人は考えることが、ちょっとふつうの人とは違っていました。

思い出すことはたくさんあります。オーストラリアから牛を輸入した一回目か二回目のとき、牛が一頭脱走して国道五八号線を逃げまわったことがあります。ちょうどその日は五八号線でマラソン大会が開かれていて、テレビ中継もしていました。ところが牛が逃走しているというので、テレビカメラはそちらの方ばかりを追いまわした。マラソンよりおもしろいという評判になって新聞にものりましたよ。

正直いって、中内さんは主人が亡《な》くなってホッとしているんじゃないでしょうか。主人がやった仕事は、いつのまにか、全部中内さんのものになっているんですからね……。

中内さんは、みんなから非常に恐ろしい人だといわれているようですが、沖縄にくるたび家にあがって、私のつくる牛の内臓の煮込みをうまいうまいといって口にしていた中内さんを知っている私にとって、少しも恐ろしい人ではありません。けれど、主人の事業を全部横取りしたかと思うと、くやしさがムラムラわいてくることも事実です」

多和田未亡人は、人の事業まで横どりする中内の強欲さを暗に非難しているようだった。

多和田未亡人の話を聞きながら、私は、中内に二十年仕えたダイエーの元幹部がいった言葉を思い出していた。

「中内さんのような人間とつきあうにはどうしたらいいか。一番はつきあわないことです。しかしつきあわなければいけないとすれば、どうしたらいいか。つかず離れずでいくことです。離れすぎると捨てられてしまう。近づきすぎると斬《き》られてしまう。中内さんとつきあうには、相手には斬られない距離に身を置きながら、自分の剣は相手に届くように思わせることです。けれど、こんなことは剣の天才の宮本武蔵でもなければできないことです。やはり中内さんとはつきあわないことです」

多和田未亡人の気持ちは私にもよくわかった。だが私は、彼女に同情しながらも、かつてのフィリピン戦線と同様に、ひとりこの世に生き残され、なお事業拡大の野望を捨てきれないままでいる中内の鬼気迫る姿に、凄絶《せいぜつ》なまでの孤独もまた感じていた。

第三部　拡大と亀裂

第八章　神戸コネクションと一円玉騒動

「ヤオハンジャパンが会社更生法申請」

タクシーのラジオから流れるニュースを聞いたとき、ついにくるべきものがきた、と思った。だが、さして衝撃は受けなかった。それよりも、このニュースを聞いた状況のあまりの暗示性に、むしろ薄気味の悪さを感じた。

負債総額千六百十三億円。流通業としては戦後最大級、東証一部上場のスーパーとしてははじめての大型倒産が報じられた一九九七年九月十八日、私は神戸にいた。

ヤオハンは静岡県熱海市の零細な八百屋《やおや》から出発し、流通業界のソニーを目指し、シンガポール、アメリカ、香港、上海と、積極的な海外進出を図っていった。同グループ代表の和田一夫はまさに立志伝中の人物だった。

だが、最後まで〝和田商店〟の体質を脱却できない同族経営と、強気一点張りの経営戦略が、結局は命とりとなった。

九六年中間決算で減収減益となり、経営悪化が表面化。九七年二月には資産売却などのリストラ案を発表し、九九年三月までに有利子負債四割カットを目標に自主再建を目指した。五月には売り上げ好調な国内優良店十六店舗をダイエーの子会社セイフーに売却。シンガポール、米国などの海外店も売却の準備を進めていた矢先のことだった……。ラジオのニュースはさっきから、興奮した口調で、ヤオハンの倒産問題を流しつづけている。私はそれをぼんやりと聞きながら、九五年十二月、上海にオープンしたヤオハングループの旗艦店、「ネクステージ上海」の開店を伝えるテレビニュースを思い出していた。

この店は新宿高島屋の二倍に相当する売り場面積十二万平方メートルという巨大なデパートで、建物のなかにはジェットコースターまで走っている。総投資額は二百十三億円にものぼる。

こらえてもこらえきれない笑いを満面に浮かべながら画面に登場した和田一夫は、「二〇〇五年までに中国国内で千店のスーパーを出店する」という壮大な計画をブチあげ、開店初日、百万人の客が殺到しドアのガラスが何枚も割れるというすさまじい光景をバックにして、

「日本の昭和三〇年代の高度経済成長時代を思い出します。なにしろ中国の人口は日本とは比べものになりません。中国には無限の市場の可能性があります」

といって、また相好を崩した。

思えばこのときが、和田の〝生涯最良の日〟だった。それからわずか一年半で事実上

の倒産に至るとは、和田が熱烈に信じ、その教示によって出店戦略を決めてきたといわれる「生長の家」の神様でも、まさか予測できなかったことだろう。

ヤオハンはメインバンクをもたず、ワラント債など市場から資金調達する直接金融に頼ってきたが、それが裏目に出た格好。バブル期の株高に乗じたこの直接金融による積極展開が、一気に同社の破綻《はたん》を招いた……。

ラジオのニュースはまだヤオハン問題を、しつこく伝えていた。

ヤオハン倒産の原因を伝えるアナウンサーの言葉に、私はダイエーの現状がダブってみえてならなかった。

同族経営の弊害、バブル期の積極展開が裏目に、〝和田商店〟の体質からの脱却ならず、強気一点張りのワンマン経営、銀行借り入れという間接金融から、市場から資金調達する直接金融への急速な転換の失敗……。

どれをとっても現在の中内ダイエーをミニ化して、そっくりそのまま写したかのようである。

中内の長男の潤をリテイル（小売り）部門のトップに、新神戸オリエンタルホテルを経営する神戸セントラル開発社長の次男・正《ただし》をホテルなどサービス部門のトップに、長女・綾の夫でイチケン社長の浅野昌英をディベロッパー部門のトップにという「同族経営」の基礎はすでに固まっている。

ダイエーが組織で動く近代経営の体《てい》をなしたのは、八三年から始まった河島博（当時・ダイエー副社長）が余分な資産を売却し、売り上げ重視から利益重視への体質改善を図った〝V革時代〟の数年間だけで、あとはまた元の〝中内商店〟にすぐ戻った、とダイエーの幹部社員自らがいうように、〝中内商店〟の色彩は薄まるどころかいよいよ濃厚になっている。

莫大《ばくだい》な有利子負債をかかえながら、九七年五月には経営難が表面化したヤオハンの国内店のうち、東海地区の十六店舗を三百三十億円で買収し、沖縄県那覇市北部の米軍住宅跡地に、二百億～三百億円という巨額の投資をして、高級リゾートホテル、大型スーパー、専門店街などの複合商業施設を建設する計画も発表して、強気一点張りのワンマン経営ぶりをみせつけている。

さらに、銀行からの借入金を元に業務拡大を図ってきた従来の財務戦略を見直し、子会社の上場などによって資本市場から直接資金を調達して、有利子負債をできるだけ圧縮する一方、新規事業の資金にあてるという方向転換も明らかにしたばかりである。

中内はヤオハンの倒産に際し、こんな談話を発表した。

「（ヤオハンから譲り受けた十六店舗の）従業員については当初の約束通り、従業員の身分を保障しており、動揺しないように各店に連絡している」

田中内は買収したヤオハン十六店舗の従業員問題のみに限定したコメントを発表しただけで、ヤオハンの倒産という日本の流通業の今後を考える上で絶対に避けて通ることのできない問題について、リーディングカンパニーのトップとしてのしかるべき見解を表明したわけではない。あるいは中内はヤオハン倒産の報に接したとき、ダイエーのカタストロフィーの縮小版を見るような気がして、一瞬、首スジに冷たいものが走るような思いにとらわれたのかもしれない。

タクシーのラジオはヤオハンの倒産問題から台風関連ニュースに移っていた。この日、九州に上陸し、各地に大きな被害を出した台風十九号につづく大型の台風二十号が太平洋上にあり、日本列島各地は荒れ模様だった。

時おりの強風で街路樹が激しく揺れる神戸の街並みを眺めながら、私は神戸行きの直前、ダイエー出身の流通コンサルタントから送られてきた「戦略判定表」という一覧表の数字を思い浮かべていた。

毎年発表されるこの「戦略判定表」については先にも紹介したが、最新の数字をみると、量販店十五社のうちダイエーと同じくきわめて危険な企業と判定される一ケタもしくはマイナスなのは、長崎屋、寿屋、ダイエーグループの十字屋、そして今回倒産したヤオハンだけだった。

私がことと次第によってはダイエーもヤオハンの二の舞になるのではないかと感じたのは、流通業界で最も信頼性が高いといわれるこの「戦略判定表」におけるダイエー、ヤオハン二社の評価数値があまりにも酷似していたためである。そればかりではない。

神戸行きの前、私はここ数年間のダイエー関連記事を集めてみた。そこには、危険水域に入ったダイエーの記事ばかりで、業績好転を伝える記事は皆無だった。

すでに述べたように、一九九七年二月期決算でダイエーの営業損益、経常損益とも未《み》曾《ぞ》有《う》のダウンとなった。百七社の子会社を連結した連結決算では、純損益マイナス百十九億円と、ついに赤字会社に転落した。

中内は創業以来のこうした奈落の状況を好転させるべく、休日を返上して各店舗を抜き打ち的に回り、店長以下を叱咤《しった》激励しているが、事態は一向に明るい方向には向かっていない。

九七年八月に行われた大型量販店調査によると、前年に比べ二ケタ以下の減収となった三十四店のうち、ダイエーは二十四店と全体の約七割を占めた。

深刻なのは、この減収店二十四店のうち、一般的に伸び盛りといわれる開店から二、三年目の店舗が三割強を占めていることである。しかもこれらの店舗の大半が、店舗面積一万平方メートルを超す大規模店である。ダイエーの既存店減収総額は約七百二十億円にも及んでいる。

かつて大型既存店はオープンから十年間は右肩上がりの成長をつづけるドル箱的存在とみられていた。しかし、その〝神話〟はとうの昔に崩れ、既存店売り上げが早期に低落する傾向はもはや流通業界全体の構造的な問題となっている。開店して二、三年目に赤字に転落する既存店は、進行の早いガン細胞にたとえることもできるだろう。そのガン細胞を最も多く体内にかかえる企業がダイエーだということを、大型量販店調査は明らかにしている。

ダイエーがヤオハンの国内十六店舗を三百三十億円で買収したとき、流通業界では二つのことがいわれた。一つは、かつてのダイエーだったならヤオハンジャパンを丸ごと買収したはずなのに、それができなかったのはダイエーの財務内容がよほど悪化している証拠だという言い方である。そしてもう一つは、ヤオハンの十六店は同社のなかでも優良店なので、ダイエーは安い買い物をした、という言い方である。

ヤオハンの熱海店、伊東店など十店舗はダイエー子会社のSM（スーパーマーケット）チェーンのセイフーに、清水店など四店舗はセイフーにディスカウントストアのハーフ&トップをプラスした複合店に、掛川店はハーフ&トップに、そして愛知県の高浜店はディスカウントスーパーのDマートに、それぞれ九七年五月中に新装オープンした。ダイエーの広報によれば、各店の売り上げともいまのところ順調に推移しているという。

しかし、これら十六店舗は〝いつ赤字に転落してもおかしくない〟既存店〟という点ではかわらず、果たして三百三十億円という買い物が本当に安かったかどうかはかなり疑問である。

ダイエーのある幹部によると、静岡県地域でいま、SMの新規店舗を出店しようとすると、土地代、建設費、周辺対策費などをあわせて一店当たり約六十億円かかるという。これを単純に十六倍すると、九百六十億円ということになる。この金額と買収金額の三百三十億円を比べれば、ダイエーは確かに安い買い物をしたことになる。

一方ではこんな数字もある。ヤオハンの十六店舗が稼ぎ出していた年間の営業損益の実績は合計で二十三億円だった。仮に金利負担などの経費を除外したとしても、ダイエーがこの営業損益で買収資金を回収するには十五年近くかかる計算になる。営業損益が十五年間安定的に推移することはまず考えられないので、この点からみるとダイエーはかなり高い買い物をしたことになる。

ダイエーのヤオハン十六店舗買収の裏には、これまで比較的手薄だった静岡県内に店舗をもつことによって、ダイエーグループ全体のシナジー（相乗）効果をあげる狙《ねら》いがあったことは確かである。

だが、消費者の需要と流通業側の供給が極端に懸隔した、今日のオーバーストアの状況のなかで、ダイエーが選択した戦略が、たとえ苦肉の策とはいえ、結果的には墓穴を掘る結果に終わる可能性はかなり高い。

いずれにせよ規模の拡大のみを信じて邁進《まいしん》してきた日本の流通業は、いま、その存立の基盤そのものが大きく揺れ動いている。そして業界トップカンパニーのダイエーは、その荒波を真っ先にかぶり、航行不能寸前の危機にあえいでいる。それでも日々巡航しているようにみえるのは、流通業という日銭商売の特殊性ゆえである。海水は船倉に洪水のように流れ込み、海面は甲板ぎりぎりまで迫っている。現在のダイエーは私の目には、救命ボートの準備をしなければならない秒読みの段階にまで差しかかっているようにみえてならない。

九七年九月五日の朝刊各紙に突然報じられた記事は、ダイエーの危機がただならない段階に入ったことを伝えている。

〈ダイエー、印紙税二億円納付漏れ指摘

スーパー最大手「ダイエー」が大阪国税局の税務調査を受け、九七年六月までの三年間で印紙税約二億円の納付漏れを指摘されていることが、四日分かった。ダイエーは過怠税を含め約二億二千万円を納める。

印紙税法では三万円以上（百万円以下）の売り上げがあった場合、レシートに二百円の収入印紙を貼《は》らなければならない。同国税局の指摘でダイエーが社内調査を

したところ、三年間で約百万枚の印紙の貼り忘れが判明したため、指摘に従ったという〉

高額の買い物の領収書に印紙を貼るなどということは、どんな零細な商店主でも知っている商売人のイロハのイである。業界トップカンパニーのダイエーは、そんな商売人の常識中の常識を三年間百万通にわたってまったくやってこなかった。私はこの記事を読んだとき、むしろこちらの方が恥ずかしくなって思わず赤面したほどだった。と同時に、元零細小売店の息子として怒りを感じずにはいられなかった。

商売人の道徳を自ら踏みにじるこの行為が、もし上からの指令による組織ぐるみのものであったなら立派な犯罪だし、綱紀のゆるみの蔓延《まんえん》によってなされた慢性的な症状だったとすれば、社員のモラールダウンはもはや完全に救いがたいところまでいっている。

翌九月六日の朝刊にはこんな記事が出た。

〈ダイエー、海外拠点を縮小、三分の一以下に——調達、商社などと連携

ダイエーは海外の拠点を大幅に縮小する。香港、ロンドン、ニューヨークなどに置く、十五カ所の駐在事務所を九八年二月期中に統廃合する方針。拠点数は三分の一以下になる見通し〉

ダイエーが海外拠点を大幅に縮小せざるを得なかったのは、同社の直輸入戦略にかげ

りがみえはじめてきたためである。直輸入品の売上高は九四年度の千五百四十二億円をピークに減少傾向をたどり、九六年度はピーク時の約半分の七百九十億円まで減っている。

店頭価格百二十八円で販売したベルギー産ビールの「バーゲンブロー」や、店頭価格三十九円のアメリカ産PB（プライベートブランド）の「セービングコーラ」などが、ダイエーの直輸入品の目玉商品だった。

これらの商品はある程度ヒットはしたが、現在のように商品の寿命が極端に短くなっている消費構造のもとでは、かつてのような大きなメリットは期待できなくなった。安ければ売れる、という時代はもはやはるか昔の〝神話〟の世界に消え去ってしまった。

中内は「週刊東洋経済」（九七年九月二十七日号）の、いまの消費動向をどう考えているかというインタビューに答えて、こんな率直なことを述べている。

「いままでの、作る側、売る側の論理が通用しなくなった。一方で、消費者の側も買いたいものが分からない状況ではないか。肉、魚、野菜といった生活必需品については、よい品をどんどん安く、という我々の方針は永遠の真理だ。しかし、なにがよいものか、というのが我々にも消費者にも分からない。

昔はジョニー・ウォーカーを安く売れば『よい品が安い』といえた。だが、いまはジョニー・ウォーカーがよい品か、というところから考えねばならない」

かつて中内は私に、球が止まってみえる、といったことがある。それに比べてこの発言は、バッターボックスに立っても、ボールかストライクかすらわからない、といっている。

中内ダイエーのようなワンマン企業の恐ろしいところは、トップの自信喪失や迷いが、そのまま組織の士気や営業成績にストレートに反映してしまうことである。

ダイエーの業績不振の一因は、副社長の潤が積極的に推し進めてきたハイパーマートの失敗だった。そのハイパーを九七年上期に集中してすべてリニューアルするなどのテコ入れをしたにもかかわらず、ダイエーの営業成績は一向に好転していない。

この原因を消費税率の引き上げによる消費の冷え込みや、天候不順によるエアコンや水着など夏物商品の意外な売り上げ不振に帰するのは必ずしも間違ってはいない。かといってダイエーの長期低落傾向を招いた本当の原因を言い当てているわけではない。

通産省の商業統計によれば、九四年から九七年の三年間で小売りの年間販売額は三パーセント伸びた。これに対し、売り場面積は六パーセント増えている。この二つの数字に象徴されるように、日本の小売業は完全にオーバーストアの状況にある。

業界トップランナーのポジションを死守しつづけてきたダイエーは、こうしたアゲインストの風をまともにくう立場にあり、そのことが同社の業績不振の一因となっていることは確かである。

しかしそれ以上に懸念《けねん》されるのは、ダイエーをここまで引っぱりあげてきた中内自身の気力、精神力の衰えである。中内は私とのインタビューで従来のM&A戦略は間違っていなかった、今後も積極的にM&A路線を進めていく、といった。

しかし私には、そうした拡大路線が中内の気力、精神力の横溢《おういつ》を示す証拠とはとても思えなかった。それどころか逆に、そうした拡大路線は、誰もほとんど視界のきかない段階に突入した高度消費社会を見晴らす視線を、一層曇らせる役割しか果たしていないように思えた。

バイイングパワーの結集によるメーカーからの価格決定権の奪回という言葉にせよ、価格破壊というキャッチフレーズにせよ、中内のかつての言葉にはたとえそれが錯覚であるにせよ、消費社会にたれこめている暗雲を一気に晴らすような魅力と迫力があった。

しかしいまの中内に、そうした魅力と迫力を感じることはむずかしい。拡大路線をオウム返しのように呼号する中内の声が大きければ大きいほど、私はむしろ中内の気力と精神力の衰えを感じ、むなしささえ覚える。

業績不振は、当然のことながら株価にもはね返っている。

九七年九月十二日、ダイエーは八月中間期末の有価証券含み損が二百四十億五千万円にのぼったことを発表した。ダイエーの含み損が増えたのは、千七百四十九万株保有するマルエツ株が八月末で四百五十三円と、二月末に比べて三〇パーセント下落したことが大きく、この分だけで含み損が三十四億円増加した。

これに加えて、千九百三十二万株を保有するダイエーオーエムシー株が二月末に比べて九パーセント安の二百五十七円。五百三万株保有するイチケン株が二月末に比べ四一パーセント安の二百六十二円となった。これら子会社株の軒並みの下落が、ダイエー保有株の含み損にも拍車をかける格好となった。

タクシーが中内ダイエーのフランチャイズ地ともいうべき三宮に着いたとき、台風の影響で上空を吹き荒れていた強風はすっかりやみ、雲の切れ目から秋の強い日がさしていた。

三宮は一九六〇年代の中内ダイエーの奇蹟《きせき》的成長を象徴する街である。私は阪神大震災でところどころ歯抜け状態になった三宮の街を歩きながら、従業員が客にはじきとばされ、店内にはいることすらできなかったという初期ダイエーの繁盛ぶりを思った。センター街のダイエーの三宮一号店は、阪神大震災で壊滅的損害を受け、いまは更地となっていた。砂利を敷きつめたその土地を眺めながら、私の脳裏に一瞬、いまを去る三十年以上前、ここにあった小さなスーパーに連日群がった消費者の姿が浮かんだ。そしてそこに、百万人の客が殺到し、何枚もドアのガラスが割れた上海のヤオハンデパート開店当日の光景が重なった。その光景を眺めながら満面にこれ以上ない笑みをたたえて、「昭和三〇年代の高度成長時代を思い出します」といったヤオハン代表の和田一夫の言葉がまた思い出された。

一九六一年四月十五日、ダイエーの三宮二号店は、斜め向かいにあった京町映劇という映画館を買収して、大拡張に入った。旧館の三百六十坪（千百九十平方メートル）に、新館三百八十坪（千二百五十六平方メートル）を加えた七百四十坪（二千四百四十六平方メートル）の売り場は、当時としては日本最大のスーパーマーケットだった。

旧館一階には食品、化粧品、薬品、二階には電器、日用品、新館一階には紳士用品、婦人肌着、二階には婦人用品、地階には子供・ベビー用品が並べられた。衣料品を中心にとりそろえた新館の売り上げは一日五百万円を超えた。

ダイエーは衣料品の販売に力を注ぐとともに、その圧倒的な販売量を武器にして、大メーカーにSB（ストアブランド）商品づくりを迫っていった。ターゲットにされたのは、洗っても縮まないと当時大評判のダイヤシャツをつくっていた東洋紡だった。この頃ダイヤシャツの市価は千二百～千五百円だったが、ダイエーはこれを九百八十円で売り出した。

あわてた東洋紡はダイエーの店頭商品を買い占める作戦に出たが、ダイエーのバイヤーたちは比較的メーカーの管理網が手薄だった名古屋方面から商品を買い集め、東洋紡がいくら買い占めても次から次へ商品が売り場に並ぶ体制をつくりだした。

音をあげてきたのは東洋紡の方だった。

こうして生まれたのが、ダイエーの第一号SB商品となるブルーマウンテンカッターシャツだった。ダイエーはこのシャツを東洋紡から五百六十五円で仕入れ、それを六百八十円で売った。最初の月間販売量は六千枚だったが、発売三年目の年間販売量は百万枚を突破した。

ダイエーは同じような方式でグンゼの肌着もSB化し、発売から三年ほどで全国の肌着販売シェアの六パーセント程度まで占めるに至った。

三宮店の大拡張から約四カ月後の八月十二日、神戸新聞にダイエーの全面広告が載った。上十段は「日本にもスーパーマーケット時代」というタイトルで、中内と消費者六人の座談会が組まれ、下五段に〝夏物一掃、冬物持越品大処分〟の広告が載った。そこに二十二品目の衣料品の値段が書かれている。これをみると、当時のダイエーの値段がいかに破格だったかがよくわかる。主なものをあげておこう。

・純毛秋物スカート地（一着分）　六百五十円を三百円
・テトロンプリントデザインブラウス　六百円を二百八十円
・高級秋物ナイロン地和服アンサンブル　四千五百円を千九百八十円

・テイジンテトロン綿混開襟《かいきん》シャツ　八百円を三百九十五円
・高級スポーツシャツ（テトロン・ボンネル・無地・柄）　千円を二百四十円
・男児純綿メリヤス半袖《はんそで》シャツ（四歳〜十四歳）　百五十円を五十円

上段に載っている消費者座談会も、昭和三〇年代当時の消費者がスーパーというものをどうみていたかを知る上で貴重な記録となっている。

〈主婦A　私なんか「ダイエー」さんはすごく買いやすいんです。お金をはらうとき思わず心配になるくらい買っちゃって。これまで買物するとき不必要につきまとわれることもあって、気の弱い私なんか「お買物の恐怖ネ」なんていったこともあるんですよ（笑）〉

この座談会には神戸にきたばかりのアメリカ人主婦も参加している。彼女は近所のマーケットでは言葉が通じなくて困っていたが、「ダイエー」ではしゃべる必要もないので助かる、といかにもアメリカ人らしいジョークをとばしたあと、アメリカに比べて日本にはまだスーパーが少なすぎる、という苦言を呈している。

中内はこれに対しこう答えている。

〈私どもでも、店舗を増やしていくことがいまのところお客さまのご要望にこたえる一番の近道だと思っております。お客さまに遠くから足を運んでいただくのじゃなく、私どもの方からお客さまの近くへ出て行くのが本当だと思っておりま

す。いま、百店舗を計画しております。手始めとして板宿に鉄筋コンクリートのものがもうすぐ出来あがります〉

この時点でダイエーの店舗はまだ、千林の一号店と映画館を買収した二号店、三宮店、前年の六〇年十一月に開店した大阪市淀川《よどがわ》区の三国店、それに九五年の阪神大震災で最大の被災地となった長田の近くに間もなくオープンする予定の板宿店の五店舗しかなかった。中内はその時点でもう、百店舗という途方もない計画をブチあげていた。

中内が牛肉の安売りをはじめた一九五九年当時、ダイエーの安売りに抗議する問屋やメーカーなどの業者団体はひきもきらなかった。中内はこれに対し、三宮店の事務所にこんな貼り紙をして自らの姿勢を示した。

〈日用の生活必需品を最低の値段で消費者に提供するために、商人が精魂傾けて努力し、その努力の合理性が商品の売価を最低にできたという事が何で悪いのであろうか?〉

これはいうならば中内ダイエーの〝宣言一つ〟だった。この〝価格破壊〟宣言が消費者の圧倒的支持を集めたことは、その後のダイエーの倍々ゲームの成長に象徴的に現れている。

今日の拡大路線を彷彿とさせる中内の強気は一見無謀とも思えるが、それだけの裏打ちがあったことも事実だった。ダイエーは創業からわずか四年目のこの時点で、すでに五十億円を突破する年商をあげていた。

だが、中内ダイエーがこの宣言通りの軌跡を忠実に描いてきたかといえば、自《おのずか》ら別問題だった。そして、その右肩上がりの急成長のなかに、ダイエーの亀裂と蹉跌《さてつ》がすでに胚胎《はいたい》していたことも、まだ中内はこの時点で知る由《よし》もなかった。

話を三宮時代に戻す。

三宮時代、中内はこんなスローガンをかかげて小売業者たちを挑発した。

〈見るは大丸、買うはダイエー

同じ品なら必ず安い〉

三宮店が新装オープンした一九五九年四月、神戸の小売業者たちは、

「ダイエーは子々孫々の敵である。断じて新店舗の開設を許すな！」

「ダイエーをぶっつぶせ！」

と、口々に叫びながらデモ行進し、生田公会堂に集まってきた。「ダイエー三宮店移設拡張反対大会」という垂れ幕がかかった会場は、プラカードとハチ巻姿の小売業者たちでうめつくされた。

巷《ちまた》では、ダイエーの安売り商法に対する悪質なデマが飛びかった。

「ダイエーでは香港から密輸品をもってきている。全国から倒産品を集めている。だか

らあんなに安いんだ」

だが、中内はこうした動きにも傲然《ごうぜん》たるものだった。

「メーカーや小売店とトラブルがある方が張りあいがある。マスコミがトラブルを報道してくれるとダイエーの名前が広がる。客は、なぜダイエーはそんなに安いのか、と認識してくれる。むしろありがたいことだ」

一九六三年一月、中内は西宮にダイエーの本部を新設した。ここには本部機構のほか、食肉加工センター、配送センターも併設された。この当時、ダイエーはまだ七店舗をもっているにすぎなかった。そんなちっぽけな企業が、本格的な物流機能をもつ本部をつくったことに世間は驚きの目を向けたが、このとき中内の胸のなかにはすでに、ナショナルチェーンストアとして全国展開していくという夢が大きく膨れあがっていた。

西宮本部の落成を記念して出したダイエーの新聞広告が残っている。「メーカーと消費者を太く短いパイプで結ぶ」と大きくかかれたキャッチコピーの下に、西宮本部を中心にした次のような絵柄が描かれている。

上部には、花王などのメーカー数十社が小さく並び、西宮本部から下に延びた太いパイプは、消費者とかかれた文字に直結している。

注目すべきは、西宮本部の絵柄が紙面いっぱいに描きこまれていることである。メーカーの社名はそれに比べればずっと小さく、この絵柄からだけでも「メーカーから価格決定権を奪い返す」「いくらで売ろうと勝手」と呼号して〝流通革命〟に邁進《まいしん》していった中内の気魄《きはく》が熱いほど伝わってくる。

中内ダイエーはこれ以後、このセンターを本拠地にして次々と全国店舗展開していくことになる。ここで強力な武器となったのが〝三中人脈〟だった。

神戸三中（現・長田高校）時代の中内がきわめて影のうすい男だったということは、前にも述べた。

しかし中内と三中同期生との関係はその後ずっと疎遠だったわけではない。戦前の存在感のなさとはうってかわって、中内は戦後、ダイエーを急成長させる上で、むしろ〝三中人脈〟をフルに活用したといった方がよかった。

中学時代まったく目立たなかった中内は、ダイエーという自由に活躍できる舞台を得て、中学時代の鬱屈《うっくつ》晴らしでもするように、彼ら同期生たちを思う存分使いこなしていった。

その代表的な例が、ダイエー副会長、ダイエー最高顧問などを歴任し、一九八五年、六十四歳で他界した加古豊彦と、松下電器産業に対抗するための格安テレビ「ブブ」を発売して奮戦したクラウン二代目社長の伊藤健次郎だった。

中内と神戸三中の同期生で、卒業後、満州建国大学に進み、戦後長らく兵庫県庁の職員として勤務した西村十郎は、加古と伊藤の二人は創業間もないダイエーにあって、同社を支えた大黒柱だったという。

「加古君はシベリアに抑留されて帰ってきたときにはコチコチの左翼でした。戦後加古君は川崎製鉄にいたんですが、それを中内君がむりやりダイエーに引っぱった。加古君が担当したのは、ダイエーの資金繰りでした。とにかく、毎日手形をどうやって落としていいか、ウラ書きしたらいいかと悩んで、酒を飲まなければ眠られへん、といつも口癖のようにいってました。加古君が六十代で死んだとき、冗談で〝中内、お前が殺したんだ〟といったほどです。それほど加古君はダイエーのために働きました」

西村は加古のダイエー入りは同社の創業期だったといったが、加古の入社は実際には、創業から十二年後の六九年のことである。また、神戸新聞にいた伊藤健次郎のダイエー入りは六三年、神戸高商の同期で元防衛庁航空幕僚監部職員の駒沢年三（元・ダイエー常務）の入社は六四年のことだった。

中内がこの時期、なぜ学生時代はほとんど縁の薄かった三中や神戸高商の同期生たちをダイエーに次々とスカウトしたかについては、実弟で財務全般をみていた専務の力との決裂という出来事をみなければ、理解できない。

ダイエー〝第一の危機〟といわれた六八年の兄弟の決定的な亀裂については後から詳

しく述べる。ただここで一言いっておきたいのは、創業期のダイエーには中内の腹心は一人もなく、むしろ力の神戸商大時代の同期生たちがダイエーの経営中枢《ちゆうすう》を占めていたことである。

渋谷一三、田中武らの元役員や創業以来ダイエーの公認会計士となった大谷勉の三人は、力の大学時代の級友だったし、創業期の総務部長で最後は副社長となった牧原孝雄（八四年死去）は、力の神戸星陵高校時代の同窓生だった。

牧原は神戸大学を卒業後、神果神戸青果という青物市場の会社に入社したが、力のスカウトでダイエー入りし、同じ神果神戸青果にいた越智琢一（元・ダイエー副社長）も、このとき牧原に誘われる形でダイエー入りした。

中内が三中時代の同級生たちをダイエーに引っぱってきたのは、こうした〝力一派〟がダイエー社内で隠然たる勢力となりはじめた頃だった。

中内にとって〝三中人脈〟とは、〝力一派〟に対抗する手段という一面をもっていた。

これはダイエーの社内に限らなかった。

前出の西村十郎によれば、兵庫県庁や神戸市役所には三中出身者が多く、いまでも一大勢力となっているが、戦後、中内は県や市の重要ポストにいる〝三中人脈〟をフルに活用して、ダイエーの神戸における地歩を確実に固めていったという。

「中内君が薬の安売りをはじめたとき、旧三中出身のある衛生担当者が、薬というものは安売りをすると、薬に対する患者の信頼が失われるといって、中内君の商売にストップをかけようとしたことがありました。

そのとき、私をはじめとして旧三中の同期生たちが、〝日本は戦争に負けて、いままでの観念は変わったのだから、新しい商売があってもいいじゃないか〟と、その衛生担当者を説得し、ストップをかけることを撤回してもらったこともあります」

そして、こうした社外の〝三中人脈〟のなかで最大の働きをしたと三中のOBたちが口をそろえたのが、九三年に他界した長島隆という元神戸市役所の職員だった。

西村から生前の長島の写真を見せられ驚いた。頭をツルツルに剃《そ》りあげ、もみあげから顎《あご》にかけ黒太い髭《ひげ》をたくわえたふてぶてしい風貌《ふうぼう》は、到底公務員にはみえず、まるで三好清海入道か怪僧ラスプーチンのようだった。

それ以上に驚かされたのは、ある三中のOBが、ダイエーは長島に足を向けて寝られないほどの恩義があるにもかかわらず、長島の実家が経営していた六甲牛乳を乗っとった、中内は本当に血も涙もないヤツだと、吐き捨てるようにいったことだった。

私はこの話を確かめるため、山口組本部にほど近い灘《なだ》区篠原《しのはら》本町の高台にある長島家をたずねた。

応対に出た未亡人は、長島が三好清海入道のような髭を生やすようになったのは最晩年のことで、若い頃はフランスの美男俳優のジェラール・フィリップのようでした、といったあと、乗っとり話を全面的に否定した。

「六甲牧場は、明治のはじめに長島隆のおじいさんにあたる長島熊次郎という人がはじめたものです。熊次郎という人はたいへんハイカラな人で、牧場の仕事が終わると、外国製のオーデコロンをつけて、花隈などの花街に出かけていました。牧場も外人さんの指導でつくり、神戸市の畜産部をつくったのも熊次郎だったそうです。

戦後かなりたってから、そこでとれた牛乳をダイエーさんに納入して六甲牛乳という名前で売っていたんですが、そのうちダイエーさんがだんだん大きくなって、うちのような小さなところではとてもまかないきれないようになったんです。それでダイエーさんに経営をおまかせするようになりました。六甲牧場の方はこれとは別に、いまでも明石の方で細々と仕事をつづけています」

未亡人は中内本人にもふれて、中内さんは神戸の恩人です、中内さんがいなければ神戸はこんなに発展しなかった、とまでいった。

未亡人の話と三中OBの話は、百八十度食い違っていた。私はあまりにも整然とした未亡人の話に、却《かえ》って釈然としないものを感じないではなかったが、そのわけを、中内ダイエーがあまりにも急速に巨大化したせいではないか、それが一種のやっかみとなって乗っとりという話になったのではないか、と理解することにして、長島の家をとりあえず辞した。

未亡人の話では、長島は神戸三中を卒業後、大阪の昭和高校（現・大阪経済大学）に進み、そこを卒業後、神戸市役所につとめた。

神戸市役所では、市議会事務局、土木局などを歩いたあと、六九年、神戸市長宮崎辰雄の秘書室長となった。宮崎がポートアイランドの埋立てや、ユニバーシアード大会の神戸招致運動に腕をふるい〝神戸株式会社社長〟の異名をとった典型的な開発型の行政マンだったことはよく知られている。

宮崎も三中のＯＢである。卒業年次は中内よりちょうど十年早い一九二九年で、神戸市役所入りは立命館大学を卒業後の一九三七年のことだった。

一九五三年に助役になった宮崎は、その後四期十六年にわたって同職をつとめ、六九年から八九年まで五期二十年にわたって市長として神戸市政を牛耳ることになった。その知恵袋といわれたのが、長島だった。

長島をよく知る西村がいう。

「長島は三中時代、中内を知らなかったと思います。二人が接近するようになったのは戦後です。ダイエーは長島を通して、地元神戸市の協力を得ていました。出店計画や用地の買収などに協力していたんです。そのことを知っている関係者はほとんど全員死んでしまいましたが、長島を仲介役にした中内君と宮崎市長との太いパイプがなかったならば、神戸を中心としたダイエーの急成長は絶対にあり得なかったことは間違いありません」

私はこの話を聞いて、中内の地元神戸における評判がすこぶる悪い理由がわかったような気がした。神戸でタクシーに乗ると、こちらから水を向けたわけでもないのに、運転手の方から「ダイエーは神戸の面《つら》よごしや。ありゃ、神戸の人と違います。神戸の人はあんなえげつないことはようやりません」などと話しかけてきたことも一度や二度ではなかった。

神戸市民の間に反ダイエー感情が根強いのは、おそらく宮崎長期政権に対する反発とワンセットになっている。阪神大震災で神戸の防災対策がほとんどゼロに等しいことが明らかになったとき、神戸市民の間では、宮崎市政のツケや、という会話が合言葉のように飛びかった。

六甲の山をけずり、須磨の海を埋め立てた開発型行政のツケが回った、という意味である。

中内ダイエーも、その開発型行政の片棒をかついで大儲《もう》けしたではないか。神戸市民の間には、そんな思いがわだかまり、それがいまでも反ダイエーの言葉となって口をついて出てくるのかもしれない。

神戸は何度もふれたが、賀川豊彦が提唱した生協運動発祥の地である。日本一の灘神戸生協が産声をあげた由緒《ゆいしょ》あるその土地に、戦後、闇屋《やみや》あがりの中内が土足でやってきて荒らしに荒らした。神戸市民の心理の底には、商業資本に対するストレートな反発もあるに違いない。

こんな声もあった。語るのは中内とも親しい神戸財界人の一人である。

「神戸商工会議所の会頭はこれまでずっと、神戸製鋼、旧太陽神戸銀行、川崎重工、川崎製鉄の四社の出身者たちでたらい回しされていた。これに対して中内は、いまさら重厚長大でもないやろ、大阪はサントリーの佐治（敬三）が、京都はワコールの塚本（幸一）がやっているやないか。大阪と京都が酒屋や下着屋に会頭やらせているのに、なんで神戸だけが昔のままなんや、と批判的だった。

それでわれわれは太陽神戸銀行出身の石野（信一）さんを口説いて、もう一期会頭をやってくれ、その間に、中内に勝手なことをさせないようにするし、中内批判をする人も説得するからといって根回しをしていた。ところが突然、中内が経団連の副会長に飛びついてしまった。このとき、石野さんに対して何の挨拶《あいさつ》もなかった。それまでも石野さんと中内はあまりよくなかったが、これで二人の関係は決定的に悪くなった」

中内の評判はたしかに、庶民レベルだけではなく、神戸の財界筋でも芳《かんば》しくなかった。

神戸に行くと必ず立ち寄るバーがある。三宮でもう二十年以上水商売をつづけているというその店のママは、こんなことをいった。

「別にダイエーさんに恨みがあるわけじゃないけど、ダイエーには何でもあるけれど、結局、買いたいものは何にもないのよ。もうダイエーには十五年以上行ってないわ。買うのはいつも近所のいかりスーパーか、コンビニね。

私のようなひとり暮らしには、牛肉を一皿ドーンというダイエーの店は関係ないのよ。ついでにダイエーさんにいっておきたいのは、地震でつぶれた三宮の店をいつまでも更地としてほうっておくなってことね。街の真ん中が空き地じゃ、こっちの商売にも響くのよ」

ママがいったいかりスーパーとは、神戸を中心として伸びている惣菜《そうざい》類をメインにした高級食品スーパーのことである。

中内が神戸市で〝開発〟したのは店舗だけではなかった。新神戸駅前の新神戸オリエンタルホテルも、西神《せいしん》といわれる神戸市西部の丘陵地帯に広がる流通科学大学も、元々の土地は神戸市から譲り受けたものだった。

中内は本当に、三中同期の長島を仲介役にして宮崎と手を結び、神戸における事業展開の便宜を図ってもらったのだろうか。中内の周辺にはいつも、神戸市との癒着《ゆちゃく》という噂《うわさ》がアブクのように現れては消えている。

私はこの問題の一方の当事者である元神戸市長の宮崎辰雄に会い、この点について質《ただ》した。

宮崎はさすがに老獪《ろうかい》な行政マンらしく直接的な言明は避けたが、こんな話で長島の実力者ぶりを語り、中内とはじめて会ったのも長島を通じてだったことを認めた。

「ダイエーとの癒着を取《と》り沙汰《ざた》する声が一部にあったことは知っています。しかし市役所につとめて六十年あまり、私は自らがお金にからむようなことは一切関知しないよう細心の注意を払ってきました。そうした汚れ役は長島が一手に引き受けてくれた。長島はできる男だったし、根性があった。私の幕僚中ピカ一の男だった。長島に紹介されて中内さんと会ったのは、確か私の助役時代の昭和三〇年頃だった」

宮崎はそういったあと、長島にまつわるこんなエピソードを話しはじめた。

昭和二五（一九五〇）年、古くからの遊興街として知られる新開地近くの湊川《みなとがわ》公園で神戸市主催の日本貿易産業博覧会が開かれたことがあった。ところが当時、湊川公園には外地から復員してきた人たちのための引揚者住宅があって、それを立《た》ち退《の》かさなければいけなくなった。引揚者のなかには勝手に暴力団に居住権を売る者もいて、神戸市当局は困り果てていた。神戸市の顧問弁護士も、これ以上ことを進めるのは無理だと、サジを投げていたほどだった。

その難問を一人で解決したのが、当時、市役所の一課長にすぎなかった長島だった。私はこの話を聞いて、ある山口組大幹部の名前を思い出した。山口組若頭の宅見勝が新神戸オリエンタルホテルのロビーで野球帽をかぶったヒットマンたちによって射殺されたとき、何人かの山口組幹部も宅見と同席していた。私が長島の凄腕《すごうで》を物語るエピソードから思いだしたのは、そのとき危うく難を逃れた山口組総本部長の岸本才三だった。ほとんど知られていないことだが、白い頬髭をたくわえた立派な顔立ちで時々テレビニュースにも顔をだす岸本は、長島と同じ神戸市役所の出身である。昭和二三（一九四八）年発行の「神戸市職員録」には、交通局湊町変電所技術雇として岸本の名前がみえる。彼の名はそこからはじまって昭和三六（一九六一）年版の職員録まで載っているから、たぶん、その後、市役所を辞め、山口組に入ったのだろう。

神戸市役所時代、長島は岸本をよく知っていたのではないか。この点に関して長島未亡人にあらためて確かめると、岸本という人の名は一度も聞いたことがないという返事だった。

私がなぜこの問題にそんなにこだわるかといえば、神戸生まれのある放送記者からこんな話を聞いていたからである。

「山口組は港湾労働者をおさえていた関係で、社会党（現・社民党）とも仲がよかった。岸本が神戸市役所時代に、所属していた交通局は、現場労働者を多くかかえる市電を牛耳っていたので、いうならば社会党の巣窟《そうくつ》だった。岸本は社会党の労働運動がとりもつ縁で山口組入りしたのかもしれない。そう考えると長島が岸本の線から暴力団と渡りをつけたと考えてもおかしくはない」

いずれにせよ、長島が山口組との関係を連想させるほどの型破りの大物職員だったことは間違いなさそうだった。宮崎が長島を秘書役に登用し、市役所を定年退職後、三宮地下の商店街を経営するサンチカの社長に送りこんだのも、暴力団とサシで交渉したこのときの長島の腕力を高く買ったためだった。

「長島の思い出で忘れられないのは、私が助役を辞め市長選に出たときのことです。私は選挙戦の準備のため市役所を辞めたときの退職金を全部、選挙参謀の長島に渡したんですが、翌日、長島がその金をもって家にやってきた。そのとき長島は、〝候補者がこんなことをしてもらったら困る。あんたは今後、金には一切タッチするな。金は責任をもってわれわれが集める。ただし、金の出元については一切いわんし、あんたも聞かないでくれ〟といった」

このエピソードからうかがえるのは、長島は中内と宮崎のパイプ役であったと同時に、自ら〝壁〟となって後援者たちと宮崎の線を遮断したフシがあることである。

「私は市長になった当初から、消費者行政を市政の重要コンセプトに入れました。そんな関係で中内さんとの縁も深くなった。西区の西神やポートピアにニュータウンの建設を進めたときも、ショッピングセンターを街づくりの中核施設にすることをまず考えた。それで、ダイエーの協力をお願いすることも多くなった。

新神戸オリエンタルホテルも流通科学大学も、元の土地は神戸市で、その払い下げにダイエーが乗ってきた。安く払い下げたということはない。すべて競争入札だった。大学に関していえば、神戸市は財政的に苦しかったから、市が金を出して学校を誘致することはできなかった。そこで、土地を買ってくれ、建物も自分で建ててくれる学校法人を探していた。それに飛びついてきたのが中内さんだった。彼がこの話に乗ってきた背景には、自己顕示欲の強さをくすぐられた面もあったかもしれない」

宮崎は最後に、「中内は攻めの経営に関しては傑出した天才だ、山谷《やまたに》が複雑にいりくんだあんな地理的条件の悪い新神戸駅のまん前に、あれほど大きなホテルをつくれるのは中内以外にいない。あとは後退することの大切さを覚えることで、それさえ身につければ、松下幸之助にならぶ名経営者になれるかもしれない」といった。

確かに宮崎と知りあった昭和三〇年代における中内の経営戦略は、天才的だった。中内は高度経済成長という日本の歴史のなかで二度とやってこない未曾有《みぞう》の追い風を一身に受けて、攻め一本やりで押しに押しまくった。

私は宮崎の話を聞きながら、名古屋で会った宮田鋕一という元東海銀行・三宮支店長の語る昭和三〇年代のダイエーの辺りを払う猛攻ぶりを思い出していた。

ことし八十四歳になる宮田の銀行員歴は古く、昭和一四（一九三九）年、松坂屋の経営母体である名古屋の伊藤銀行に入行したのが銀行マンとしてのスタートだった。それから二年後の昭和一六年、伊藤銀行は名古屋銀行、愛知銀行と合併して東海銀行となった。宮田が東海銀行・三宮支店長に着任したのは、ダイエーが創業して二年目の一九五九年のことだった。宮田にとってははじめての支店長経験だった。

「その頃、芦屋《あしや》夫人といわれていたハイクラスの奥さまたちが、連日、うちの銀行の前をダイエーの紙袋を下げて行列して歩いていたんです。これは何事かと思い、当時約四十人いた行員たちを手わけして彼女たちのあとをつけさせた。そうすると、彼女たちの住まいが、三宮を中心にして東にも西にも広くひろがっていることがわかった。つまりダイエー三宮店の商圏がたいへん広いヒンターランド（後背地）をもっていることがわかったんです。

これは大変なことだと思い、すぐにこのことを関西地区全体を統括する大阪本部にあげました。ダイエーと東海銀行とのつきあいがはじまったのは、このときからでした」

大阪本部の決断は迅速だった。正式の通達こそなかったが、当時、関西駐在の常務だった西村宏四郎は、今後ダイエーは必ず伸びると判断し、三宮支店一店ではまかなえないダイエーへの融資枠を支援するため、関西エリア全支店総貸出枠の一カ月分を全額投資するという賭《か》けに出た。

当時、国内最大のスーパーといわれた三宮店の拡張は、実は東海銀行のこの英断によって成されたものだった。東海銀行のメインバンク化もこれからはじまった。

「ダイエーの店はその後、次から次へと建っていきました。忘れられないのは神戸の市電の車庫跡にダイエーの店がオープンしたときのことです。当時ダイエーの財務の責任者だった力さんとの話では、その店のなかに手ぜまになった東海銀行神戸支店を入れる、という約束だったんですが、実際に建物ができると、そのスペースがまったくない。驚いてすぐに力さんを呼びつけると、本当に困り果てた顔で、確かにその通りお約束しましたが、どうしても兄貴がいうことをきかないんです、といって平謝りなんです。今後は役員会で決めたことは必ず守らせます、といって力さんは帰っていきましたが、大阪本店駐在常務の西村さんは、それだけ元気のある企業は却って頼もしいじゃないかと、さらに積極的に融資をつづけていくことになりました」

それから間もなく、東海銀行三宮支店の脇《わき》には、その日のダイエーの売り上げ金を全額投入するダイエー専門の夜間金庫が備えつけられた。その頃のある年の瀬、宮田はダイエーの店に中内をたずねていったことがあった。中内は無精髭のままジャンパーをはおり、正月の雑煮用のニワトリの骨付き肉を予約客たちに忙しそうに配っていた。もう夜中の十二時すぎだった。

宮田が、他の店はもう全部閉まっています、開けているのはダイエーさんだけですよ、電車も終わるのでそろそろお帰りになった方がいいんじゃないですか、というと中内は客にニワトリの肉を配る手を休めず、逆に宮田をこういって怒鳴りつけた。

「まだうちの娘(女店員)たちも、正月用のパーマネント屋にもいかず頑張っているんや。ワシだけ帰るわけにいくもんか」

一円玉が極端に不足してダイエーの店員が音を上げたのはちょうどその頃だった。最初、ダイエーでは一円玉持参者には砂糖を半値で売るというサービスでこれに対応していたが、それではとても間にあわず、ついにダイエー独自の金券を発行することに決めた。

ところがこの一円金券がまたたく間に市場に流通しはじめ、銭湯にその金券をもって入りにくる者まで現れた。あわてたのは日銀の神戸支店だった。金券一枚の制作費は六十銭だった。これをそのまま放置すれば、日本の貨幣体制を崩壊させる事態にもなりかねない。

すぐにダイエーに金券の発行をストップさせる一方、メインバンクの東海銀行を通じて一円硬貨が五千円分入る袋を月に百二十袋、つまり六十万円分用意し、ダイエーに特別に調達したが、それもすぐに底をついた。

このとき一円玉をかき集めに入ったのが東海銀行だった。

「うちの銀行の本店のおひざ元にはお伊勢さんと熱田神宮という日本を代表する神社があります。そのお賽銭《さいせん》に目をつけた。あの当時、そうやって賽銭箱からかき集めた一円玉を、深夜、名古屋の本店から車で神戸まで毎日のように運んでもらったものです」

当時まだ名神高速道路は全線開通しておらず、一般道を使ってのピストン輸送だった。

一円玉不足に悩んだ前年の一九六二年、ダイエーは大卒の定期採用に踏みきり、翌年一月にはダイエーの一大配送基地となる西宮本部を完成させていた。そして同じ六三年三月、ダイエーははじめて関西を離れ、福岡への出店を図った。

中内ダイエーはこの福岡天神店のオープンを皮切りに、全国制覇を目指し、いよいよ破竹の進撃を開始していった。

第九章 わが祖国アメリカ

中内が一九六九年に発表した唯一《ゆいいつ》の著書、『わが安売り哲学』は、こんな書き出しからはじまっている。

〈一九六二年五月十二日。この日の感動を私は生涯忘れることはできまい〉

ダイエーの一大配送基地となる西宮本部の工事がはじまり、大卒の定期採用に踏みきったこの年、ダイエーの店舗は前年八月にオープンした西神戸店を加えても六店舗にすぎなかったが、年商は早くも百億円を突破し、従業員も千人を超えていた。

中内ダイエーは、高度経済成長という未曾有の追い風にも助けられ、完全に上昇気流に乗っていた。その年の五月、中内ははじめて渡米し、シカゴで開かれた国際スーパーマーケット大会に日本代表として出席した。

欧米各地から約三千人の関係者が集まったその会場に、当時アメリカ大統領だったジョン・F・ケネディから、次のような祝福のメッセージが届いた。

アメリカとソ連の差はスーパーマーケットがあるかないかである。マス・マーチャンダイズ・メソッド（大量商品開発方式）こそ、アメリカの豊かな消費生活を支えるものであり、スーパーマーケットを通して豊かさが実現されていく社会こそ、全国民が願い求めている社会である。一時間で買えるバスケットの中身の違いこそ、米ソの違いである。

中内はこのメッセージの一言一言に、目の前が開けていくように感じ、心のなかで「これだ。これこそ自分が進むべき道だ」という思いをかみしめ、感動で涙が出てきそうだったと告白している。

シカゴで国際スーパーマーケット大会が開かれてから五カ月後、世界中を核戦争の恐怖におとしいれたキューバ危機が襲った。ケネディのメッセージは、東西冷戦構造の緊迫状況がピークに達しつつあるさなかになされたものだった。そこには、資本主義体制が生みだしたスーパーマーケットの優位性を誇示することで、ソ連の計画経済の破綻《はたん》を世界中に知らしめすという狙《ねら》いが、明らかにこめられていた。この時代、スーパーの存在は、世界の軸をアメリカに向けるか、ソ連に向けるか、その重大な舵《かじ》とりを決める〝政治〟そのものだった。

中内は日本代表として大会委員長に日本の兜《かぶと》を贈ったあと、アメリカ各都市のスーパーを見学して回り、行く先々で店頭に並べられた商品の物量に圧倒された。

これに遡《さかのぼ》る十七年前の一九四五（昭和二〇）年一月、中内軍曹は、フィリピン中北部のリンガエン湾の砂浜のタコつぼのなかで、沖自体が膨れあがるようなおびただしいアメリカ太平洋艦隊の物量に腰を抜かしていた。その中内が、はじめて渡った〝敵国〟で、今度は、スーパーに並べられたおびただしい数の商品に驚かされ、感動すらさせられた。これは中内にとって、〝第二の敗戦〟だともいえた。

いや、それは中内ばかりではなかった。日本の大衆の多くは、戦後の焼け跡で、進駐軍兵士がジープから投げてよこすハーシーのチョコレートやリグレイのチューインガムを争って奪いあったように、〝敵国〟アメリカの物量と文化を手の平を返すようにして跪拝《きはい》し、小躍りして享受《きょうじゅ》していった。それは、八月十四日までアメリカと戦ってきた同じ国民とはとても思えぬふるまいだった。

中内はよく、大衆の気持ちをつかむことにかけて天才的な経営者といわれる。しかしそれは正確ではない。〝第二の敗戦〟を、むしろ嬉々《きき》として受け入れていったという意味で、中内自身が、まさに大衆そのものだった。

最初に会ったとき全身針ネズミのような恐ろしい印象を受け、それ以来中内と三十年以上の親交があるという流通専門誌「2020AIM」編集主幹の緒方知行はいう。

「中内さんにしろイトーヨーカ堂の伊藤雅俊さんにしろ西友の堤清二さんにしろ、戦後の流通業をつくってきたと自負する人たちは、すべて大正生まれです。彼ら大正世代には共通して、アメリカの物量に負けたという強烈な〝敗戦体験〟がある。その思いは、彼らのなかでいまもひきずっています。だから彼らにとっては、天井まで食品を積み上げて、客がカートいっぱいに商品を入れて買えるというのが、いまでも理想のスーパーなんです」

中内ダイエーが大衆の圧倒的な支持を得、驚異的な成長を成し遂げていったのは、一にも二にも、中内のなかに、一般消費者と通じる現実性と大衆性が強烈にあったからにほかならない。

中内のフィリピン戦線における飢餓感はそのまま、圧倒的物量に対する信仰的ともいえる崇拝心につながっていた。

一九七四年三月、フィリピン・ルバング島のジャングルで、残置諜者《ざんちちょうしゃ》として軍務に従っていた元陸軍少尉《しょうい》の小野田寛郎が、約三十年ぶりに〝帰国〟したとき、ある雑誌で小野田と同じ大正生まれの戦中派の座談会（「小野田少尉とわれら大正世代の三十年」＝「現代」七四年五月号）が開かれた。

出席したのは小野田寛郎と同じ一九二二（大正一一）年生まれの中内、それにやはり同じ年の生まれで中内と神戸高商の同期生だった大森実ら同校のOB六人だった。

このなかで中内は、僕は敗戦を知って非常に大きなショックを受けた反面、これで命だけは助かったと思いほっとしたと語っている。

〈その意味では小野田さんはしあわせだよ。思考のパターンというものを持って、いわゆる定理とか方式だけでやっていけば、世の中は簡単に割り切っていける。

彼にはぼくなんかと違って、迷うところがなかったと思う〉

中内は、僕らは大正デモクラシーの最後の光芒《こうぼう》のなかで教育を受け、しかも神戸高商という自由で合理主義的な校風で育ったので、大東亜共栄圏の理想というスローガンに、そのままストレートについていけないところがあった、だから滅私奉公ということもわかるが、いつもホントかな、と疑ってみる醒《さ》めた部分があった、と述べている。ちなみに小野田は、スパイ養成で知られる陸軍中野学校二俣《ふたまた》分校の出身である。

中内はこれにつづけて、自分のなかにはいつも本音と建前がある、それだけに何の疑いもたずに国に殉じていった兵士たちには、いまも後ろめたいものを感じていると、戦中派独特の屈折した心情をのぞかせている。

〈あのジャングルの中で水につかって腐って死んでいった戦友たちのことを考えたら、後ろめたいところがある。われわれはそれに対し何かのペイをしなければいけないんだ。ぼくにはいつも借りを返したいという気持ちがある〉

その割り切れない気持ちを代償してくれたのが、中内の場合、まことに皮肉なことに、かつては自分ら兵士を人肉を食うか食われるかというギリギリの飢餓線上まで追いこんだ圧倒的な物量を山とならべたアメリカのスーパーだった。これを〝転向〟と呼ぶのは簡単である。だが、中内にとって物量に対する飢餓と崇拝は、文字通り背と腹の抜き差しならない関係だった。

中内は、『わが安売り哲学』のなかで、フィリピンの激戦をかいくぐってきた自分が、なぜアメリカの物量にあこがれるのか、よくわからない、という意味のことを述べている。

〈豊かな社会とは人間が生きている社会のことである。人間が生きている社会にあこがれる気持ちは、フィリピンでの戦争体験のあとは、いやがうえにも高まっていた。その気持ちがなぜスーパーと結びつくのか。そのころの気持ちを的確に分析することは自分でもむずかしい。おそらく、心のなかに、しかと形をなさないながらも立ちこめていた何物かを求める気持ちが、米国のスーパーを見て初めて納得できたと言うよりほかはない〉

私は〝戦後〟という時代の骨格は結局、物量という面において、アメリカを〝敵国〟から一転して〝救世主〟として迎え入れた、というより迎えざるを得なかった戦中派の悲劇的とも喜劇的ともとれる重大な選択によってつくられてきたと思った。乱暴な言い方をすれば、日本の戦後とは、軍隊社会から企業社会への移行だったともいえる。と同時に、神戸で会った中村守男という人物がしみじみと語った述懐を思い出した。

中村は三井物産バンクーバー支店長、同大阪支店副支店長などを歴任し、神戸三中では中内と同期だった。

中村は、あなたのダイエーに対する経営分析はたいへん的確で、細かな点まで実によく調べている、といったあと、私の生年を聞いた。私が一九四七(昭和二二)年生まれだというと、中村はなるほどなあ、という顔をした。

「失礼ですが、昭和二ケタ生まれの人には、大正生まれの戦中派の気持ちというものが、なかなかわかりにくいのではないか、と思うことが時々あります。ダイエーの連載記事の厳しい指摘は誰がみても正しいと思いますが、われわれのように実際に戦争を体験してきた者には、経営は数字だけじゃないぞ、という思いがどうしてもあるんです。あの戦争で日本が負けたとき、企業どころか日本という国が、この先、生き残れるかどうかさえわからなかった。それでも日本はこうして敗戦の焼跡のなかから立派に生きてきた。中内くんのダイエーも同じで、いまは確かにひどい状態かもわからないが、必ず立ち直ると思うんです。

古いことをいうと笑われそうですが、神州不滅ということを、理屈よりも数字よりも前に体験的に信じているんです。だから甘いようですが、ダイエーも、そう簡単に亡《ほろ》びることはないように思うんです」

話を中内の渡米に戻す。中内はこの最初の渡米以後、完全にアメリカの虜《とりこ》となり、すべての手本をアメリカから貪欲《どんよく》に学ぶようになった。

一九六八年、大阪の商社、岩井商店と合併して現在の日商岩井となる直前、日商からダイエーに入り、副社長を最後に退任、現在は量販店向け専門商社ドウシシャの会長となっている入江義雄には、日商時代、こんな思い出がある。

入江は日商時代、衣料品の対米輸出関係の仕事を担当していた。そんな関係で、六二年頃、日商との間で衣料品の取引がはじまっていたダイエー専務の中内力をつれてシカゴを案内したことがあった。

シカゴにはその当時、ガスライトクラブという有名なメンバーズクラブがあった。ウエスタンスタイルに統一されたその店に力を案内すると、力はゆったりと食事と酒をたのしみ、店の雰囲気にひたりきった。

入江はそのとき別になんにも感じなかったが、六四年春、今度は中内をつれてシカゴやニューヨークを案内することになって、力と㓛の違いを肌身にしみて感じた。

中内のそのときの渡米の目的は、前年完成させていた西宮本部に、本格的なチェーンオペレーションシステムを導入するためのノウハウを勉強することだった。

二人が最初にたずねたのはシカゴに本社を置くシティ・プロダクツ・コーポレーション（CPC）だった。

CPCは百貨店と、全米に二千余りの店をもつフランチャイズチェーン「ベンフランクリン」を統括する本部機構で、すでに創業から四十年の歴史を有し、年商は、当時のダイエーの約七十倍という巨大小売りコングロマリットを形成していた。

中内はCPCにおけるフランチャイズチェーン管理システムを、西宮本部に導入することを考え、通訳として随行してきた入江に、同社のノウハウを買いとる交渉をさせた。

中内の言い分はこうだった。

貴社と業務提携してノウハウを学びたい。だが、その成果がでる前にロイヤリティーを払うつもりは毛頭ない。そもそも小売業のノウハウというものは消費者にこそ還元されるべきもので、あなた方に支払うべきものではない。

要するに中内は、アメリカを代表する大小売企業相手に、タダでノウハウをよこせ、といっていた。入江はすでにCPCとの間で、ロイヤリティーはできるだけ安く、という下交渉をしていただけに、中内の言い分を聞いて顔面蒼白《そうはく》となった。

入江はこの当時、ダイエーの社員ではなく、あくまでCPCとダイエーの仲介をする一介の商社マンにすぎなかった。中内はその入江に、オレの言い分を一言も間違えずに正確に相手に伝えろ、と強要していた。しかもCPCの会長は、商売にかけては海千山千のユダヤ人で、歳《とし》も中内とは親子ほど離れていた。入江は、ワキの下から冷や汗が流れるのを感じた。

両者の応酬はそれから一週間つづいた。その間中内は宿泊先に戻ると、一瞬の休む間も与えず入江をひきつれて、シカゴ中のスーパーマーケットを見て回った。そして夜は夜で、昼間集めたスーパーのパンフレット類に首っぴきで取り組み、重要と思われる箇所は入江に翻訳させた。

「この人はいったいいつ眠るんやろう、と思いました。以前、力さんをつれていったガスライトに案内しても、店内のインテリアから商売のシステムまで、すべて商売人の目でみている。お客さんとしてくつろいだ力さんとは大違いでした。

とにかく、中内さんは好奇心のかたまりでした。こんな人と一緒に仕事をしたらとんでもないことになるなと思いながら、それでも不思議にこの人のためならトコトンやってやろう、という気になるんです。私がダイエーに入ったのも、あの人の人並みはずれた情熱にひかれたからです」

一週間後、CPCとの契約がまとまった。

「メーカーの技術導入に関しては、成果についての保証がある。しかし、小売業の経営技術にはその保証はない。もしこの技術を使えば、総資本利益率二パーセントを保証するというのならロイヤリティーをお払いしましょう」

入江が清水の舞台からとびおりるつもりで中内が出したそんな自己本位の条件をそのまま伝えると、老練なユダヤ経営者は眉間《みけん》にしわをよせたまま、両手をあげてもうお手上げだ、というジェスチャーをし、

「わかった。何もかもみんなもっていけ」

と、はきすてるようにいった。

帰りぎわ老ユダヤ人は早口の英語で、通訳の入江にこう耳打ちした。

「中内はいまにどえらい男になる」

しかし、CPCとの交渉当時、ダイエーの財務全般をみていた実弟の中内力によると、いかにも伝説めいたこの話には、実は裏があるという。

「CPCとの交渉の下話をしてきたのは私です。シカゴの本部へ行ったり、店舗もずいぶんみましたが、ノウハウもなく、業態も十セントのバラエティーストアチェーンで、ロイヤリティーを払っての契約は必要ない、と判断しました。

帰国後、そのことを社長(中内㓛)にも報告しました。そのとき、小売業の外資導入はまだ禁止されているが、将来、緩和ないし、撤廃されるだろう、資金の導入先としての可能性だけは残しておいた方がいいかもしれません、ということもつけ加えました。

入江氏の話は、社長が私の話を聞いてから、シカゴのCPCを再度たずねたときのことをいっているのだと思います」

のちに㓛と力の間で繰りひろげられた兄弟相剋《そうこく》のドラマを予感させる証言である。

入江がダイエーに入社して三年後の七二年暮れ、当時中内が最大のライバル視していた西友が世界最大の小売業シアーズ・ローバックと提携に向け交渉に入ったと報じられた。そのとき入江は中内にすぐに呼びつけられ、こう厳命された。

「いますぐアメリカに飛んで、J・C・ペニーとKマートの二社と業務提携してこい。必ず二社一緒にだ。それまでは絶対に日本に帰ってくるな!」

J・C・ペニーとKマートは、アメリカを代表する世界的小売業である。いくらダイエーが急成長に次ぐ急成長をつづけているときとはいえ、その二大企業に提携を迫るというのは、あまりにも常軌を逸した交渉だった。

しかし、米国の小売業のノウハウはすべてわがものにしなければ気がすまなかった中内にとって、ダイエーの機先を制した西友とシアーズの提携話は、どうにも我慢ならないものだった。あるいは中内はこのとき、かつてアメリカの物量に負けた元軍曹の自分以外、アメリカの流通のノウハウを取る権利はない、それは敗者の当然の取り分だという勝手な妄想を抱いていたのかもしれない。

入江は正月休みを返上してすぐさまアメリカに飛び、デトロイトのKマート本社からニューヨークのJ・C・ペニーの本社と目の回るような忙しさで飛び回り、どうにか両社との提携の話をとりつけた。

中内のこうした〝アメリカ狂い〟ともいうべきふるまいは、すべて六二年の最初の渡米時のカルチャーショックに淵源《えんげん》を発していた。中内が渡米したその同じ年、新興の流通業は日本本国でも急成長産業として注目を集めるようになっていた。

この年の十一月、中央公論社は岩波新書に対抗して、中公新書の刊行に踏み切った。その第一回の刊行分の一冊として発売され、たちまちベストセラーになったのが、当時、東大経済学部の助教授だった林周二（現・流通科学大学特別教授）の書いた『流通革命』だった。

日本における流通業の未来像をはじめて予測したこの本は、いかにも高度経済成長時代のただなかに書かれた本らしく、あまりにもバラ色の未来像ばかりが描かれ、いま読むと首をかしげざるを得ない記述が相当目につく。だが、増訂版を含め九八年現在で五十三版を重ねていることでもわかるように、いまでは古典的名著の一つに数えられている。

『流通革命』が出版される三カ月前には、当時、新進の経営学者として注目を集めていたピーター・F・ドラッカーが、「中央公論」（六二年八月号）に、「経済の暗黒大陸」という論文を特別寄稿し「今日われわれは、ナポレオンと同時代の人びとがアフリカ大陸の内部について知っていた程度にしか、流通機構について知らない」という言葉で、流通機構の後進性についての問題提起を行った。

高度経済成長時代、〝流通〟は消費経済時代の将来を読みとくキータームとして、完全に時代の寵児《ちょうじ》扱いされていた。

発売されるやたちまちベストセラーとなった『流通革命』が生まれるきっかけをつくったのは、日本能率協会が発行していた「市場と企業」という流通専門誌だった。

同誌の編集長となったのは、一橋大学を卒業後の一九五六年、日本能率協会に入り、「マネジメント」という経営誌の編集部に所属し、同誌の編集長もつとめた田島義博（現・学習院大学経済学部教授）だった。

いま手元にある「市場と企業」の目次をみると、その後、流通理論の大家となる林周二や田島義博はじめ、宇野政雄（現・城西国際大学副学長）、当時、経営学のノウハウ本で売り出し中の坂本藤良、そして現在でも流通業界に対する影響力では誰の追随も許さないといわれる経営コンサルタントの渥美俊一も、読売新聞経営担当記者の肩書で健筆をふるっており、さながら流通理論の論客の梁山泊《りようざんぱく》をみる感がある。

林の『流通革命』は、実はこの「市場と企業」に書いた原稿を基にしてまとめたものだった。林はこれより一年前の六〇年一月、日本能率協会から『乱売とこれからの経営』という本を出している。田島によれば、この本の大部分は実際には田島が書いたものだったが、知り合いだった林に巻頭の部分を書いてもらって出版したため、著者は林周二ほかになっているという。

その本を探し出し読んでみた。そこには田島が書いた大阪・平野町の「サカエ薬品」のルポも載っていた。それより私の目に留まったのは、やはり田島が書いた「ランチェスターの法則」の解説記事だった。田島はこの軍事学の基本法則を空中戦を例にとって要領よく解説している。

甲側に五十機、乙側に四十機の火力も性能も同じ航空機があったと仮定する。最初の戦闘で甲側は乙側に向け五十機五十発の弾丸を撃ち、その五分の一が命中するとすれば、乙側の十機がうちおとされる計算になる。同じように乙側は四十機四十発の弾丸を撃ち、その五分の一が命中するとすれば、甲側の八機がうちおとされ、最初の戦闘が終わったとき甲側四十二機、乙側三十機が残ることになる。

同じように戦闘を重ねていくと、六回目の戦闘で、甲側には二十八機が残るのに対し、乙側は一機も残らないことになる。田島はこうした例をあげ、最後に次のように結論づけている。

〈かつてアメリカは海軍軍縮会議の席上、主力艦の保有隻《せき》数について、米英日の比を三・三・二でなく、五・五・三であることを強硬に主張し、その結果、米英十五隻に対し、日本は主力艦を十隻から九隻へとけずった。素人目《しろうとめ》には、一隻くらいどうでもよさそうに思われるのだが、米国がこのような主張をする背景には、この法則にもとづく絶対優位確保が強く考えられていたといわれる〉

田島によれば、この本は『流通革命』ほどではなかったが、かなりのベストセラーになったという。勉強家の中内がこの本を読まなかったわけはない。まして書名は、中内ダイエーそのものをズバリ指したような『乱売とこれからの経営』だった。

中内はこの部分を読んだとき、フィリピンのリンガエン湾における米艦隊の圧倒的物量を恐怖をもって思い出したに違いない。

昭和三〇年代からはじまり今日に至る中内ダイエーの貪欲なまでの拡大路線には、小さいものは必ず大きなものに負ける、というフィリピン戦線からもち帰った恐怖心が、まるで宿痾《しゅくあ》のようにからみついていた。

中内ダイエーの売り上げが五百億円を突破し、従業員も三千五百人に膨れた一九六七年、兼松江商の前身の江商からダイエー入りした元常務の打越祐《たすく》は、急成長期のダイエーの内情を最もよく知る人物である。

打越のダイエー在社期間は七七年までのちょうど十年間だった。その間、いわゆる〝首都圏レインボー作戦〟といわれる東京進出作戦の指揮をとるなど、同社の発展に大きく寄与した。

〝首都圏レインボー作戦〟の指揮官だった打越は、出店候補地探しのため、連日、東京周辺を車で走り回った。打越が東京事務所長に就任して最初に驚かされたのは、一台の社用車もないことだった。

このため東京進出の最高責任者の打越は、マイカーのハンドルを自分でにぎらなければならなかった。そればかりか、ガソリン代まで自分持ちだった。

この間ダイエーは、紳士服専門店のロベルト、ステーキレストランのフォルクス、ファストフードのドムドム、そしてコンビニエンスストアのローソンを設立するなど、積極的な多角化戦略も図っていった。

そのなかの一つに、実は、マクドナルドとの提携話もあった。打越がいう。

「中内さんは事業を多角化することに関しては恐ろしく貪欲な人でした。マクドナルドについても、実は藤田田《でん》よりも先に伊藤忠が間に入って、日本での権利をダイエーの手に入れようとしていたんです。ところが最終的には権利金の問題で折りあいがつかなかったんです。マクドナルド側の要求は二百億円でしたが、中内さんは『それは高すぎる。マクドナルドからノウハウを買わなくたってオレの方が経営がうまい。ダイエー独自で出来る』と断ってしまった。それでマクドナルドは藤田田に買われてしまったという経緯があるんです」

私はこの話を聞いて、その話に興味をもつ前に、戦後生まれの若手ベンチャー起業家の顔をすぐに思い浮かべた。

ソフトバンク代表の孫正義だった。孫は一九五七年生まれで、ことし四十一歳になる。

中内や藤田とは、親子ほども年が離れている。私はもう十年以上前、まだ日本ソフトバンク時代の孫に取材で会ったことがある。当時孫は、弱冠二十七歳の若者だった。

孫がひきいるソフトバンクは、九四年の株式公開以来、わずか三年余で五千億円近い資金を資本市場から集め、アメリカを舞台とした大型M&Aや、テレビ朝日株の買収、売却などを連発して話題を呼んだ。

しかし、アメリカ企業の積極的買収によって一時は、平成の〝ジャパニーズ・ドリーム〟の実現者と、時代の寵児扱いされた孫も、その拡大策の反動が出た格好で、いま正念場を迎えている。

打越の話からなぜ孫を思い出したかといえば、九八年現在年商二千九百億円で外食トップの日本マクドナルド社長の藤田に、かつて孫が近づいていった過去があり、同じように最近、中内にも近づいていたからである。九七年二月期決算発表後に行ったインタビューでも、中内はこちらが水を向けたわけでもないのに、自分の方から孫の話題を切り出した。

「孫正義が最近ボクのところにきた。用件はリクルート株のことだった。単刀直入に、ボクがもっているリクルート株を譲ってくれないかと申し込んできた。むろん言下に断った」

中内が江副《えぞえ》浩正から譲られたリクルート発行株の三五パーセントをもち、同社を資本的に支配していることはいまさらいうまでもない。

リクルート株を中内から取得しようとした孫の狙《ねら》いが奈辺《なへん》にあるかは定かではない。私はそれよりも、そのときの中内の顔に浮かんだ微妙な表情の変化が気になった。

中内は言葉にはしなかったが、微笑とも蔑笑《べっしょう》ともつかぬ笑いを浮かべたその顔には、苦労らしい苦労もしないで育ってきた戦後生まれの男にはまだまだ天下をとらすわけにはいかないよ、と書いてあるようにみえた。

たぶん中内はそんな話を私にすることで、戦後ベンチャー企業の雄は依然として自分であり、その座は死ぬまで誰にも明け渡すわけにはいかない、というメッセージを伝えたかったのだろう。

そしてそこにはおそらく、戦後日本経済を支えてきたのはわれわれ戦中派だ、戦争も戦後の混乱も知らないヌルマ湯育ちの戦後派などに名をなさしてたまるものか、という激しい世代間競争意識も働いていたに違いない。

日本マクドナルドが設立されてから四年後の一九七五年、藤田田は東京・西新宿の高層ビルの一室にある同社の社長室で、佐賀県からわざわざ上京して面会を求めていた十八歳の高校生と面談していた。

グリード（強欲）なアウトサイダーとしての藤田のイメージを決定づけた『ユダヤの

商法』の愛読者だという高校生は、すでに何日も藤田のもとに通いつめていた。七度目の訪問に、さすがの藤田も音をあげた。それが孫正義だった。

孫が当時通っていた久留米大附設高校は、九州では鹿児島のラ・サール高校とならぶ進学校として知られていた。孫は成績もよく東大合格間違いなしといわれていたが、まだ進路を決めかねていた。孫の父は韓国籍だった。もし東大に進んでも、日本人とは違い、その後のエリートコースが保証されているわけではなかった。

孫が、高校をやめてアメリカに留学したい、ついてはアメリカでは何を勉強したらいいと思いますか、と藤田にたずねると、藤田は即座に、そりゃコンピューターや、これからコンピューターは小型化して安くなり、ビジネスに絶対不可欠になる、といった。

孫は藤田のアドバイスを素直に聞き、カリフォルニア大バークレー校に留学し、同校を卒業後、まっすぐにコンピューターの道に進んだ。

中内、藤田という二人の戦後経営者の流れのなかに三世代以上年のはなれた孫を連ねてみると、ある共通したイメージがうかびあがってくる。

三人に共通してみられるのはアメリカに対する強烈な崇拝心である。

中内はケネディの祝電に感動してスーパー経営者の道を選びとった。藤田はアメリカ経済を実際に牛耳るユダヤ商人たちとの接触を通じて、商売に開眼した。そして孫は〝アメリカン・ドリーム〟を実現したビル・ゲイツらコンピューター世代に、無限の可能性を感じとっていた。

ここで、日本マクドナルドの藤田や、やはり中内、藤田と同じ大正世代で、ファミリーレストランのロイヤルを創業した江頭匡一《えがしらきよういち》のことをとりあげるのは、アメリカというものが、彼ら大正世代にとっていかに巨大な存在だったかを示したいからである。

外食産業を代表する経営者となった藤田と江頭は、アプレゲール（戦後派）と称された世代に属している。同じ大正生まれでも、実際に戦争に行った中内と、この二人には微妙な世代間の差がみられる。

彼ら二人にとって、いちはやくアメリカに範をとった中内ダイエーの成功は、背伸びすれば手中におさめられるかもしれない果実だった。それは戦後生まれの孫にとって、同じ世代に属するビル・ゲイツの成功がはるか遠い世界のものとは思えなかったこととよく似ている。

藤田は中内より四歳年下の一九二六（大正一五）年の生まれである。出生地は中内と同じ大阪だった。

父はモルガナイト・カーボンという外資系（イギリス）企業のエンジニア、母は敬虔《けいけん》なクリスチャンという家庭環境で育ったため、家には外国人客が多く、英語には子供の頃からなじんでいた。ちなみに田という名は本名で、クリスチャンの母が、おしゃべりにならぬよう口に十字架をするようにとの意味がこめられている。

偽悪的なイメージを自ら演出するフシがある現在の姿からは想像できにくいが、藤田の学歴はエスタブリッシュメントコースそのままだった。

中学は大阪の名門中の名門の北野中学だった。同校を卒業後、松江高校（文乙）に進んだのは、日ましに激しくなる空襲を避けようと考えたためである。中内が極寒の満州から灼熱《しゃくねつ》のフィリピンへ配属がえとなった一九四四（昭和一九）年のことだった。

敗戦は同校の学生寮で知った。仲間たちはみな敗戦のショックで号泣していたが、藤田ひとりは違っていた。

「これで自由な社会になる。日本は良くなる」とハシャぐ藤田に、同級生たちは白い目を向けた。

中内はフィリピンの山中で敗戦を知ったとき、これで日本に生きて帰れると安堵《あんど》の胸をなでおろしたが、かといってストレートに敗戦を喜んだわけではなかった。

この違いが、一九二二（大正一一）年生まれの中内と、それから四年後に生まれた藤田との間の、どうしても埋めがたい世代間の差だった。

中内が神戸・元町のガード下で密輸のペニシリンなどを扱う闇屋《やみや》商売をはじめた一九四八年、藤田は東大の法学部に進んだ。同期には政治学者の坂本義和、歴史学者の萩原延寿らがおり、一級下には流通コンサルタントの渥美俊一らがいた。

当時の東大は共産党の完全な指導下にあり、堤清二（現・セゾンコーポレーション会長）、渡辺恒雄（現・読売新聞社長）、氏家齊一郎（現・日本テレビ放送網社長）らが活躍する全学連の揺籃《ようらん》期だった。藤田はこうした動きに対抗して〝学内民主化同盟〟を結成し、彼らと真っ向から対立した。当時絶大な人気を誇っていた共産党の徳田球一が東大に講演にきたときはこんな一幕もあった。

藤田は私にかつてこう語っている。

「徳田がいうんだ。東大の諸君の九九パーセントはわが党の支持者だ。われわれに反対するのはキミたちだけだとね。そこで徳田にいってやったよ。オレたちは国から五十万円もらって共産党つぶしの運動をやっているんだ。もし共産党がオレたちに百万円出してくれたら、いますぐにでも運動をやめるよ」

藤田がGHQ（連合国軍総司令部）で通訳のアルバイトをはじめたのも東大時代だった。同時に藤田はこの頃、アプレゲールによる戦後最初の金融事件といわれた「光クラブ事件」にも関与している。

「光クラブ」とは戦後高利貸金融のルーツともいうべき存在で、これを主宰したのは、山崎晃嗣という藤田より一級上の東大生だった。

山崎は『私は偽悪者』という一冊の著書を残している。このなかに、ブロークン英語を使い、アルバイトにダイヤの売買をやっていた島田という名前の男がでてくる。

〈(その島田に)「面白いアルバイトだが、ひとつのらないか」と光クラブの機構を話して勧誘してみた。

この島田が兄貴から金を引き出して投資し、光クラブの理事として金繰りの面を一部担当することになった〉

この本は山崎以外は全部匿名《とくめい》で書かれている。藤田に、島田というのはあなたをモデルにしているのではないか、とたずねたことがある。すると藤田は、その本は読んだことがないと答えたあと、こんなことをいった。

「私は『光クラブ』の社員ではなかったが、山崎を尊敬していたし、山崎に資金を融通していたことも事実。私はいままで山崎ほど頭のいい人間にお目にかかったことがない。そういうと、山崎が『お前ほど心臓の強いヤツに会ったのははじめて』と答えたことをおぼえている」

山崎は資金繰りで行き詰まって自殺する前、藤田をたずねている。

「クラブに行き詰まってしまった……」

とつぶやく山崎に、藤田はいった。

「法的に解決することを望むなら、君が消えることだ」

山崎がこの藤田の言葉をどう受けとめたかは知る由もないが、しかし結果として山崎は死を選んだ。

藤田がＧＨＱの通訳のアルバイトを通じて知りあった男に、ウイルキンソンという軍曹がいた。

ウイルキンソンは奇妙な男だった。陰では〝ジュー〟(ユダヤ人)とさげすまれながら、面と向かってはだれも頭があがらない。それというのも、彼は兵隊相手に高利で金を貸していたからで、自分をさげすむ連中に金を貸し、その金の力で、実質的には彼を軽蔑する兵隊や将校たちを支配していた。

藤田はそのウイルキンソンにぴったりと張り付き、ユダヤ商法を体で覚えていった。サングラスをかけて中国人二世になりすまし、名前も〝ミスター珍〟と名乗った。

こうして東大を卒業後どこにも就職せずに藤田商店を創業した藤田田は、ウイルキンソンを通じて知りあったユダヤ人の仲介で、カミソリの刃や洗濯機などをアメリカから輸入する権利を取得し、原資を蓄積していった。

一九八九年、藤田は日本マクドナルドの集客力を高めるため、アメリカのおもちゃ安売りチェーンのトイザラスと合弁契約を結び、日本トイザらスを設立した。

このとき藤田が打った手はいまも語り草となっている。急速な多店舗展開を図るため、日米構造協議で米側に大店法緩和を主張させ、九一年に来日したブッシュ大統領に奈良の橿原《かしはら》店のテープカットまでさせた。この一件で通産省の大型店舗規制の声がピタリとおさまった。

大店法に風穴をあけた日本トイザらスの出店は、ホームセンターや家電専門店など新興ディスカウンターの出店ラッシュにもつながった。将来、藤田は中内とならんで日本の〝価格破壊〟の功労者の一人に数えられることになるかもしれない。

アメリカを味方につけてわが利を図るこうした〝ユダヤ的〟手法は、実はこれがはじめてではなかった。貿易会社の藤田商店の時代、アメリカのインチキ業者にひっかかって莫大《ばくだい》な被害をこうむりかけたことがあった。このとき藤田は、なんと大統領のケネディ宛《あて》の直訴状を書いて、損害を未然に防いだ。

恐らく自己演出も働いてのことだろうが、銀座のユダヤ人、超合理主義者、怪物、化物と称される藤田のアメリカ崇拝は筋金入り、いや少なくとも誰からも筋金入りにみえるように自己演出している。

「日本人がこの先千年、ハンバーガーを食べつづければ、色白の金髪人間になる。私は、ハンバーガーで日本人を金髪に改造するのだ。そのときこそ、日本人が世界に通用する人間になる」

藤田には二人の息子がいる。その息子の名前にも藤田の戦略と演出がからみついている。一人は元《げん》、一人は完《かん》である。元は英語で書けば、Ｇｅｎ、つまり〝ジェネラル＝将軍〟の略称であり、完は〝カーン＝王様〟という意味である。これも藤田にいわせれば、アメリカ人におぼえられやすくゼニのとれる名前、ということになる。

マクドナルドとの提携に後れをとった中内が、七九年、創業者のデビッド・トーマスが、われわれの事業はゼネラル・モーターズよりも大きくなると豪語したハンバーガーチェーンのウエンディーズと提携したとき、藤田は私にこう語っている。

「ウェンディーズの日本上陸は少なくとも八年は遅れている。これから上陸しても牛肉の入手、立地の確保など山ほど問題がある。八年前に上陸した日本マクドナルドの規模に達するのは、少なくみても倍の十六年はかかるだろう。もちろんわが社はそのとき、ずっと先を走っている。投下資本と収益を考えたら、そんなバカなことはできないはずだ。労多くして功少ない。おやめになった方がいいといいたい」

私は自信満々の口調でそう語る藤田の顔に、中内への強烈なライバル心がありありと浮かんでいるような気がした。と同時に、同じ大正世代に属しながら、藤田ほど臆面《おくめん》もなくアメリカを〝直輸入〟できなかった中内の〝世代の悲しさ〟も感じとらないわけにはいかなかった。

ファミリーレストランのロイヤルを率いるもう一人の〝外食王〟の江頭匡一は、中内より一歳年下の一九二三（大正一二）年、福岡の生まれである。世代的には中内と同じだが、藤田と同様、戦争には直接参加していない。

父はラフカディオ・ハーン（小泉八雲）や夏目漱石が教鞭《きようべん》をとっていた頃の旧制五高から東大へ進んだ明治のエリートだった。東大を卒業後、三菱鉱業（現・三菱マテリアル）へ入り、同社の重鎮となった父は、物心つく頃から、江頭に〝五高・東大〟と口ぐせのように唱えさせた。

江頭はこの父に反発し、中学時代はずっとラッパズボンで通学し、勉強は一切しなかった。中学卒業時の成績は二百数十人中、ビリから二番目だった。

子供の頃から白マフラーのパイロットに憧《あこが》れていた江頭は、明治大学を卒業後の一九四五年一月、浜松の航空隊に入隊したが、当時満足に乗れる飛行機はもう一機もなく、一度の実戦経験もなく終戦を迎えた。

郷里の福岡に帰った江頭は、福岡市郊外の春日原《かすがばる》に設営された米軍キャンプに、コックとしてつとめはじめた。ここで知りあったシュライナー中佐という男が、江頭にビジネスチャンスを与えることになった。

米軍キャンプのサービス関係の責任者だったシュライナーからの申し出は、江頭を驚喜させた。床屋、洋服屋、自動車の修理工場、宝石商、パン工場、花屋など、米軍キャンプのサービス関係すべてを担当する御用商人をいま探している最中だが、もしキミにその気があるなら、すべての権利を与えてもよい、というものだった。

五〇年六月の朝鮮戦争の勃発《ぼっぱつ》は、江頭を起業家に押しあげる重大なスプリングボードとなった。シュライナーの紹介で知りあった情報将校は、開戦直後、御用商人の江頭を呼んでこういった。

「キルロイ、いますぐにビラをつくってくれ」

キルロイとは、米軍キャンプのコック時代から江頭につけられた愛称だった。

文面は「このパイロットを助けた者には報奨金を差しあげる」というもので、これを英語と中国語、それに朝鮮語で布に印刷してくれという。米軍パイロットの背中に貼《は》りつけるためだった。

江頭がこの仕事を一日で仕上げると、感激した米軍将校は、江頭にゲート内に自由に出入りできるフリーパスを与えるとともに、SPS（スペシャリティー・ストア）の免許を与えた。SPSというのは米軍用に自由に物資を輸入できる特権で、許された業者は全国に六人しかいなかった。

その一人がユダヤ人を通じて取得した藤田だった。江頭とシュライナーの出会いは、藤田とウイルキンソンの出会いを思い出させる。この点に関して、江頭は私に次のように語っている。

「確か小佐野賢治さんも中古車輸入の特権を得たと聞いています。もし、ボクが東京にいたら小佐野さんのようになっていたかもしれないなあ……」

福岡空港にほど近いロイヤル本社の社長室には、江頭が尊敬してやまないアメリカ人のレストラン王、ハワード・ジョンソンの肖像画がかかっている。白木の桟《さん》のドア、金の把手《とって》、部屋に置かれた時代もののタイプライターにいたるまで、ここはすべて〝アメリカ〟で統一されている。ついでにいえば、ロイヤルでは倉庫はカミサリー、会議室はコンファランスルームと呼ばなければならない。

江頭にシャツをめくって腹をみせてもらったことがある。そこにはひきつれたような七つのメスの跡が生々しく残っていた。十二指腸潰瘍《かいよう》、直腸潰瘍、胆石、胃潰瘍、盲腸、胆嚢壊疽《たんのうえそ》、それに肝炎の手術跡だった。

それらはすべて、メニュー開発のため、自らに課した一日十食という過重な試食がもたらしたものだった。胃は親指大、直腸も半分に切りとられ、それでもなおアメリカ流のファミリーレストランを日本に移植すべく、一日二本の浣腸《かんちょう》を使用しながら試食に励む江頭の姿は、滑稽《こっけい》などという言葉を通りこして、むしろ凄絶《せいぜつ》だった。アメリカはそれほどまでに江頭をとらえていた。

ＧＨＱの通訳あがりの藤田にとっても、米軍キャンプのコックあがりの江頭にとっても、アメリカは富と名声を、この手につかませてくれる夢の王国だった。

そしてその二人に先行する形でアメリカ仕込みのスーパーを日本に移植した中内が、

外食に関して二人に後れをとったのは、一つには、中内がこの時期スーパーの版図《はんと》拡大にあまりにも忙しかったためだろう。

しかし恐らくそれ以上に大きかったのは、中内のなかの苛烈《かれつ》な戦争体験だった。中内はアメリカ流のスーパーを日本に移入しながら、忸怩《じくじ》たる思いを無意識のうちに抱いていたはずである。

中内にとってアメリカはアンビバレントな存在だった。フィリピン戦線での人肉を食うか食われるかの飢餓体験を思えば、それは昨日の敵は今日の友などと呑気《のんき》にいえるような代物では絶対になかった。

中内ダイエーを筆頭としたスーパーの大攻勢が、外食というもう一つの流通サービス業を進撃させるための地ならしとなったことは事実だった。だが、ある種の後ろめたさをおぼえながら、かつてはまっ先切って〝アメリカ〟を移入した先頭ランナーの中内も、藤田や江頭が頭角を現してきた局面においては、もはや〝遅れてきた青年〟の悲哀を味わわなければならなかった。

人は一身を二世に生きることはできない。戦後流通業の〝巨人〟といわれる中内も、先駆者の栄光と悲惨を一身に受けたという意味では、凡百の経営者たちと何もかわりがあるわけではなかった。

第十章　黄金の六〇年代

一九六二年十一月、中公新書の第一回刊行分として発行された林周二の『流通革命』は、中内ダイエーはじめ多くのスーパー経営者のバイブル的存在となった。前にもふれたが、このベストセラーを生みだしたのは日本能率協会発行の「市場と企業」だった。同誌編集長の田島義博（現・学習院大学経済学部教授）が、中内とはじめて会ったのは、五七年はじめのことだった。当時田島は同じ日本能率協会発行の「マネジメント」の編集部にいた。まだ「主婦の店・ダイエー」は千林に出店しておらず、中内は大阪・平野町の「サカエ薬品」で、社長の博の下で従業員から、〝お兄さん〟と呼ばれる鬱屈《うっくつ》をかかえながら狂ったように動き回っていた。

平野町の薬品問屋街にとんでもない安売り屋がある、という噂《うわさ》を聞きつけた田島が事前の約束もなしに、店頭に味の素やアツギのシームレスストッキングなども山と積まれた「サカエ薬品」にとびこむと、ワイシャツの袖《そで》をまくりあげた中内が出てきた。田島は単刀直入に聞いた。

「どうしておたくの店はこんなに安くできるんですか」

「商売のカラクリをそんなに簡単に教えられますかいな」

中内はそういいながら、平野町の安売り問屋のルポ記事を書くため、わざわざ東京からたずねてきた若い記者に興味をひかれ、先に立って二階に案内した。畳敷きの小さな暗い部屋で、二人は流通について知っているありったけの知識を披瀝《ひれき》しあった。田島はそれからまもなくシカゴ大学に留学することになっていたくらいだから、横文字については人並み以上の自信があったし、中内も中内で、日本NCRのセールスマンたちからアメリカのスーパーについてできる限りの知識を吸収していた。田島がアメリカのディスカウントハウスについての情報を中内に話しはじめると、中内は膝《ひざ》を乗り出して聞き入り、田島の情報にお返しするように、やおら薬の安売りのカラクリについて話しはじめた。

「その話を聞いているうちに、問屋のデッドストック（不良在庫）を現金で安く買っていることがわかってきたんです。『サカエ薬品』の他にも周辺取材をして、ぼくが得た結論は次のようなものでした。

オートメーションによって商品が大量に生産される時代になった。しかし昔は脚気《かっけ》のクスリだったビタミンB_1が栄養剤として買われているように、商品の性格も変化してきている。つまり大量生産時代になり、商品の性格も多様化してきているのに、それを消費者にまで届ける流通という血管が詰まって動脈硬化を起こしている。

だから、これからはクスリの乱売を抑えるのではなく、むしろ流通のありかたそのものを変えなくてはならない、というのがぼくのリポートの結論でした」

このときの取材をもとにした田島のリポートは、「革新を迫られる流通機構」と題して「マネジメント」（五九年二月）に載っている。

十一ページに及ぶこの長大なリポートは、いま読んでも古びていない。マスプロ（大量生産）をマスコミ（大量宣伝）によってマスセールス（大量販売）するという一連の過程は、もう今日の宿命といえるかもしれない、と結語するこのリポートで、田島はとりわけマスコミの存在に注目している。

このリポートがすぐれているのは、代表的な薬品の生産額の推移や、三共、山之内製薬、武田薬品など日本を代表する八つの薬品メーカーの売上高、利益、一般管理費と広告費の相関などを数字であげながら、薬品の大衆化というプロセスを説得力をもって説明していることである。

すなわち日本の主要薬品メーカー十社の有形固定資産の純増は、五三年から五四年にかけて、増資あるいは社債の発行および資本の内部蓄積によって自己資本の拡大につとめた結果、五五年の二億円が、五六年には十三億円、五七年には二十四億円と驚異的な増加率を示している。

薬品メーカーのこうした急成長を大きく担《にな》ったのが、総合ビタミン剤に代表される大衆保健薬だった。総合ビタミン剤の生産額をみると、五三年に二十四億円だったものが、わずか四年後の五七年には六十二億円と、三倍近くまでハネあがっている。

さらに薬品メーカーの広告費の対売上高比率は、各社とも一〇パーセント前後あり、繊維メーカーの平均一パーセント以下、菓子メーカーの平均四・五パーセント、精密機械メーカーの平均二・四パーセントに比べていかに高いかなどが分析、論証されている。ダイエーの前身の「サカエ薬品」はいうまでもなく、初期ダイエーの主力商品も、田島がこのリポートで、マスプロ、マスコミ、マスセールスの代表的商品としてあげている薬品だったことは興味深い。

古代の薬師《くすし》が呪術《じゆじゆつ》的権力の一角を占めていたように、薬というものはいつの時代にあっても他の商品とは違う呪縛性を一般庶民に与える商品だということができる。

そしてその呪縛性は、高度経済成長にともなう新聞、テレビの発達と、それらを媒介として流される莫大な宣伝費の投入によってなお倍加していった。

元ダイエー関連業者によれば、戦前、薬をのむのはインテリだけで、「サカエ薬品」が爆発的に売れたのは、一般大衆が薬をのめばインテリになったと錯覚した時代の気分も、たぶんかなり影響しているだろうという。

神戸商科大学時代から、「サカエ薬品」の手伝いをしていた中内力は、この頃、神戸駅を夜の八時に出る夜行列車の「銀河」で東京・神田の薬品問屋街に薬を売りに行き、その金で大阪で高く売れる薬品を仕入れて帰るという生活を繰り返した。当時サラリーマンの初任給は七、八千円だったが、神戸―東京間を一往復するだけで十万円儲《もう》かった。当時の薬は、まさに魔法の商品だった。

中内はそうしたことを考えて、薬を主力商品としたわけではない。たまたま生家が薬局だったから、初期ダイエーでも薬を主力商品としたにすぎない。だが、田島の的確なリポートをあわせ読むとき、薬という商品の大衆性と呪縛性が高まりに高まっていたその状況をまるで狙《ねら》いすましたかのようにして、よくも中内という男をこの世におくりこんできたものだという感慨をもたざるを得ない。中内はまさに〝戦後〟という時代が生みだした男だった。

田島は「市場と企業」の編集長として日本における流通革命の論陣を張るとともに、同じ日本能率協会から、中内をはじめとするスーパーの経営者たちに決定的な影響を与えた『日本の流通革命』という本を出版している。林周二の『流通革命』と同じ一九六二年のことだった。

田島はこのなかで、コカ・コーラを例にとり、〝流通革命〟というものの実態をわかりやすく説明している。

〈東京・銀座の高級喫茶店でコカ・コーラを飲む。一杯百五十円也だ。薄暗い店内には、ファッションモデルかと見まがうウエイトレスたちが、思い思いのニュー・モードに身を包んで、花のように立っている〉

田島は冒頭に一九六〇年代当時の最新銀座風俗を出して読者の興味をひき、やおら本題に入ってゆく。

百五十円のコーラの原価は、二十七円から二十九円である。高級喫茶店にとっては一杯百二十円あまりもの粗利益である。では、こんなウマ味を生むコカ・コーラが、なぜ日本人の間でこんなに短期間に受け入れられていったのだろう。

コカ・コーラの味を消費者になじませ、習慣性をつけたからだ。これは答えになっていない。なぜならコーラ系の飲料は、コカ・コーラ以外、たくさん出ているからだ。

田島はその例として、外国系のペプシ・コーラ、ミッション・コーラ、ロイヤル・クラウン・コーラ、国産系の森永スパーク・コーラ、明治コーラ、リボン・コーラとあげ、そのなかで、なぜコカ・コーラだけが一頭地を抜いて伸びたのか、と重ねて問題を読者に投げかけている。

コカ・コーラだけ猛烈な宣伝をやっているわけではない。しかし、どこの喫茶店に入ってもコカ・コーラを置いているし、津々浦々までコカ・コーラが行き渡っている印象を受ける。なぜコカ・コーラだけ伸びたのか。

田島がその秘密を解くカギとしてあげているのは、フランチャイズ制とルートセールスである。

フランチャイズ制とは、日本コカ・コーラの本社からコーラの原液を供給してもらい、炭酸ガスを加えてビン詰めし、与えられた市場で販売するシステムを指す。

一方、ルートセールスとは、フランチャイズ会社が、担当市場にコカ・コーラを売り込む販売方法のことである。日本式の販売方法だと、メーカーから問屋へ品物を送り、問屋が小売店へ送り、小売店が家庭や喫茶店などに送るのが一般的だが、コカ・コーラは一切問屋を使わない。

コカ・コーラのトラックが商品を満載して、喫茶店、バー、レストラン、ホテル、クラブ、酒屋などを巡回訪問して注文をとり、その分をトラックからおろして代金を受け取り、空ビンを積んで、また次の訪問先へ行く。ルートセールスの名はここからついた。

コカ・コーラ一本の卸値は、当時二十七円から二十九円といわれていた。小売価格は三十五円以上なら、いくらでもよかった。したがって百五十円とる高級喫茶店もでてくるわけで、商売としては笑いがとまらなかった。

田島はそう述べたあと、それでは日本のコーラメーカーはどうだろう、ともう一度、最初の問題に立ち帰っていう。

コカ・コーラに対抗するためには、どうしても値段を同じにしなければいけない。しかし、多くのメーカーの場合、大卸と小卸という二つの問屋を経過することが多いので、ここにマージンを払って喫茶店に二十七円で卸すためには、メーカーは血のにじむようなコストダウンを図らなければならない。

万一、コストダウンが図られ、低マージンに耐えられる体質ができたとしても、問屋や酒屋が、喫茶店、バー、レストラン、ホテルなどをしらみつぶしに歩いてくれることはほとんど考えられない。

〈こうして、日本式の流通経路とコカ・コーラ式のルートセールスの間には、決定的な差ができるのである。

コーラ飲料が自由化され、コカ・コーラが日本に上陸してくるといって騒がれた頃、ある業界人は、「コカ・コーラだって日本の複雑な流通機構を使わざるをえない。そうすればわれわれが問屋に働きかけて、あまりコカ・コーラを扱わないよう圧力をかけることもできる。世界のコカ・コーラも、日本の流通機構には、手も足もでないよ」といっていた。

ところが実際には、フランチャイズ制とルートセールスという日本の流通機構をまったく無視した二つの戦略をもって、日本の市場に進出してきた。業界人の甘い観測は根本から崩れたわけである〉

この本が書かれた一九六〇年代当時、日本の流通機構は、いま述べたコカ・コーラの日本進出に代表される自由化と、大資本のスーパーマーケットへの進出によって、根底から揺さぶられるだろう、といわれていた。この本のなかにも、今後スーパーに進出するといわれる五つの大資本として、

①総合商社系 ②百貨店系 ③電鉄会社系 ④興行会社系 ⑤水産会社系

をあげ、具体的に、住友商事、三井物産、伊藤忠商事、日綿実業、東洋棉花（総合商社系）、三越、高島屋、大丸（百貨店系）、東急、西武、阪急、近鉄、阪神、京成、京阪（電鉄会社系）、東映、東宝、松竹（興行会社系）、宝幸水産、大洋漁業、日本水産、極洋捕鯨（水産会社系）などの社名を列記している。

だが、ここであげられた企業で実際にスーパー業界に進出し、それなりの地歩を固めたのは、東急、西武くらいのもので、あとは進出を見合わせるか、進出しても実験的店舗にとどまった。

なぜ他産業は結局スーパー業界に進出できなかったのか。三井物産の例をあげれば、同社はすでにミルトンなどの乳酸飲料や「こけし印」のカンヅメを販売していた。仮にスーパーをつくるとすれば、これらの商品は、自社が卸す小売店の価格より安く売らなければならない。その点の調整がつかなかったことが、同社がスーパー業界に進出でき

なかった大きな理由だった。

中内がアメリカのスーパーのノウハウを独占せんばかりの貪欲《どんよく》さでとりいれる一方、拡大に次ぐ拡大路線を一瀉千里《いっしゃせんり》に突っ走っていったのは、彼のなかにある生来的な独占欲、支配欲によるものとみるのは間違いである。

自由化と大資本の進出によって、安売り屋あがりの弱小スーパーは踏みつぶされるというとてつもない恐怖心が、中内の気持ちをいやがうえにもはやらせた。そして、自由化と大資本の包囲網ができる前に全国制覇をなにがなんでも達成しなければ、という野望をたぎらせることになった。中内はここでも、フィリピンのリンガエン湾における物量の恐怖におびえていた。

編集長をつとめた田島自身が、「日本の流通革命を起こしたのはこの雑誌だったといってよいと思います」という「市場と企業」(六三年四月号)に、中内と伊藤雅俊らスーパー経営者の座談会が載っている。のちに不倶戴天《ふぐたいてん》の敵といわれ、お互いに相手の名前を聞いただけでもムシズが走るといわれるほど険悪な仲となった中内と伊藤が顔をあわせたのは、おそらくこれが最初のことである。

この貴重な座談会のなかで中内は、司会の田島の、銀行からの融資はどうなっているんですか、という質問に対し、次のように答えている。

〈銀行関係に頼むのは危険だと思って、われわれは手をつけていないんですよ。いつ大メーカー資本とか、金融資本の圧力で引きあげられるかわかりませんので〉

また、こんな発言もしている。

〈ひとつの企業としてやらぬことにはダメです。スーパーマーケットでもやろうかということでは間に合いませんね〉

これらの発言には、金融資本と大メーカー資本の進出におびえる中内の小心さと、そんな連中に負けてなるものか、という中内の強気が手にとるように表れている。

この座談会ではスーパーの陳列の工夫についても語られている。中内はそこでこんなことをいっている。

〈缶詰めはさかさにおいたりします。さかさにしておくと消費者がうちへ持って帰って食べると味がしみておいしいということで（笑）。お茶なども横に積んだほうが量感を出すので、パッケージも横文字にしたんです。そうしたら舶来のお茶みたいですね（笑）〉

伊藤雅俊の次の発言も、彼の女性的とも慇懃無礼《いんぎんぶれい》ともいわれる人柄を彷彿《ほうふつ》とさせて興味深い。司会の田島に、伊藤さん、将来の計画は、とたずねられ、伊藤はこんな答えをしている。

〈やってみなければなんともいえませんわ。試行錯誤の状態じゃないでしょうか。中内さんは優等生で僕は劣等生ですよ（笑）〉

伊藤はゴルフのスコアさえ、自分の数字しかつけないほど、自分の心のなかから他人との競争を消去しようと思っている男である。「いえいえ、競争相手など滅相もありません。そんなことは考えたこともございません」というのが、伊藤の口グセである。

伊藤はこのとき百八十センチに近い長身を穴でもあったら入りたいようにモジモジとさせ、謙遜《けんそん》というよりはほとんど卑屈に近いへりくだりの態度をとりながら、ノレンに腕押しの答弁をしたことは想像にかたくない。

中内と伊藤の人物比較とダイエーとイトーヨーカ堂の経営比較は後からゆっくり述べたいが、ここで私が実際にみた二人の出店に対する違いを例にとっていっておけば、中内の出店はひたすら戦闘的である。「踏みつぶしたるわ」といって出店し、「逆らうモンはみんな息の根とめたる」といって出店するのが中内の流儀である。

これに対し伊藤は「おさわがせしてスミマセン」といって出店し、「地元の皆様のおかげです」といって出店する。その態度は、ひたすら恭順的である。中内はいわば雷親《おや》父《じ》だが、伊藤は実はそれより恐ろしい鬼姑《おにしゅうとめ》である。「羊の皮をかぶった狼《おおかみ》」というのが、伊藤をよく知る人が決まって口にする人物評である。

中内は相手を叩《たた》きつぶさなければ気がすまないが、伊藤はなよなよとからみついてきて最後は相手を身動きできなくしてしまう。仮に中内がサーベルで脅して出店を迫るとすれば、伊藤はソロリソロリと真綿で首をしめ、相手に感謝される頃合を見はからって、やおら出店にとりかかる。

こうしたことを考えれば、「市場と企業」の座談会における、伊藤の「中内さんは優等生、僕は劣等生」という発言も、とても真に受けることはできない。おそらく伊藤はこのとき、中内の拡大路線はそのうち必ずへたりこむ、そのあと漁夫の利をしめるのは誰なのか、と内心ほくそ笑んでいたことだろう。

しかし、規模の拡大だけをスーパーの優劣の唯一《ゆいいつ》の基準だとすれば、伊藤がいう通り、このころのダイエーはまさに優等生だった。

この座談会から三年後の一九六六年の日本の量販店ランキングのベストテンをあげておく。

企業名	売上高	店舗数
①ダイエー	四百億円	二十九店
②西友ストアー	二百三十億円	二十二店
③緑屋	二百五億円	三十六店
④スーパー丸栄	百八十億円	十店

④十字屋　百八十億円　三十一店
⑥丸井　百七十億円　二十四店
⑦長崎屋　百六十億円　三十店
⑦東光ストア　百六十億円　二十九店
⑨灘神戸生協　百五十億円　十七店
⑨ほていや　百五十億円　五十三店

イトーヨーカ堂のこの時点での売上高と店舗数は、百億円（十一店）でランキング十二位にすぎない。これは、いづみやの百二十億円（九店）に次ぎ、ニチイの百億円（十七店）と並ぶ規模でしかなかった。

ちなみに、イトーヨーカ堂、ニチイに次ぐランキングの十四位には、中内の次弟の博が経営するサカエ薬品（八十五億円、七店）が入っている。中内ダイエーはやがて、そのサカエ薬品も呑《の》みこむことになる。

皮肉なことに、こうした飽くなき拡大路線が今日のダイエーの危機を招く元凶となった。

この点について、「サカエ薬品」以来四十年間ダイエーをウオッチしてきた田島に、率直な意見を求めてみた。田島の意見はやはり示唆《しさ》に富んでいた。

田島はまず、日本の流通業をはかる基準として、理念的基盤があるか、技術的基盤があるかをみるのが重要なポイントになるという。

「理念的基盤に関しては間違いなくダイエーが群を抜いています。〝価格破壊〟や〝メーカーからの価格支配権の奪取〟という理念は、中内さんが日本の流通業に残した最大の功績だったと思います。

ただ、あれだけの巨大企業になった割には、人材や資本の論理、システムといった点をみると、中内さんはあまりにロマンチストにすぎる。中内さんは日本の流通業における偉大な革命児に違いないが、もう一つの技術的基盤については、イトーヨーカ堂の伊藤さんや鈴木（敏文）さんに一歩も二歩も後れをとってしまった」

田島はかつて日本経済新聞に、店舗数の膨張を企業の成長と錯誤すると大変なことになる、と書いたことがあった。明らかにダイエーの戦略を批判したこの記事に、中内は頭から湯気をたてんばかりに激怒したという。

「日本の流通業と不動産業の経営者は、なぜか、売り上げ至上主義なんです。こんなことはアメリカではまったく考えられない。彼らは経営をすべて投資効率でみる。投下した資本に対して少なくとも一〇パーセントの経常利益がでなければ経営者とはいえないんです。

ではどうやったら投資効率があがるのか。要は、土地や建物の投下資本の分母を出来るだけ小さくしてやればいい。ところが中内さんはその逆をやってしまった」

数年前、田島は通産省の委託で日本の量販店二十三社の投資効率の調査をしたことがあった。二十三社の平均投資効率は、アメリカで一応合格ラインといわれる一〇パーセントの半分にも満たない四・九パーセントという数字だった。

しかもこの四・九パーセントという数字には、実は重大な問題がはらまれていた。二十三社のうち、イトーヨーカ堂一社だけで一五パーセントの投資効率をあげており、これが全体の数字を押しあげていた。もしイトーヨーカ堂がなければ、日本の量販店の投資効率はさらに下がり、業界全体が危険水域に達していただろうという。

それにしても、中内ダイエーはなぜ投資効率を無視して膨張主義一本やりできたのだろうか。流通業というものに対する社会的評価の低さがコンプレックスとなり、それを穴うめするように無間地獄《むけんじごく》のような拡大路線をひた走っていったのだろうか。

そうたずねると、いかにも学者然とした痩身《そうしん》に山羊《やぎ》のようなアゴヒゲをたくわえた田島は、その髭《ひげ》を天に仰がせるように身をそらし、うめくようにしていった。

「ウーン、それは僕も何度も考えたんですが、結局わからなかった。その答えは経済学じゃなく、文化人類学か歴史学の範疇《はんちゅう》なのかもしれません」

日本を代表する流通学者の田島が、経済学ではなく文化人類学や歴史学の対象だと嘆じた中内は、〝流通革命論〟が巷《ちまた》に跋扈《ばっこ》しはじめた一九六三年、田島の不可解という評言にあえて挑戦するように、はやくも年商千億円という途方もないビジョンを打ち出していた。

九七年十月十五日午後、東京・丸の内の東京商工会議所で、ダイエーの九七年八月期中間期決算の発表が行われた。これによると、経常損益は期初計画を十億円下回る前年同期比五一パーセント減の三十億円という低水準に落ち込んだ。

約四十人の雑誌関係報道陣を前にした副社長の中内潤は、「倒産したヤオハンから買収した十六店舗の業績はどうか」という質問に、「結果が出てくるのはこれから」と、とりあえずかわしたが、つづく「ヤオハンの店舗買収の投資効果はどうか」という質問に、「まあ、土地と建物を買ったようなものだから」と答えて、同社の不動産業的体質を露呈した一幕もあった。

また、業績不振や巨額負債について近頃頻繁に書き立てられている怪文書についての質問が出たときは、表情を少しこわばらせ、「よくわからないので言明できない。ただし数字については決算がすべて。粉飾しているわけではない」と珍しく気色ばんだ。

翌日行われたイトーヨーカ堂の同期決算発表でも、一〇パーセントの営業減益が明らかになった。優等生といわれつづけてきたイトーヨーカ堂の業績低下は、あらためて巨大スーパーの不振を印象づけた。

いま流通業界では、巨大スーパーは、莫大《ばくだい》な有利子負債を抱え金融機関側が融資を選別しはじめたゼネコンと同じ運命をたどるのではないか、との噂《うわさ》がとびかっている。中内ダイエーを先頭にして、一九六〇年代の日本を席巻《せっけん》してきたスーパーは、それから約四十年後の現在、本当にその命脈を尽きさせようとしているのだろうか。

林周二の『流通革命』によって、誕生間もない日本のスーパー業界がにわかに注目を集めはじめた一九六二年、これと同じタイトルの翻訳書が日本能率協会から出版された。著者はウォルター・ホービングといい、翻訳したのはすでに何度も登場した田島義博だった。

この年渡米した中内は、東西の冷戦構造が高まるなか、スーパーマーケットを例にとって自由主義経済陣営の優位性を誇示するケネディのメッセージに身体《からだ》が震えるほどの感動を覚えたが、この本もこれと同様、スーパーを例にとりながら、共産主義経済陣営の後進性を批判するという政治的意図が、明確にこめられていた。

この本は、一九六〇年にアメリカを訪問したソ連首相のニキタ・フルシチョフは、ソ連の生産量は計画経済によって早晩アメリカを追い越すだろうと公言したが、彼は大量生産というものが大量流通というものと切っても切り離せない関係にあることをまったく理解していない、という批判的な書きだしから始まっている。

中国の工場は立派だが、それに見合った流通機構をもたないから、中国の経済はいつまでたっても発展しない。これに対し、大量生産、大量流通の機構が整備されたアメリカの資本主義制度は最高の社会経済制度である。

こうした記述が随所にみられることでもわかるように、この本は明らかに東西冷戦構造の一つの産物だった。はじめから終わりまでアメリカ絶賛で綴《つづ》られたこの本のなかには、たぶん勢いあまってのことだろう、マルクスに対する批判まで展開されている。

〈マルクスが資本主義を非難した時代は、生産と流通の相互関係についてほとんど理解されておらず、間違った未発達の流通組織によってつくり出された定期的な不況が、人びとに多くの不幸をもたらしていたのである〉

まさにスーパー万歳一色に彩《いろど》られたこの本の著者のホービングは、オードリー・ヘップバーン主演の映画で有名になった、ニューヨークの高級宝石店・ティファニーの会長だった。ホービングは、大量流通が実現するための条件として、自己消費の原則、一物一価の原則などと並べて、セールスマンシップをあげている。

セールスマンシップは共産主義のもとでは機能しない。しかし、人びとは最低生活水準にある時を除き、行列して品物を買うことを嫌うものである。これまで官吏からほほ笑みかけられた経験をもつ人が一体何人いるだろう、と述べたあと、こんなことまでいっている。〈もしカール・マルクスが、商品の流通にあたって、セールスマンシップの果たす役割を、少しでも理解していたら、彼は決して「共産党宣言」を書かなかっただろう。彼の著作のどこを見ても、彼が流通について何か理解していたかを示す個所はない〉

泉下のマルクスも、ブルジョアジー御用達の高級宝石店の経営者からこんな粗雑な批判を受けるとはまさか思ってもみなかっただろう。しかしこうした言説が安手の経営ノウハウ本のなかに臆面《おくめん》もなく書きつらねられたところに、実は、東西冷戦構造がピークに達したこの時代の緊張感がひそんでいた。

この時代、日本は高度経済成長という未曾有《みぞう》の好景気にわきかえっていた。ダイエーを筆頭としたスーパーや、その周辺産業ともいうべき外食産業も、日本の歴史に二度と現れないこの時代の栄養分をたっぷりと吸って芽を伸ばし急成長を遂げた産業だった。

春秋の筆法をもっていえば、東西冷戦の危機が日本の流通業を胚胎《はいたい》させたといえる。

仮にこの時代、東西冷戦の危機感がこれほど深刻でなかったならば、アメリカは、資本主義体制と大量流通のチャンピオンとしてのスーパーを、これほど全世界に向けて喧《けん》伝《でん》することはなかったろう。

そして、この時代、高度経済成長のまっただなかにあった日本は、まるで仕組まれてでもいたように、アメリカの意志をそのまま受け入れる願ってもない巨大な受け皿となっていた。

一九六〇年の日米安保条約をめぐるいわゆる安保闘争から、その後の高度経済成長に向けての季節は、よく、政治のテーマが経済のテーマにとってかわられた、あるいは政治のテーマが経済のテーマによって覆《おお》い隠された時代といわれている。

全学連の安保反対のデモで、連日国会周辺に、〝革命前夜〟の緊迫した空気がみなぎっていた頃、時の総理大臣の岸信介は、激しいデモの渦とはかけはなれてプロ野球を楽しむ満員の後楽園球場について言及し、「私は声なき声にこそ耳を傾ける」という言葉で自らを励まし、安保条約の強行採決に踏み切った。

その〝声なき声〟の大衆が熱狂的なまでに支持していったのが、岸の退陣後、総理大臣のポストに就いた池田勇人による高度経済成長政策、とりわけ所得倍増論だった。池田は安保闘争という〝政治の季節〟によって失われた人心を、所得倍増という明るい目標をかかげることによってとり戻そうとした。

六〇年の所得を、十年後の七〇年には倍にするという計画は、二百五十人の専門家が延べ百五十二回の会議をひらき、約八万字に及ぶ答申文にまとめられたもので、この計画の中心人物は池田の経済ブレーンの下村治というエコノミストだった。

大蔵省、日銀などを経て池田のブレーンとなった下村は、都留重人、吉野俊彦、後藤誉之助など錚々《そうそう》たるエコノミストたちとの論争を経て、次のような主張を展開した。

技術革新と近代化意欲に支えられて日本経済は未曾有の発展を遂げるだろう。十年で月給二倍どころか、年率一〇パーセントの成長も可能だ。日本人の能力からすれば、日本経済は屈折期を迎えるどころか、むしろ勃興《ぼっこう》期にある。

この所得倍増計画について策定者の下村は、当時を振り返って、次のように語っている。

「私どもは主観的には、所得倍増政策で安保騒動はなくなるのだという見通しを持って打ち出したといえます。安保の混乱を消すためではなく、高度成長政策を採れば、混乱は消えるのだということですね」

下村の答申を受けた池田は、まず第一段階として、当初三年間の経済成長率を九パーセントに設定してスタートを切った。

当時の日本人一人当たりの国民所得は十三万八千円で、アメリカの八分の一、西ドイツの三分の一でしかなかった。

ハガキ一枚五円、タクシーの初乗り八十円だったこの時代、勤労者の平均月給は二万四千三百七十五円だった。それが十年で二倍になるという。国民のほとんどが「ウソだ」と首をかしげたのも当然だった。

作家の小林信彦は「六〇年代初期の空間感覚を丸ごととらえたい」という企図をもって、『夢の砦《とりで》』という長編小説を書いている。そのなかに、所得倍増計画についてふれている箇所がある。

〈松川があまり信じていない口調でわらった。

「池田内閣は、十年後に国民の所得を倍以上にすると、ほらを吹いている。所得が倍になったとしても、インフレが進めば同じことだ。よくも、ああ、ぬけぬけと言えるものだ」

〈彼はハイライトの封を切り、袋のはしを破いて、一本抜きとった。

（なにが〈黄金の六〇年代《ゴールデン・シクスティーズ》〉だ……）

けむりをゆっくり吐きながら、そう呟《つぶや》いた。

新聞や雑誌は、一九六〇年代を《人類が空前の繁栄を謳歌《おうか》する黄金の時代》という風に書き立てている。日本に限っても、高速道路や東海道新幹線なるものが計画されており、四年後には東京でオリンピックが開かれるという〉

ここに描かれているように、国民の大半は池田のバラ色の計画に対し懐疑の目を向けていた。しかし、実際にはどうだったか。十年どころか七年後の六七年には、二万四千三百七十五円の平均給与が、四万八千七百十四円にハネあがったのである。

国民所得倍増計画に盛りこまれた七〇年度における国民総生産など主要経済指標の目標水準と、実際の達成水準をあげておこう。

国民総生産（GNP）七〇年度の目標水準＝二十六兆円、年率の伸び＝七・八パーセント、七〇年度の達成水準＝四十兆五千八百十二億円、年率の伸び＝一一・六パーセント（以下同順）

国民所得＝二十一兆三千二百三十二億円、七・八パーセント、三十二兆八千五百十六億円、一一・五パーセント

同一人当たり＝二十万八千六百一円、六・九パーセント、三十一万七千六百七十八円、一〇・四パーセント

個人消費＝十五兆千百六十六億円、七・六パーセント、二十兆七千八百六十三億円、一〇・三パーセント

同一人当たり＝十四万七千八百八十三円、六・七パーセント、二十万四千七十九円、九・四パーセント

どの経済指標も、目標水準をはるかに上まわっていた。十年で達成するはずの所得倍増計画は、五年後の六五年には、実質一人当たりGNPが二十六万二千円となって実現し、月給も前述したように七年で倍となった。

これらの驚異的な成長にともなって一世帯当たりの消費支出も、六〇年の三万二千九

十二円が、八年後の六八年には六万七千四百二円と倍増した。

この頃、モータリゼーション社会も、本格的な到来を迎えていた。自動車の生産台数は、一九六五年の百八十万台から、七〇年には五百二十万台と、約三倍にも膨れあがっていた。

この奇蹟《きせき》的な経済成長を支えるひとつの大きな柱となったのが、流通機構の確立だった。この時期、メーカーによる販売店のチェーン化とアフターサービス体制が整備され、月賦《げっぷ》販売も一般化した。

それまで小売業の王者といえば、いうまでもなく百貨店だった。店内に食堂を持ち、屋上に遊戯施設まで持つ百貨店は、本来からいけば、成長産業の芽の塊のはずだった。だが百貨店業界は得意先相手の外商にばかり頼り、成長の芽を伸ばそうとはしなかった。六八年に小売業全体のなかで九・三パーセントあった百貨店の販売額シェアは、七四年にスーパーのシェアに抜かれ、八五年にはスーパー一二・二パーセント、百貨店七・六パーセントと三倍近くも水をあけられた。

中内ダイエーはこうした業界地図の塗りかえを、最先頭を切って実践してきた武闘派集団だった。

一九五五年、日本生産性本部の米国視察団が帰国したとき、当時東芝の社長だった石坂泰三団長は羽田で記者会見し、これからはマーケティングを重視しなければならないと語った。これがアメリカ式大量販売方式が導入されるそもそものきっかけだった。

「消費は美徳」という言葉が流行語となり、戦後占領時代を通じてアメリカ的生活様式の影響を受け、伝統的な勤倹節約の生活様式から、合理的で便利な生活への転換を求めていた国民は、この奇蹟の成長を心から享受した。

こうしたなかでとりわけ効果を発揮したのは、マスメディアによる大規模な宣伝・広告だった。とりわけテレビの普及は、それ自体が情報伝達手段としての機能をもっていただけに、家電ブームを開花させるにはもってこいの存在だった。

一九五九年の皇太子成婚をピークとする〝ミッチー・ブーム〟や、野球、ボクシング、相撲などの中継放送が国民的人気を呼んだこともあって、家電ブームは爆発的な広がりを生んだ。当時の国民は、洪水のように流れこんだテレビ、電気洗濯機、電気冷蔵庫を、家庭における〝三種の神器〟と呼んだ。

この頃、私は中学生だったが、家にはじめて入ったテレビに映し出されるアメリカのホームドラマをみて、子供心に、日本も早くアメリカのように豊かになればいいと思ったことを、いま、多少の恥じらいとともになつかしく思い出す。とりわけ私がそれらのドラマで驚いたのは、アメリカの家庭にある大型冷蔵庫であり、そのなかに入った山のような食品類の豊富さだった。

それらのアメリカ製ホームドラマの数々に、日本をアメリカの〝属国〟にし、日ましに高まる東西冷戦構造のなかで極東の砦とするというアメリカの高度な文化戦略が隠されていた、という謀略史観はとりたくはない。だが、アメリカのもう一つの現実である貧困と差別の問題を、ひたすら明るいそれらのホームドラマが遮眼する役割を担《にな》ったことだけは確かだった。

一九五七年にわずか七・八パーセントの普及率しかなかったテレビ（白黒）は、六〇年＝五四・五パーセント、六五年＝九五・〇パーセントと伸び、他の家電製品の普及率も次のように急速な右肩上がりのカーブを描いた。

電気洗濯機五七年＝二〇・二パーセント、六〇年＝四五・四パーセント、六五年＝七八・一パーセント、七〇年＝九二・一パーセント、七五年＝九七・七パーセント（以下同順）

電気冷蔵庫二・八パーセント、一五・七パーセント、六八・七パーセント、九二・五パーセント、九七・三パーセント

電気掃除機〇パーセント、一一・〇パーセント、四八・五パーセント、七五・四パーセント、九三・七パーセント

一九五六年、経済白書は冒頭で「もはや戦後ではない」と、高らかに謳《うた》ったが、日本経済は〝戦後〟を脱するどころか、ＧＮＰ世界一の経済大国を目ざしてまっしぐらに突

き進んでいった。

この白書を書いたのは経済企画庁の前身である経済安定本部出身のエコノミストの後藤誉之助だった。後藤は五五年を除いて、五二年から五八年にかけて六回にわたり経済白書を執筆し、五八年の〝ナベ底〟景気には、先述した高度経済成長論者の下村治と日本経済の成長をめぐって大論争を展開したことでも知られている。

〝ナベ底〟景気とは、神武景気といわれた五六年の反動で、五七、五八年は不景気になるという予測から生まれた流行語で、五八年の経済白書のなかにあるこの言葉をつくったのも、執筆者の後藤だった。

後藤はそのなかで、五八年は先行した投資ブームの反動過程にあるため、単なる在庫調整にとどまらず投資循環の性格を帯びる。設備投資過剰、投資意欲の停滞を主軸にして不況は中華ナベの底をはう形で長びく、と予測した。

後藤は下村との論争でも、戦後復調をとげた日本経済はこれまでのような急速な成長は望めないという安定成長論を展開した。

だが、後藤の予測はものみごとに外れた。中内ダイエーを筆頭としてこの頃澎湃《ほうはい》として台頭してきた消費革命が、後藤の予言を百八十度くつがえした。後藤はそれから二年後の六〇年、わずか四十四歳の若さで世を去るが、最後までこのときの不明を苦にしていたといわれる。

経済白書を通して戦後日本経済の分析に卓抜した腕をふるい、経済白書で洛陽《らくよう》の紙価を高めた少壮エコノミスト後藤の鋭い洞察力をもってしても、この後十数年に及ぶ大量消費革命の時代をとらえきることができなかった。

話をホービングの『流通革命』に戻す。ホービングはこの本のなかでマルクスや共産主義体制を痛烈に批判するとともに、大量流通が実現するための条件として、たえず上昇する所得がなければならない、と述べている。

長びく不況とリストラの嵐でいまではとても信じられない言葉だが、この原理的には絶対不可能な永久運動的条件を満たしていたのが、高度経済成長という奇蹟の下にあった日本だった。

中内ダイエーをはじめとするスーパー群が神話的な成長を遂げたのは、しかし、日本が二度とやってこない未曾有の好景気に見舞われたからだけではない。

高度経済成長期、成長にともなって消費者物価もまた上がりつづけた。消費者物価は昭和三〇年代前半には、年率一・五パーセントと落ち着いていたが、高度成長が始まった一九六一年に、五・三パーセントと大幅に上昇し、その後一度も下落することはなかった。

東京周辺での六〇年から七〇年にかけての物価をみてみると、一丁十五円だった豆腐が三十五円に、大人十七円だった銭湯の入浴料が三十七円に、もりソバ一杯は三十五円から百円へと大幅な値上げとなった。

中内ダイエーは、給料は二倍になったが、物価もそれにともなって上がり、痛しかゆしの状況にあった庶民生活のなかに、〝価格破壊〟というきわめて魅力的なスローガンを掲げておどりこんできたのである。

中内ダイエーの神話的成長は、状況的にいえば、前述したように東西冷戦構造の緊張といった国際政治状況のなかで胚胎《はいたい》し、その受け皿として、政治の季節から経済の季節への歩みを必然的に促せられた日本の高度成長の跛行《はこう》現象のなかで成し遂げられたものだった。

はじめての渡米でアメリカのスーパーに身体が震えるほどの感動を覚えて帰国した中内は、その翌年の六三年一月、高度経済成長時代そのままの千億円企業ビジョンを発表し、七月には、三宮一号店を地下一階、地上七階のショッピングセンターに大改築した。

これは日本で最初のＳＳＤＤＳ（Self Service Discount Department Store）と呼ばれ、ダイエー所有のビルのなかにはスーパーとともに、ダイエーとタイアップした神戸の専門名店も入った。

この年、ダイエーは、全国進出の皮切りとして福岡の天神に出店し、次いで灘《なだ》店など四店をオープンした。

翌六四年には、四国の松山店など九店をオープンさせ、合計店舗数は二十店、売上高は二百六十六億円に達した。そして六五年には、売上高三百億円を突破し、従業員は二千五百人にも達した。

ダイエーの一号店が京阪沿線の千林駅前にオープンしたのは、前にも述べたように一九五七年のことである。そのときダイエーの売上高は三千百万円、従業員は十三人にすぎなかった。

それがわずか八年で、売上高で約千倍、従業員数では二百倍にも膨れあがった。中内ダイエーは、まさに高度経済成長のフォローの風を一身に受けていた。

この当時、ダイエーの財務全般をみていたのは専務の力だった。その力の神戸商大時代の同級生に大谷勉という公認会計士がいた。一九五七年四月、ダイエーの前身の「大栄薬品工業」が、中内を社長にして神戸市長田区の片山町に設立されたとき、大谷は自宅を登記上の本社とすることを引き受けた。それほど中内兄弟とは昵懇《じっこん》の間柄だった。

その大谷にはこんな思い出がある。

ちなみに、ダイエーの公認会計士となった大谷の事務所は、ダイエー三宮店の二階の一室にあった。

「三宮店が開店したとき、確か初日に百万円の売り上げがあったと思う。店を閉めたとき、中内さんが、『これだけ売れたら、大丸も客が減ってこまったんちゃうか』と大変上機嫌だったことをおぼえている。

いまにして思えば、当時でも大丸は億単位の日商があっただろうから、ダイエー一店など物の数でもなかったと思うが、その時はみんなで大喜びしたものだった。

とにかく、お金がどんどん集まってくるという感じで、経理をみている者としては、こんなに儲《もう》かっていいんだろうか、と頬をつねりたい気持ちだった。レジスターから金をワシづかみにして、『ウナギでも食いこか』という毎日だった。夜は売上金を缶に詰め込んで、ひもで結び、東海銀行の夜間金庫に入れに行っていた」

中内ダイエーは、店舗の拡大を急ぐとともに、外食、専門店、コンビニエンスストア部門など、流通にまつわるすべての分野への進出を、早くもこの頃から図っていた。

前にふれたように、日本にはじめてユダヤ式商法を導入したといわれる藤田田がつくった日本マクドナルドに最初に触手をのばしたのは中内だった。これはあまり知られていないが、イトーヨーカ堂現社長の鈴木敏文が同社の一役員時代にアメリカから導入したセブン-イレブンも、実は最初にアプローチしたのは中内だった。

この知られざる話についてはあとで述べるとして、ここでいっておきたいのは、大量消費時代を迎えた日本が、その道すじの端緒をつけたアメリカを、臆面《おくめん》もなく模倣していったことである。

そして、藤田田を代表とする新興起業家たちは、アメリカを範として先行する中内ダイエーを格好のお手本とした。高度経済成長時代にあって中内ダイエーは、間違いなく〝時代の英雄〟だった。

高度成長時代とは、野心をもった起業家たちにとって誰も行く手を阻《はば》むことない無人の荒野だった。この時代、日本列島のなかには、無数の中内がそれぞれの野望をたぎらせて盤踞《ばんきょ》していた。

第十一章 ベビーブーマーたち

中内ダイエーが大卒の定期採用を正式に開始したのは、一九六三年のことである。

何度も述べたように、この年の一月、中内ダイエーは西宮に一大流通センターを完成させ、早くもナショナルチェーンストアを目指す体制を完了させていた。中内はこの完成を機に、千億円企業ビジョンをブチあげ、三月には全国チェーン化構想の第一段階として、福岡の天神に出店していた。

大卒一期生の採用は、こうしたビジョンを実現するためにどうしてもかかせない人材確保策だった。

高度経済成長はこの面でも中内ダイエーに大きく味方した。経済成長はなによりも豊富健全な労働市場が形成されていなければ実現できない。それを保証することになったのが、終戦直後に生まれたいわゆるベビーブーマー世代だった。

戦後、雨後のタケノコのように生まれた新制大学、評論家の大宅壮一がいうところの〝駅弁大学〟の存在もあって、昭和三〇年代後半から四〇年代にかけて、大卒のベビーブーマーたちが大挙して社会に登場した。一九五三年の大学在学者数は全国で約四十五万人だったが、それからわずか十五年後の六八年には百二十五万人と約三倍あまりにも膨れあがった。高度経済成長下でウケに入っていた企業は、喜んで彼らの受け皿となった。高度経済成長の奇蹟は、かつて夢物語といわれた完全雇用を実現したばかりか、まもなく人手不足といわれる時代まで生んだのである。

中内ダイエーの第一回定期採用試験は、一九六二年の年末、神戸のＹＭＣＡで行われた。この年、前にもふれた林周二の『流通革命』がベストセラーとなり、スーパーを代表とする流通業は、一躍時代の花形的存在となっていた。

このとき受験した亀山博光（元・グループ人事担当専務取締役）も、林の『流通革命』を読み、流通業に興味を持ち受験したと述べている。

受験者は来春大学を卒業する予定の二百三十名で、うち合格者は十八名だった。

彼らは六三年二月一日から約一カ月間、ダイエーの各店で実務研修を受け、三月一日、新装なったばかりの西宮本部大会議室の入社式にのぞんだ。

そのなかの一人に、大阪経済大学を卒業した鈴木達郎がいた。鈴木は六五年にダイエーにはじめて労働組合を結成し、初代書記長に就任、八〇年には三十九歳の若さで取締役に抜擢《ばってき》されるなど、ダイエーの次代を担うホープと衆目が一致していた逸材だった。

鈴木はその後、女子バレー部や、マラソンの中山竹通で一時有名になった陸上競技部、さらにはプロ野球の福岡ダイエーホークス設立の陰の仕掛人として動き、九〇年には、専務にまで登りつめた。

一八三年から三年連続の連結決算赤字の危機のとき、副社長の河島博が指揮をとり、赤字会社を整理し、余分な資産を売却して、売り上げ重視型から利益重視型へと体質改善を図った〝V革〟でも、鈴木はその改革運動の中核メンバーとなった。

激すると、手にしているものを何でも相手に投げつける困ったクセが中内にあることは、前に述べた。それをよけると、中内はききわけのない子供のようにまた激した。そうした中内の性格を最も知り抜いていたのが鈴木だった。鈴木は何度中内にものを投げつけられたかわからないが、一度たりともよけたことがなかった。

それだけに中内の信頼も篤《あつ》かった。時には中内に面と向かって思うところを主張し、通らなければ「俺はもう知らん」と、席を蹴《け》る度胸のよさもちあわせていた。

鈴木が最初に配属されたのは、大阪・淀川《よどがわ》区の三国店だった。担当は豆腐、こんにゃく、漬物、味噌《みそ》、佃煮《つくだに》などの日用食品だったが、仕事はもっぱら雑用係だった。

三国店のすぐ隣には、ドブ川が流れていた。その川は少し雨が降るとたちまちあふれ、店に汚水が浸水した。鈴木は朝から晩まで、その汚水のかい出し係をやらされた。

鈴木の志望は実はダイエー一本槍《やり》ではなく、二股《ふたまた》かけての就職活動だった。郷里の愛媛県の高校教師がもう一つの志望先だった。三国店に配属されてまもなく、そちらの方から合格通知が届いた。

大学を出てドブ川のかい出しをやらされるとは思ってもいなかった鈴木は、すぐに辞表を書き、同当時人事課長だった牧原孝雄（故人、元・副社長）のところへ、赤ユニフォームと一緒に届けて一時退社したこともあった。

将来を最も嘱望されていたその鈴木は、九四年六月、五十三歳という若さで他界した。過重な労働と激しい心労が重なるせいだろうか、中内の周辺にいる社員は、中内に近ければ近いほど早く世を去っている。

一度やめた鈴木をわざわざ愛媛まで行って慰留した牧原は、八四年に、五十五歳で死去しているし、中内の神戸三中の同級生で、川崎製鉄から中内に引き抜かれてダイエー入りした加古豊彦（元・副会長）も、六十四歳で鬼籍に入った。私は生前の彼らの疲れ切って土気色した顔を知っているだけに、中内ダイエーは彼らの〝生血〟を吸ってここまで巨大になったような気がしてならない。

取締役人事室長に抜擢され、初のプロパー役員の誕生と話題になった八〇年当時、鈴木に会ったことがある。そのとき鈴木はこんなことをいった。

「社長にこういわれたことがあります。オレは戦争で九死に一生を得た男だ。もし、水爆が落ちるようなことがあっても、オレと電信柱だけは立っている」

その一言で、一生この人についていこうという気になったと、鈴木はいった。

初期のダイエーが財務全般をみていた専務の力の学友たちによって支えられてきたとすれば、高度成長期のダイエーは、中内を〝カリスマ〟と仰ぐ大卒定期採用組が、推進力の中核となった。逆にいえば、自分を彼らから〝カリスマ〟と仰がせる自己演出によって、中内ダイエーは爆発的な成長を遂げた。

鈴木から遅れること二年目の六五年、大卒三期生として入社した藤本敬三もその一人だった。藤本は鈴木と並ぶ中内の子飼いの腹心だった。不動産、財務などを担当し、手腕については定評があった。

単なる金庫番ではない、リクルートの買収でも陰で動いた、というのが藤本をよく知る関係者の評である。

しかし、その懐刀《ふところがたな》の藤本も九三年、専務を最後にダイエーを去り、セガ・エンタープライゼスに、本田技研工業元副社長の入交昭一郎とともに副社長として入り話題を呼んだ。その後藤本は、セガの会長を兼務する大川功ＣＳＫ社長の下で副社長となり、現在はフリーの経営コンサルタントとなっている。

藤本と同じ大卒三期生の平山敞《たかし》も、現在福岡で経営コンサルタント事務所を開業している。平山は赤字だった福岡の旧ユニードの社長に起用され経営再建を果たすなどの手腕をみせたが、グループ企業の十字屋の社長に移籍するようにとの指示を蹴り、九一年、取締役だったダイエーを退社してフリーとなった。

大卒一期生の鈴木も、大卒三期生の藤本、平山も、後述する〝V革〟の中核メンバーだった。

河島の卓抜した指揮によって、三年連続連結赤字というドン底の状況から、文字どおりV字型の業績回復をはたしたとき、〝V革〟の実戦で鍛えられた彼ら若手は自信をもち、ダイエーの求心力は河島に移っていくかにみえた。

〝V革〟のこの時期、中内はその中枢《ちゆうすう》本部ともいうべき経営戦略会議の議長という肩書は一応もってはいたのだが、〝V革〟のすべてをとりしきったのは副議長の河島だった。

中内の躁鬱《そううつ》的体質はよく知られているが、はじめての赤字転落にすっかり自信をなくした中内は、この時期、完全に鬱の季節に入り、往時のカリスマ性はみる影もなかった。

この頃の中内をよく知る関係者によれば、精気というものがすっかり体から抜けたその姿は、晩年の毛沢東を想起させたとさえいう。時たま応じる取材でも、いかにも大儀そうで、インタビュー中、白目をむき出して居眠りすることすらあった。

しかし、〝V革〟が成ると、中内のなかの本来の欲望が目をさました。長男の潤を三十一歳の若さで専務に昇格させ、次いで代表権も与えた。そして八九年には副社長に昇格させ、世襲のレールを着々と敷いた。

この間〝V革〟の〝戦士〟たちは、本社役員と兼務の形ではあったが、次々と社外に出されていった。まず〝V革〟最大の功労者の河島が旧リッカーの管財人代理兼社長として出向していった。鈴木はダイエー・アゴラ（後に十字屋が吸収合併）の社長に、藤本は旧ダイエーファイナンス（現・ダイエーオーエムシー）の社長に、平山は旧ユニードの社長に、それぞれさし向けられた。

歴史に「もし」は禁句だが、「もし」このとき中内が河島に権限を委譲し、大卒の生えぬきたちで経営中枢を固めたならば、今日のダイエーの危機は回避できたのではないか、という想像をめぐらしたくなる誘惑に、どうしても勝てない。

少なくとも中内がこの時点で経営から一歩退いていれば、バブルと軌を一にしたような無謀なまでの大型M&Aを次々と展開することもなかっただろう。そして、有利子負債もこれほど巨額にはならなかっただろう。

それにしても、と思う。中内の周辺にいる人物はなぜ、こうも惜しまれつつ早世するか、次々と中内らの許《もと》を去っていくのだろうか。

早世した幹部たちは、おそらくみな、中内ダイエー最深部の秘密を知りながら、そのことを一切黙して彼岸に渡っていった。それを思うとき、彼らのあわれなまでの〝忠臣〟ぶりに、胸がうずく。

中内をよく知る関係者によれば、中内は人を迎えるときにはそれなりに三顧の礼で迎えるが、一応の成果があがると、その人が社外に去るための道をさりげなく用意するという。

神戸の中心部からちょっとはずれたところに元ダイエーの〝社外重役〟が住んでいる。神戸高商で中内の同期だった彼は、ダイエーの初期から重要な役職にあったが、なぜかいまはダイエーとの縁を切っている。彼の名はダイエーの社史ともいうべき『ダイエーグループ35年の記録』にも見当たらないし、初期ダイエーについて書かれた記事のなかにも登場していない。

にもかかわらず、初期のダイエーに関連した人びとは口を揃《そろ》えて、中内の本当の人物像について聞きたければぜひその〝社外重役〟に会え、とすすめた。

小さなマンションの一室にある彼の家をたずねると、白い無精ヒゲをはやし、青いトレーナーの上下を着た男が現れた。いかにも狷介《けんかい》そうな顔だった。少し押し問答をしたあと、玄関先で一時間ほどの立ち話となった。

彼は中内の名前を聞くだけでも不愉快だという顔をし、まとまった話を聞くことはできなかった。それでも問わず語りに、こんな話をポツリポツリとしはじめた。最初に出たのは、中内と神戸三中の同期ですでに亡《な》くなったダイエー元副会長の加古豊彦の思い出話だった。

「加古もダイエーに入らなんだら、もっと長生きできたのになあ……。加古がダイエーに入るとき、歓迎会をある中華料理屋でやったんや。そのとき中内は挨拶《あいさつ》でこういよった。

『みんなの骨は俺が拾ったる』

あいつはなんで『俺と一緒に死んでくれ』といえんのやろか……。中内の部下は、みんな長生きできへん。

ある幹部が糖尿病で入院したとき見舞いに行ったら、ベッドの上に起きて一生懸命なんか書いたる。病気なんやから、そんなことしたらあかん、いうたら、報告書出さんとあかんのや、いうのや。入院してもこれや」

元社外重役の話は、やがて牛肉の安売りに移っていった。

「いっぺん中内に連れられて、神戸の屠場《とじょう》へ行ったことがある。わしも神戸の人間やさかい、神戸に屠場があることは知っとった。けど、行くのは初めてや。行って土手の上から下見たら、何十頭という牛がつながれて、建物のなかに連れてかれるんや。その牛らが土手の上におったわしの方を見上げるんや。

わしはとてもそこに入っていけなんだ。中内か。あいつは平気なもんや。平然と入っていった。

中内はな、赤字があると納入業者に現金をもってこさせるんや。それでいつも赤字なんや。〝借金も身の内〟いうけんど、あんた、これだけはいうとく。中内の使う日本語と、わしらの使う日本語を同じやと思うたら大間違いやで。ウエテルか？――あいつは中内と違うて、すごくええヤツだったで」

〝社外重役〟を外されたうらみからくるのか、彼の悪口は際限がなかった。私は聞いているうちに不愉快になった。

むろん中内の肩をもつわけではない。ダイエーをここまで伸ばすには、血も涙もない所業もしてきただろうし、人から怨《うら》みを買うことも多々あっただろう。

私が中内に興味をもつのは、そうした人間的欠陥をあわせもつ中内が、なぜダイエーをこれほどの巨大企業におしあげることができたのか、という一点に尽きる。

もし中内が因業《いんごう》なだけの経営者だったなら、人心はとっくに離れ、ダイエーはとうの昔につぶれていただろう。

中内は〝踊り場〟のない男といわれる。世間からなんと無茶なといわれるほどのべらぼうに高いハードルを設定し、何が何でもそれをクリアするんだというハングリー精神で全従業員のファイトを結集し、それを成長の踏み台にしてきた。

そんな苛烈《かれつ》な闘争心の反面、中内は浪花節《なにわぶし》的な男でもある。大卒二期生の清家弘直（現・常勤監査役）は、中内のこんな姿をみて感動したとあるところで語っている。

あるとき、中内が膨大な人事ファイルを感慨深げに眺めていた。そこには新規採用した高卒女子社員の写真を貼《は》った履歴書がおさまっていた。清家が、そんなヒマがあったら店でもまわってきたら如何《いかが》ですか、というと、中内はおもむろに顔をあげていった。

「僕はこの娘らとたぶん生涯一度も会えへんやろう。だからせめて写真をみて、ここで会おうと思うとるんや」

情にもろくすぐに涙を流す人情家の中内も本当の中内ならば、尽くしに尽くした人を容赦なく斬《き》り捨てる非情の中内も本当の中内である。私はそのどちらか一方が、かりそめの中内の姿だとは思わない。

眠ればいつ同僚兵士に殺され自分の肉体を貪《むさぼ》り食われるかわからないフィリピン戦の飢餓線上で、中内は同僚を信頼して眠りについたという。人間不信のなかに人間信頼があり、人間信頼のなかに人間不信がある。中内の底知れぬ虚無感とそれをつきぬけた楽天性は、間違いなくこの気の狂うような極限の体験が生みだしたものだった。

中内の内面は二重底、三重底である。その奥底に一体何がひそんでいるかは、おそらく本人にもしかとはわからないのかもしれない。中内のカリスマ性といわれるものも、その目もくらむような落差それ自体のなかにうまれているのだろう。

いまいわれる中内ダイエーの危機とは、私の目には、業績悪化を示す数字に現れているというよりは、天空と地底を往復するようなかつての強靭《きょうじん》な弾性がまったく失われ、ただただ人間不信にこりかたまってしまった中内の心的状態を指しているようにみえてならない。

側近が誰も近よらず、また誰にも心を開かないといわれる最近の中内は、ラストエンペラーと称されるように、人間不信の霧に閉ざされた暗鬱な王のようである。

話を初期大卒入社組に戻す。一九六五年、第三期生として神戸大の農学部から入社した平山敞によれば、この頃ダイエーに入社するのは、神戸商大や同志社など関西系の大学生ばかりで、早慶が集まるようになったのは、六九年〜七〇年頃からだったという。

ダイエーが大卒の大量採用に踏みきったのもこの頃である。六三年十八名から始まった大卒の定期採用は、六四年＝三十六名、六五年＝二十五名、六六年＝二十八名、六七年＝四十名と次第に数を増やし、六八年に、百名とはじめての大量採用に踏みきった。

これ以降は、六九年＝百名、七〇年＝三百名、七一年＝四百五十名、七二年＝二百五十名と三ケタ台の採用がつづいた。高卒も、七〇年＝千名、七一年＝二千百名、七二年＝千六百名という大量採用となった。戦後生まれのベビーブーマー世代を貪欲《どんよく》に吸収していったのである。

「入社したとき年頭の挨拶で、ことしは一日一億の売り上げを目標にしようといわれビックリしたことをおぼえています。ところが、それがあっという間に実現してしまった。

そして間もなく年商千億が目標になり、五千億が目標となった。一兆円の達成までは本当に信じられないほどのスピードでした」

ちなみに平山が入社した当時、ダイエーの年商は約三百三十億円だった。それからわずか十五年後の八〇年、ダイエーは小売業初の売上高一兆円を達成した。文字通り奇蹟《きせき》的なまでの〝高度成長〟だった。

参考までにこの間のダイエーの売上高、店舗数、従業員数の推移を五年ごとに示しておこう。

一九六五年＝三三〇億円　二一店　二五〇〇人
一九七〇年＝一四三〇億円　五八店　九六〇〇人
一九七五年＝七六〇〇億円　一二九店　一万九〇〇〇人
一九八〇年＝一兆一三四〇億円　一六九店　一万七三〇〇人

「初任給は二万四千八百円でした。ほかと比べてそう高くも低くもなかったが、残業代が基本給を上回るほどだったので実入りはよかった。とにかく一カ月百二十時間の残業などザラで、二百時間なんてヤツもいた。当時は三百六十五日営業だったから、休みは月に一回か、せいぜいとれても二回だった」

平山によれば、当時は本社の課長も二十代で、ほとんどの問題は平社員がその場で自由決裁できたという。

「とにかく一人二役、三役の時代だった。あの時代は質量ともにすごい経験をさせてもらった。たいがいのことはこたえん、という根性がすわったのもあの時代の賜物だったと思う」

平山が入社して三年目の六八年十一月、ダイエーは大阪の茨木と香里に大型ショッピングセンターを同時オープンするという離れ技をやってのけた。とりわけ京阪電車香里園駅からかなり離れた田んぼのなかにオープンした香里店は、その規模の大きさで買い物客たちの度肝を抜いた。

敷地一万千五百平方メートルに建つ四階建ての白亜の建物は、それだけで偉容をはなった。本格的なモータリゼーション社会の到来にもいち早くそなえて、四百台分の駐車場が設けられた。六五年には名神高速道路が全線開通し、日本は欧米並みの車社会に突入しつつあった。

一九五五年に全国でわずか四十七万台の保有台数しかなかった自動車は、六〇年には百三十五万台と約三倍増し、名神高速道路が全線開通した六五年には六百三十万台、七〇年には千七百六十八万台と、驚異的な伸びを示した。

人工的な街づくりを目指した香里園ショッピングセンターのなかには、神戸銀行

（現・三井住友銀行）や証券会社をはじめ、五十を超す専門店が入店した。この店は、都市のドーナツ化現象にともない、その後商業施設の主流となった郊外型ショッピングセンターのわが国における第一号店に位置づけられるものだった。

平山もこの店に配属された。

「とにかくメチャクチャに売れた。小売りとはこんなに儲《もう》かるもんか、と毎日タメ息が出るほどだった。リンゴやミカンを台車に積んでバックルームから店に運ぼうとすると、通路に客がワラワラとやってきて、争ったようにひったくっていった。品物を棚に陳列するヒマもなかった。それほどすさまじい購買意欲だった」

人よりも一刻も先に〝消費〟したい。高度経済成長時代とは、消費者の一人ひとりがそうした名状しがたいデーモンにとりつかれた狂乱と喧噪《けんそう》の時代だった。

「正直、スーパーは永遠に伸びつづけると思った。出店すれば必ず儲かる。とてつもない可能性を感じた。この世界で生きていくためには、IQが多少低くても、声が大きくてあつかましいヤツが勝ちだと思った」

精肉部門の近代化のために投入された小崎孝哉（六四年入社）や、大高弘（六五年入社）は、前にふれたように、自らハンマーをふるって牛を屠畜し、それをそのまま客に売ることまでした。

この時代の中内ダイエーの快進撃ぶりは、「忠臣蔵」の夜を徹しての〝畳がえ〟の場面を彷彿《ほうふつ》させる薬局づくりの話として語り草となっている。

この当時、薬品販売に関して厳しい距離制限が設けられていた。物件の契約をすると、大卒の新入社員たちは、なにをおいても薬局づくりに走りまわらなければならなかった。先に手を打たないと、地元の薬品協同組合が、すぐ近くに妨害店舗を出してしまうからである。

新入社員たちは、まず、最寄りの薬局からの距離をひそかに測り、店舗の敷地内で距離制限にひっかからないぎりぎりのところに、一夜で薬局をつくった。

どうしても距離制限にひっかかってしまう場合は、わざと階段をつけて上にあげ、高いところに店をつくることまでした。相手が、ダイエーのこうした動きを察知して、あえて増床して店を張りだしてくると、ジャッキで店をあげたり、上げ底の床を張って、これに対抗した。

一九六五年にダイエーに入社し、V革戦士の中核メンバーの一人だった平山敞は、V革後のあまりにも露骨な〝潤体制〟への移行に反発して退社することになったが、入社した当時の中内の〝カリスマ性〟の大きさを、いまでも感動をもっておぼえている。

「スルメが国内で品薄になったとき、僕は一計を案じて韓国から格安のスルメを輸入した。いまから二十五年以上も前のことで、当時の買い付け値は二億円もした。ところが荷が着いてみると、ほとんど全部にカビが生えとった。これじゃまったく売り物にならん。僕がクビを覚悟して、辞表をオヤジ（中内）のところへもっていくと、オヤジはたった一言『お前、ええ勉強したなあ。もう二度とこんな間違いはするなよ』といっただけだった。あれには涙がこぼれた。そしてこのオヤジにはどこまでもついていこうと思った」

ダイエーの店頭も沸騰《ふっとう》していたが、それを支える社員の気持ちもまた沸騰していた。元東海銀行三宮支店長の宮田鍒一はこの頃のダイエーの入社試験を目撃したことがある。

「米の入った俵を、こう、肩にかつがせるんです。それをもって階段を何度も上り下りさせる。みんな汗みずくになってフーフー荒い息をしている。それが入社試験というんですから、本当に驚きました。いやあ、これじゃ入ったら死ぬほどこき使われるんだろうなと思いましたが、反面、ヌルマ湯の銀行とはまったく違うなあ、と感心しましたね」

傍目からみれば、彼らは奴隷《どれい》とかわらぬ労働を強いられたようにみえるが、平山ら大卒組が異口同音にいうように、仕事の成果がその場でかえってくる現場は、本人たちにとっては、なにものにもかえがたい喜びだった。彼らはすすんで〝滅私〟の道に没頭していった。

少なくともそれは、一人ひとりの内部からわきあがる喜びであって、人から強制されて生まれた倒錯的な喜びではなかったはずである。

神戸の流通科学大のキャンパス内に、九七年九月オープンしたばかりの中内記念館がある。中内の生家を移築した記念館のなかにはビデオコーナーが設けられている。そのなかの一本に、厳寒の満州から灼熱《しゃくねつ》のフィリピン戦線へと転戦し、九死に一生を得て復員した中内軍曹の足跡をたどったビデオがある。それをみたスタッフの話に、私は、中内ダイエーの現在の危機がありありと表れているような気がした。

「流科大の卒業生は軍隊でいえばどんな役割でしょうか。将校でしょうか」

というインタビュアーの質問に、中内は即座にこう答えている。

「いや、軍曹だ」

ビデオは「軍曹ということはいわれた仕事はいやがらずに何でもこなすということですね」というインタビュアーのお追従《ついしょう》ともとれる言葉で終わっている。

私は目をそむけたくなった。これでは一将功成って万骨枯るそのままではないか。大卒一、二期生たちは、佐官とはいわずとも、少なくとも尉官《いかん》クラスのつもりで働きぬいてきたはずである。

ビデオが終わり、ザーッという走査線だけが流れる灰色の画面を想像しながら、私のなかの中内㓛は所詮《しょせん》虚像にすぎなかったのか、いやそうではあるまい、という交錯する思いがしきりに去来してならなかった。

中内ダイエーがはじめて東京に進出したのは、東京オリンピックが開催された一九六四年のことだった。当初からナショナルチェーンを目指していた中内ダイエーにとって、首都圏進出は悲願ともいうべきものだった。

首都圏を制さなければ名実ともに業界トップの声価は得られず、関西の元気のいい一スーパーという評価に甘んじなければならなかった。

それよりもなによりも、首都圏は日本最大の消費地としての魅力をもっていた。

中内ダイエーの東京進出は、この年の三月、墨田区の吾嬬《あづま》店、江戸川区の小岩店など四店を同時にオープンしたことにはじまる。これは東京のローカルスーパー、一徳の店舗を譲渡されてオープンしたものだった。

だが、その前年に中内ダイエーが渋谷に進出しようとしていたことはあまり知られていない。この店は道玄坂を一本入った栄町通りのビル内にオープンする予定だった。一階から五階を売り場とし、その総面積は二千七百平方メートルという、当時とすればかなりの大型スーパーだった。

この噂《うわさ》に地元商店街はあわてた。当時の週刊誌はダイエー出店に反対する地元商店街組合の声を次のように伝えている(「週刊サンケイ」六三年九月九日号)。

〈われわれ渋谷の商店街は、終戦以来、国の公共計画にそって協力してきた。オリンピックなどでもそうだ。したがって個々人の店の、近代的合理化など省みる余地がなかった。それも最近になって一段落したので、さあこれから合理化、近代化を、というところへ、ダイエーがなぐりこんできたのだ。よそからみれば、近代化のおくれた渋谷には、入りやすいかもしれないけれど。公共に協力した地元を無視して、ダイエーが入りこんできて乱売すれば、他店もそれに追従せざるをえなくなって、秩序ある商店街の販売はメチャメチャにされてしまう〉

また別の商店街組合の声として、ダイエーはまだ八店だが、都内に約二十店の店をもつ衣料スーパーの長崎屋や十字屋以上の力をもっている、そんな強力なスーパーがきたらどんな混乱が起こるかもしれない、ダイエーの出店には絶対反対だ、とのコメントも紹介されている。

渋谷の町がゴジラにでも踏みつぶされそうな騒ぎである。だが、これら零細小売店主たちの悲鳴は、関西出身のダイエーがいかに恐れられていたかをよく表している。

面白いのは、〝主婦の店〟運動の提唱者で、中内にも少なからぬ影響を与えた吉田日出男が、ダイエーの出店に賛成していることである。この記事のなかで吉田は、「ダイエーが東京に出てくるのはいいことだ。日本の商品が、外国品と太刀打ちできるようになるには、いままでの商人は、一度、死ななければならない。ダイエーの東上で、あおりをうける近所の小売店は気の毒だが、流通革命は時の流れなのだ」と述べている。

だが、ダイエーの渋谷出店は、ビル構造がスーパーに向いていなかったため、結局、断念せざるをえなかった。

東京進出の橋頭堡《きょうとうほ》となったスーパー一徳の買収の責任者となったのは、専務の中内力だった。

スーパー一徳を経営していたのは、杉浦商事という衣料品問屋だった。その衣料品問屋が経営不振におちいり、子会社の四店舗が売りに出された。一徳側の言い値は二億円だった。神戸商大の同級生でダイエーの公認会計士だった大谷勉と一緒に上京した力は、その値段を値切りに値切った。

「大谷君が精査しましたら四店舗あわせて一億円の赤字があることがわかった。それで二億円なんてとんでもないということになった。私が出した最終的な結論は、杉浦商事がスーパー一徳に対してもっている一億円の売りかけ債権を親会社の杉浦商事から出してくれ、そうしたら四店舗面倒みましょう、従業員もまとめて面倒みましょう、ということでした。

そりゃ、向こうは最初カンカンでした。二億円で買いとらせる話を、逆に一億円つけてくれですからね。話はつぶれかかったんですが、最後に相手の社長もわかってくれ、一億円のんでくれたんです」

にわかには信じがたい話だが、親会社にしてみれば、いつまでも不良債権をかかえているよりは、一億円のノシをつけてくれてやった方が、という気持ちになったのだろう。

こうして一徳の四店舗はダイエーの手中に落ちた。

私は、力の話を聞いて、あの時代、東京の商店主たちがダイエーの進出を極端に恐れていた理由がよくわかったような気がした。力の話からわかるのは、ダイエー流交渉術のえげつないまでに露骨な手口である。

もう一つ感じたのは、当時のダイエーにおける力の権限の大きさと、それに裏打ちされた力の自信と辣腕《らつわん》ぶりである。一徳の買収に関して、社長の中内さんはどんな態度だったんですか、と私がたずねると、力は得たりとばかりにしゃべりはじめた。

「一切、全部、私に一任です。よけいなことは一言もいいません。店舗の開発はみな私がやっていました。用地買収から、店舗の建築、融資の問題まで、すべて私の専掌分野でした。

もちろん社長には報告をし、部長会議にかけ、みんなの同意を得てやっていくわけですが、現実の交渉から用地買収の実務、値段のネゴシエーションまで、私にまかされていました」

この強大な権限がやがて中内との激突を生み、ダイエー東西分裂の危機を招くことになる。だがそれはまだ少し先のことである。

その前に、ダイエーが進出した当時の東京の様子を、ここで少しふり返っておこう。

高度経済成長の最盛期にあたるこの当時、東京は〝黄金の六〇年代《ゴールデン・シクスティーズ》〟を文字通り体現する坩堝《るつぼ》のような都市だった。日本経済は、爆発的なエネルギーを発揮し、すべての繁栄がこの都市に集中していった。その頂点に開かれたのが一九六四年の東京オリンピックだった。

一九四五年の敗戦時、東京の人口は三百四十九万人だった。それが十年後の五五年には八百万人に膨れあがり、さらに七年で千万人となった。たった十七年のうちに、六百五十万人という巨大都市並みの人口が東京になだれこんだ。一年当たりにすれば、現在の長野市の人口とほぼ同じ三十八万人が、毎年東京に流入してきたのである。

高度経済成長と所得倍増を政策の二本柱にした首相の池田勇人は、「農村人口を現在の三分の一にする」と公言したが、東京の人口の爆発的過密化によって、農村の人口は激減し、いわゆる過疎化がはじまった。

この頃流行した歌謡曲をあげてみると、ペギー葉山の『南国土佐を後にして』や守屋浩の『僕は泣いちっち』、三橋美智也の『哀愁列車』など、東京のなかで望郷の念にかられる歌か、逆に田舎にいて東京を夢想する歌が、好んで口ずさまれた。

東京オリンピックが開催されたとき、私は都立の高校に通う高校生だったが、いま思い出しても、あの頃の東京は熱病にとりつかれたようだった。銀座四丁目のビルの袖に出現した電光掲示板には、「オリンピックまであと何日」というサインが、街ゆく人びとをせかせるように毎日流れた。道路という道路は掘り返され、交通渋滞は日常のことだった。

銀座には世にもヘンテコリンな格好をした〝みゆき族〟なる若者が現れ、巷《ちまた》にはレジャー、無責任時代という流行語がとびかった。スモッグという言葉が登場したのもこの頃で、新聞でもテレビでも、この言葉を非難がましく使うというよりは、むしろこれで文明国に仲間入りできたとばかり自慢気に使っていたことを思い出す。

高速道路はビルとビルの合間をぬってうねるように建設され、新築のホテルやビルが毎日のように巨大な姿を現した。〝夢の超特急〟といわれた東海道新幹線が、東京オリンピック開催九日前というぎりぎりの段階でどうにか開通し、名神高速道路、都心と羽田を結ぶ東京モノレールが開通したのも、オリンピック開催の約一カ月前だった。なにもかもあわただしく、なにもかもがのるかそるかの綱渡りのような毎日だった。テレビのワイドショーがはじまったのもこの年だった。

中内ダイエーの東京進出は、現在の大衆社会状況の型枠が、ほぼ固まったこの時期になされたものだった。

すでに前年には西宮にナショナルチェーンを目指す一大配送基地が用意され、将来の中核戦力となる大卒一期生たちも入社していた。しかも、世の中は右肩上がりが永遠につづくような絶好の好景気に見舞われていた。日本一の小売業を目指す中内ダイエーの陣容は、完全に整ったかにみえた。

だが号砲は鳴ったものの、中内ダイエーはスタートの第一歩で躓《つまず》くことになった。躓きの石は外部ではなく、内部にあった。しかもそれは一つではなかった。世にいうところの、中内三兄弟の骨肉の争いが、まさにいま上昇気流に乗ろうとするそのときを狙《ねら》いすましたかのようにして起きたのである。

最初の確執は、早くも東京進出一年前の一九六三年に起きていた。この年、中内が西宮に一大配送センターをつくり、全国チェーン化の足がかりとしたことは再三述べてきた。トラブルはこの配送センターをめぐって起きた。

西宮物流センターをつくったのは「大栄不動産」といい、六二年二月に設立された。同社の登記簿の目的欄には、

①不動産の売買と賃貸借
②食料品の製造及び卸販売
③衣料品の製造及び卸販売

④日用雑貨品の製造及び卸販売
⑤化粧品・衛生材料の製造及び卸販売
⑥医薬品用具の製造及び卸販売
⑦貸金業
⑧前各号に附帯する一切の業務

と列記されている。早くもこの時点で、貸金業が入っているところは興味をひかれる。それは別として、設立時の役員には、代表取締役の中内功をはじめ博、力の中内三兄弟が入った。

博は当時、大阪・平野町の「サカエ薬品」を中核に、スーパーへの進出を図ろうとしていた。スーパーに業態転換すれば、当然、配送センターが必要となる。博がダイエーの西宮流通センター構想に乗り、共同出資したのはそのためだった。

ところが、中内は博に出資だけさせておいて、物流センターの使用を独占してしまった。

「『大栄不動産』という会社をつくり、ダイエーとサカエで半分ずつ出資したんです。あの頃、平野町の『サカエ薬品』はかなり手狭になっていましたので、新しくできる流通センターで共同仕入れできればいいと思ったんです。

ところが、出資しただけで、それからあとは全然音沙汰《おとさた》なしです。サカエの方も問屋などの取引先を説得して出資させましたので、そりゃ文句も出ました。しかし、まあ兄貴のことだからしょうがないと、結局、泣き寝入りになってしまったんです」

当時、ダイエーは伸び盛りであり、一方のサカエはスーパー進出の緒についたばかりだった。商品の取扱量には自《おのずか》ら差があった。中内にいわせれば、物流量が多い者が使うのは当然や、使いたかったら扱い量を増やしたらどうや、ということになるのだろうが、公然と約束を破ったこのときの中内の横紙破りのふるまいには、弱肉強食という中内独特の経営観というよりは、博に対する積年の私怨《しえん》のようなものが感じられる。なんで年下の博が社長と呼ばれ、オレは「お兄さん」と呼ばれなあかんのや。ダイエーの前身の「サカエ薬品」以来つもりにつもった怨《うら》みが、このとき意趣返しの形で爆発したような気がしてならない。

博はこのため、独力で配送センターを別につくらなければならなかった。

「それでもやはり兄弟ですから、出店前にはそれとなく打診するんです。『今度、尼崎に出店しようと思うんや』というと、兄貴は言下に『あそこは全然あかんで、やめとき』という。それで出店をあきらめていると、何のことはないダイエーがその土地に堂々と出ているんです」

ここにも、血を分けた兄弟さえ出しぬく強烈な版図拡大欲というよりは、中内個人の暗い情念のようなものが感じられる。しかし、その異常なまでのコンプレックスが中内の闘争心のバネとなり、中内ダイエーをここまで巨大化させたことも、またまぎれもない事実だった。

中内と博のこうした確執に一番心を痛めたのは、末弟の力だった。西宮の物流センターの一件で、博に対しある種の負い目をもっていただけに、その思いは尚更《なおさら》だった。力の仲介で、ダイエーとサカエの地盤割りの話し合いが何度ももたれた。兄弟同士がこれ以上同じ場所で血なまぐさい戦いをつづけるのは、社会的にみても感心できることではなかった。

一九六七年、サカエとダイエー間で結ばれた地域協定は、大阪を北と南に二分し、ダイエーは京都方面に向かって北、サカエは和歌山方面に向かって南に進むという内容だった。思えば、このとき結んだテリトリー協定が、二人の運命を決定的に分けることになった。

大阪の南は古くから開けた商人の町だったが、それだけに封建的であり、新しいチェーン展開には向かなかった。これに対し、ダイエーのとった北進戦略は、千里ニュータウンなど開発途上の新興住宅地をかかえ、発展途上のスーパーのマーケットとしては理想的な立地だった。地価の問題も大きく響いた。

「大阪の南は元々の商業地ですから、土地の値段が高かった。ところが大阪の北は、鬼門にあたりますから、土地が空いていたし、値段も安かった。そこにどんどん家が建ちはじめ、あっというまに新興住宅街ができあがった。北に出たダイエーの店はみんな成功しましたが、南の方のサカエはことごとく失敗でした」

日の出の勢いのダイエーに対し、サカエの業績は悪化する一方だった。ダイエーと共同出資した西宮の配送センターが使えなくなったため独自につくった配送センターへの過剰投資もサカエの経営を圧迫した。

このままでいけばサカエが倒産することは火をみるより明らかだった。それは、中内がサカエの行く手をはばみ、力で博をねじふせた結果ともいえた。博には商売では絶対に負けないと思いつづけて拡大に次ぐ拡大路線を突っ走ってきた中内にとって、それは積年の屈辱をはらす男子の本懐ともいうべき出来事だったのかもしれない。

しかし、末弟の力にとっては、血を分けた兄弟がつくった会社がみすみす倒産に追いこまれることは、やはりあまりにもしのびないことだった。

力がこのとき提案したのは、サカエとダイエーの合併プランだった。一九六八年のことだった。

この当時、サカエの規模は、大阪を中心に十一店舗、年商は約百五十億円あった。これに対しダイエーは三十四店舗、年商七百二十億円と、売り上げで五倍近い格差があった。

サカエとダイエーの合併には、父の秀雄も賛成だった。秀雄は両社の合併話がもちあがった二年後の七〇年、七十二歳で死去するが、死ぬまで兄弟の不仲の行く末を案じていたといわれる。

博がいう。

「オヤジは、自分の目の黒いうちに何とかサカエとダイエーを合併させたいと真剣にいっていました。それで両社から代表を出して合併委員会をつくり、合併の方向でまとまりかけたんです。

ところが、最後にわれわれ兄弟間の株式の持ちあいの問題で決裂してしまったんです。最初、兄が四〇パーセントもち、私と力が三〇パーセントずつもつという案でした。ダイエーをここまで大きくしたのは兄貴ひとりの力ではありませんからね。

兄貴はその案に真っ向から反対しました。おまえらが三〇パーセントずつもてば、二人あわせて六〇パーセントになるやないか、というんです。そんなことは絶対ありえない、といって、オレは五一パーセント以上もたなんだら絶対やらん、それやなかったら合併の話はなしや、の一点張りなんです。

兄貴の考えはすべてそうなんです。ダイエーはよく、リース物件で店舗展開するイトーヨーカ堂と違って、土地も建物も自社物件で行く〝地本主義〟だといわれますが、兄貴は、すべて自分のいう通りにならんとあかんのです」

このとき力の提起した二社合併構想は、中内社長、博副社長、力専務の布陣で行く、というものだった。

この合併話について、中内はあるところで次のように語っている。

「力は、サカエとの合併を考えろといってきた。『兄弟で出店競争しても意味がない。それより兄弟三人が手を組んで、毛利元就やないが三本の矢で行こう』という。

しかし、何が三本の矢かと思った。それどころか、いまでも二頭だての馬車なのに、博が入れば三頭だての馬車になってしまうやないか。三頭が別々の方向に走り出したら、馬車はいったいどこへ行くのや」

中内は合併に対して強烈な信念をもっている。資本主義体制下では対等合併など絶対にありえず、吸収合併以外ありえないという信念である。

中内のこの信念の底には、恐らく、眠ればいつ味方に殺されるかわからないフィリピン戦線下で味わった地の底を覗《のぞ》きこむような人間不信の思いが流れているに違いない。

結局、合併話は流産となり、ダイエーとサカエの格差はますますひらいていった。七二年、サカエが十七店舗、売上高二百五億円だったのに対し、ダイエーは九十店舗、売上高は三千億円を突破していた。

ちなみにこの年、ダイエーは三越の二千九百二十四億円の売り上げを抜いて日本一の小売業の座についた。すでに博はダイエーの経営権を侵すにはあまりにも無力化していた。

サカエがダイエーの軍門に下るのは、翌七三年五月のことだった。それまで話しあわれてきた対等合併ではなく、提携という名の系列入りだった。

この当時、業界ではサカエはダイエーではなく、ジャスコか西友ストアーと提携するのではないか、との噂《うわさ》も流れた。この点について博は次のように語っている。

「確かに理論的には、意見を同じくするほかの企業との提携、合併も考えられました。しかし、それではまた兄弟相争うことになり、世間的にも批判されるだろうと思い、悩み抜いた結果、ダイエーとの提携を申し入れました」

こうして中内は、まるで親の仇《かたき》でもとるように博を力ずくでねじふせた。その前にもう一人の弟の力もダイエーを去っていた。

ダイエーを財務面で支えてきた力がダイエーを去ったのは、ダイエーとサカエの合併話が暗礁《あんしょう》に乗りあげた一九六九年一月のことだった。

サカエとの合併計画を進めていた力は、自分がダイエーから身を引いたことについて、

「兄貴のあまりにも身勝手なやり方をみていて、これではとても一緒にやっていけないと思った」

と語っている。

中内と力の、文字通り兄弟牆《けいていかき》に鬩《せめ》ぐ争いについては後で詳しくふれる。

昭和四〇年代初頭のダイエーは企業としては日の出の勢いだったものの、中内個人の周辺ではあわただしい出来事が次々と起こっていた。

一つは前にも述べた父・秀雄の死である。中内は父の死に接し、あたりをはばからず号泣したという。秀雄は、自分の目の黒いうちに子供らを一致団結させたいと願いながら、結局それを果たせぬまま瞑目《めいもく》した。あるいは中内は、秀雄の悲痛な思いを結果的に裏切った自分の業の深さを呪《のろ》って号泣したのだろうか。

中内四兄弟のなかで一番温厚だといわれる三男の守をダイエーに呼びよせたのは、その直後だった。守は神戸大学の経済学部を卒業後、兄弟三人が入った「サカエ薬局」にも参加せず、東亜紡織に入社し、この当時は同社の営業課長というポストについていた。

中内は、千林の一号店から苦楽をともにしてきた力に去られ、そして、その翌年には店番から商売のイロハを中内に叩《たた》きこんだ父親を失った。

いかに剛直で鳴る中内といえども、いいようのない孤独感におそわれ、それをいやしてくれる肉親の情が恋しくなったとしても不思議ではない。

中内が守にまかせたのはダイエー本体の業務ではなく、ダイエーの一〇〇パーセント子会社で、紳士服のロベルトだった。

この采配《さいはい》は明らかに、博や力との血で血を洗う争いに中内がいかに懲《こ》り、それを反面教師としたかの証明だった。逆にいえば、守は、メンズファッションのスペシャリストとして生きることで、兄弟葛藤《かっとう》図の埒外《らちがい》に自分を置く賢明な道を選んだことになる。中内の三人の兄弟にはそれぞれ別々に会った。博も力も中内を語る言葉にはいまだ屈折のニュアンスが強く感じられたが、守ひとりは違っていた。

ダイエーはいま非常に大きな危機にあるのではないかと水を向けても、守は「いや、絶対に大丈夫です。業績が悪いのは一時的なものです。必ず盛り返すと信じています」と繰り返すばかりだった。

しかし私は、守の〝賢明〟な答弁に、逆にダイエーの危機の深さを感じとっていた。

第十二章　血と骨の抗争

急成長に向かって走ろうとする中内ダイエーの最初の躓《つまず》きの石となったのは、次弟博の経営するサカエとの合併問題だった。

この問題は同じ血をわけた兄弟同士の争いだったとはいえ、一応別の企業間のトラブルだったし、吸収合併という形で最終的にはダイエー側が凱歌《がいか》をあげたことになったので、中内ダイエーにとってそれほど痛打となったわけではなかった。規模拡大という面だけからみれば、博を軍門に下しサカエという中堅スーパーを吸収したこの抗争は、むしろダイエーの成長にはずみをつける出来事だったともいえた。

だが、次に起きた末弟力との抗争は、これとはまったく様相を異にしていた。なによりも力は、昭和三〇年代から四〇年代初頭にかけて、ダイエー急成長のかけがえのない原動力だった。一時は東西分裂の事態にさえなるのではないかといわれたこの抗争が、ダイエー第一の危機といわれるのも、そのためだった。

ちなみにダイエー第二の危機とは、一九八三年から始まる三期連続の連結決算赤字、第三の危機とは、九七年度の連結赤字転落から始まった今回のただならないまでの業績不振を指している。

私は神戸の埋め立て地ポートアイランドの一角に立つ力経営のポートピアホテルの一番奥まったところにある会長室で、力と会い、昭和三〇年代から四〇年代にかけてのダイエーについて、こと細かな点にいたるまで質問を重ねた。インタビューは三時間近くに及んだが、力は私のぶしつけな質問にもいやな顔ひとつみせず、極めて率直かつ具体的に答えてくれた。私はどんな質問にも理路整然と答える力の態度に、今日の基礎となる初期ダイエーは、中内㓛というイケイケ一本やりのアクセルと、中内力という合理的で冷静なブレーキとの絶妙なコンビネーションによって運行され、急成長の道に入る端緒をつかんだことをあらためて認識させられた。

力が一九五七年九月にオープンした千林の第一号店以来、中内と苦楽をともにしてきたダイエーを去るのは、創業十二年目の六九年一月のことである。しかし、長い不仲関係の末に抗争が表面化した博との関係と同様、力と中内の間にも、衝突を予感させる不安の種がかなり以前からはらまれていた。

力によれば、その最初の種はウエテル問題だったという。

ウエテルが古い因習の支配する精肉業界の掟《おきて》を破ってダイエーに安売りの牛肉を卸しはじめたことが、ダイエー急成長の最初のスプリングボードとなったことは、これまで再三述べてきた。そのウエテルが、中内と力の亀裂を招くそもそもの原因となったらしいとは、ウエテルの長男の上田照章から聞いていたが、当事者の力から聞くのははじめてだった。

私は力に、その話をもう少し詳しく伺えませんか、と詰めよった。

力は一瞬、しまった、いわなければよかったというような表情になったが、そのあと、積年の思いの丈を吐き出すように、しゃべりはじめた。

「ウエテルがダイエーの功労者だったことは確かです。牛肉を安売りするため一生懸命納品してくれた。ウエテルもその取引を通じて年商百億を超すビッグビジネスになった。沖縄特例というものに目をつけて、安い肉牛を輸入する道を開いたのも、すべてに頭の回転のよかったウエテルでした」

前述したようにウエテルとの取引開始、そして沖縄の多和田真利を加えたオーストラリア―沖縄―神戸間の〝三角貿易〟こそ、今日いわゆる〝肉のダイエー〟を世間一般に定着させるエポックメイキングな出来事だった。

ウエテルはその意味からいっても、ダイエーに絶対欠かすことのできない存在だった。

「ところが、取引が増大するにつれ、ウエテルの態度が段々と〝身内〟同然となってきた。私はどんな商品を仕入れるときも、価格と品質で決めるべきだという考えをもっていましたから、肉牛の仕入れに関しては一〇〇パーセント、ウエテルで行くという態度はとても承服できませんでした。

五〇パーセント程度をウエテルから仕入れる、残りの五〇パーセントを他の業者から買うというふうにしなければ、競争原理も働かず、ひいてはお客さんの利益にもならない。それが私の考えでした。

けれど実際には、ウエテルがダイエーの仕入部に乗りこんできて、一〇〇パーセントうちから仕入れろ、といってくるという。私はこんなことがまかり通っていては社員のモラールにも影響するので、バイヤーには他の業者も開発しろ、と指示を出しましたが、いくらたっても一向に改まりません。

なんでこんなバカなことになっているかと調べてみると、なんと兄貴がウエテルの役員に入っていたんです。ウエテルがダイエーの〝身内〟同然の態度でふるまってきた理由も、そのときはじめてわかりました」

私は力がはじめて明かすこの話に、ひどく興味をもった。

力と別れてから私は加古川市にとんだ。ウエテルの長男の上田照章も、力も、中内は株式会社ウエテルの役員に入っていたと明言したが、同社の役員欄に本当に中内が入っているか、念のため、登記簿で確認するためだった。

株式会社上田照商店は、上田照雄の故郷の兵庫県印南郡志方町（現・加古川市志方町）に登記されていた。登記年月日は、一九六一年一月五日で、役員欄には、代表取締役の上田照雄と並んで、確かに中内㓛の名前があった。

中内の名前は、上田の経営する枝肉専門の個人商店が株式会社化されたこの時点から、株式会社ウエテル（七三年八月に商号変更）時代の八二年三月二十日に辞任するまで、二十年以上にわたって役員欄にのっている。

この役員辞任は、その前年の八一年八月、上田照雄が死去したことにともなう変更と思われた。

私がなぜこの問題にこれほどこだわるかといえば、ここには中内の公私混同的体質と人情家といわれる部分が、両々よく現れていると思ったからである。

中内は、メーカーからの価格決定権の奪回、ということを一貫して標榜《ひようぼう》してきた。そうだとすれば、肉をダイエーに卸すウエテルの役員に入ったことは、そのスローガンに対し、重大な矛盾を示している。それは肉を消費者に売って儲《もう》け、肉をダイエーに卸して儲けるという二重の儲けの構造のなかに身を置いてきたという意味で、消費者に対する許しがたい背任行為とさえいえた。

力によれば、中内のウエテル役員入りは、ダイエーの役員会の決裁を受けずに行われたという。このこと自体も厳しく問われなければならない問題だが、中内のこうした行為はそのまま、彼の公私混同的体質を物語っている。上田照章がいったように、中内はウエテルの役員として応分の報酬も得ていた。もし本当に力のいう通りだったとすれば、中内は牛肉の安売りという公的スローガンに隠れて、ダイエーに独占的に牛肉を卸すことによって、私腹を肥やしてきたといわれても仕方あるまい。

一方、視点をかえれば、ここには中内の人情家といわれる一面も現れている。刎頸《ふんけい》の友といわれたウエテルが株式会社化するなら、ひとつ自分も一肌脱がなければなるまい、というういわば男の侠気《きょうき》の世界である。むろんこうした侠気が、ルールで成り立つ企業社会で通用しないことはいうまでもない。

ことの重大さに気づいた力が中内に、ウエテルの役員だけは絶対に辞めてくれ、これでは示しがつかんし、あまりにもスジが通らん、と何度いっても、中内は、

「これからはバーチカルインテグレート（垂直統合）の時代だ。ダイエーに協力してくれる問屋の経営に積極的に参加することが必要だ」

といって、一向にとりあおうとしなかった。最後は、「オレのやっていることにいちいち文句をつけるな」と怒鳴るのがオチだった。

公私混同ぶりを指摘され、バーチカルインテグレートという流通の専門用語でなんとかいい抜けようとする中内を、自分の卑小を理屈で武装して大きくみせなければ気がすまない度しがたい人物とみるか、かえってそこに中内の子供じみた稚気をみるかで、中内という男の人物評価は大きく分かれる。だが、中内のこうした行為が、企業社会の一

般道理から大きく逸脱する行為だったことだけは確かだった。

この頃のダイエーの財務が、東京銀行（現・東京三菱銀行）出身の専務の力によってビター文に至るまで押さえられてきたことは前にもふれた。力によれば、この頃のダイエーは完全なガラス張りで、決算は毎月、とりわけ注意を要する精肉に関しては毎日閉店後に棚卸しを実施し、翌日には損益を確認していたという。

力はこれ以後も、中内にウエテルの役員を辞めてくれるよう懇請する一方、ウエテルから仕入れた肉に問題はないかと現場に目を光らせた。

「ウエテルから仕入れた牛肉をダイエーの店頭で、百グラム三十九円で売ったわけですが、僕の計算でいくと、それだけ安く売っても十分に採算はとれるんです。ところがいつまでたっても黒字にならない。これはヘンだと現場を点検すると、やはりおかしなことが次々と出てきた。

たとえば肉をさばいたあとの骨にはまだたくさん肉がついている。どうやら、職人が骨屋と結託してわざと肉を残しているらしいことがわかってきた。それどころか、冷凍庫のなかの骨の山を掘り返してみると、ステーキになりそうな高い肉が山ほど出てきた。骨の引き取り値はタダ同然ですから、骨屋は大儲けです。

それで私はこれじゃいかんと、徹底的に追及していったんです。あるとき私が肉の点

検を終えて帰ろうとすると、ある従業員がやってきて、
『専務、今日はいつもの従業員の通用口から出ないでくれ。職人連中が待ち伏せしている』
というんです。とにかくあの頃は、なにが起きてもおかしくない一触即発の雰囲気でした」

中内が肉職人たちに絶大な人気をもっていたことは前述した。ダイエーの社員にいわれなき差別を受けた肉職人が、その社員を零下何十度という冷凍庫に閉じこめ、あわや凍死寸前というとき、中内のツルの一声で肉職人が冷凍庫をあけてその社員を解放してやったこともあった。

中内が肉職人たちに人気があったのは、すべてにドンブリ勘定で情にもろいところが、彼らの心の琴線にふれたからに違いない。

銀行出身の力の性格は、これとは正反対だった。骨についた肉まで細かく点検する力が、気の荒い肉職人たちの反感を生み、あげくの果てに、襲撃まで計画させたのも故《ゆえ》なしとはしなかった。

しかし、この問題に関しては、こんな証言もある。語るのは一九六五年に大卒三期生として入社、一貫して精肉部門を歩いてきた大高弘である。

ちなみに大高は、東北で屈指の繁盛店として古くから知られた「べにまる」創業者の甥《おい》である。「べにまる」はその後、イトーヨーカ堂の系列に入り、ヨークベニマルとなった。大高は常識的にいえば、老舗《しにせ》の家業に縁故で入社し、幹部社員として安穏と暮らすこともできたはずである。だが、学校の指導教授の「いまダイエーという会社が面白い。特に肉の流通に関してはきわめてチャレンジングだ。可能性を試すんだったらダイエーに就職してみても面白いと思う」という一言で、ダイエーへの入社を決めた。

大高は淡々とした口調で、当時をこうふりかえった。

「私は当時から中内社長がウエテルの取締役に名を連ねていることを知っていました。当時の中内社長は商品の仕入れ、資材の購入については一社との取引を避け、必ず二社以上との取引により競争による価格の引き下げをわれわれバイヤーに要求しつづけていました。肉の部門に対しても同様で、牛肉は日本ハムとウエテル、豚肉は神戸の新生公司とウエテル、ハムは伊藤ハムと日本ハムというように取引条件を競わせつつ、価格の安い取引先の条件に他の取引先の条件を合わさせ、合わせてくれなければ商品を引き取らない取引を行ってました。

この原則をわれわれが守りつづけていたので中内社長は安心してわれわれの仕入れ活動に口出しをしなかったのではないかといまでも思ってます。

弟の中内専務が、血と脂《あぶら》で誰も近づきたがらないわれわれの仕事の現場に時々姿をみせ、『仕入れの件で、社長に無理を言われているだろう。困ったことがあればいつでも俺にいってこい』とよくいってきました。

当時の私にも社長と専務の仲が悪いとの声は耳に入っていましたので、正直いって何か社長の揚げ足とりにでもきているのかな、忙しいのに邪魔するなと思っていました。私はその都度、社長から仕入れで指示とか注文はつけられていませんよ。人手が足りない程度で困ったことなど何もないですよ、と答えていました。

実際、中内社長からは仕入れについての注文は何もありませんでした。ウエテルから牛肉や豚肉をいくらの値段でどれだけの量を買い付けるかについては、事前にも事後にも相談や報告は一度もしたことはありません。

逆に、ウエテルの決算報告を聞いてから後日、私を社長室に呼び出し、『なんであんなにウエテルに儲けさせるんだ。ぼやぼやしているからウエテルに手玉にとられているんとちがうか』とよく叱《しか》りつけられたほどです。『ウエテルにいって儲かった分を返してもらってこい。それで牛肉の安売りをせえや』ともいわれました。私はこれが嫌で悔しくてたまらない思いをしていました。

私は、次から次に新しい取引先を加えて競争を激しくさせ、ウエテルのシェアをどんどん低下させていきました。その中でのウエテルの収益でした。それはあくまでもウエテルの甲斐性《かいしょう》からくる利益でした。何事も人より先手を取る上田社長の手腕による利益だったので、ウエテルの利益をダイエーに返せという交渉は私には屈辱的な交渉に思えたんです。

当時はどこの肉屋さんも十分に利益をあげていた時代でしたので、中内専務がダイエーも利益があがって当然との見方をしていたのも理解できます。しかし、それはダイエーにおける食肉部門の管理体制が十分に出来あがっていなかったためであり、中内社長とウエテルの関係に原因があるという中内専務の見方は見当外れではないでしょうか。どこからも牛肉が調達できなかったときにウエテルと提携し、牛肉の値段をさらに引き下げるために沖縄に進出し、また国内の肥育基地をつくるためにセントラル牧場を開設するなどのことを、リスクを覚悟で取り組んできたことから考えると、牛肉の安売りで私腹を肥やしたという見方は間違っていると思います」

中内と力との当時の険悪な関係を考えれば、大高の意見はしごく妥当なものだと、私には思われた。

いずれにせよ、骨肉の争いといわれた中内と力との葛藤は、文字通り、骨と肉をめぐる争いが、その淵源《えんげん》となっていた。

中内と力が衝突する最初のきっかけとなったのは、力が中心になって進めてきたサカエとの対等合併話が、中内の横車によって流産したことだった。力によれば、この合併話は、中内さえ最後の決断をすれば実現というところまで何度もこぎつけていたという。

力は苦笑しながら当時をふり返った。

「とにかく兄貴は子供の頃から有名なトラブルメーカーでした。博、私、守の三兄弟が仲よくやっているところに兄貴が帰ってくると、もう三十分でトラブルの種になるんです。アッハハハ。

サカエとの合併話にしても、私が兄貴に説得に説得を重ねて、一度はそれじゃ兄弟三人で仲よくやろうということになっていたんです。

私もホッとして、最後の合意を確認するために、オヤジと博、それに私の三人が宝塚ホテルに集まり、兄貴を待っていたんです。

ところが兄貴は、三人がいる部屋のドアをバーンとあけるなり、『オレは反対や』と一言だけいって出ていってしまった。驚いた私はすぐに追いかけました。

『あんたが納得してくれたから、この場をつくったんと違うんか。それを理由もなく帰るとは何事や』

といったんですが、『オレは反対や』の一点張りです。それでせっかく煮つまっていた合併話がご破算となってしまった」

それでも力はあきらめず、次の手段を講じた。

「私が考えたのは、いまでいう社外役員をいれることでした。兄弟同士でお互いにAが正しい、いやBが正しいといっていたんでは、ほかの役員は意見を求めても、一切発言できません。これじゃいつまでたってもダメなので、識見のある社外役員に入ってもらい、公正な目で判断していただこう、ということになったんです。このことは兄貴も基本的に合意してくれました」

このとき社外役員の候補に内定していたのは、神戸銀行（現・三井住友銀行）頭取の石野信一と、力の神戸商大の恩師で会計学の大家の坂本安一の二人だった。

神戸生まれの石野は神戸三中のOBで、中内の大先輩にあたっていた。東大法学部から大蔵省入りした石野は、一九六三年に事務次官となり、池田内閣の〝軍師〟として高度経済成長政策を強力に推し進めた。

ところが、最終段階になって、「オレは反対や」という中内の一言によって、この話もお流れとなった。

はじめサカエとの対等合併話から始まった中内と力の角逐は、いよいよ抜きさしならないところにまでさしかかっていた。二人が激しくぶつかり、結局、ダイエーを東と西に割るしかないという話がでてくるのは、もはや時間の問題だった。

二人の激突が公然と繰り広げられたのは、一九六八年春、西宮本部で開かれた役員会の席上でのことだった。

このときダイエーは、〝首都圏レインボー作戦〟と名づけられた本格的東京進出のプランを策定中だった。〝首都圏レインボー作戦〟とは、都心から三十～五十キロ圏を今後の人口増加地域と見定め、都心から少し離れたそれらのエリアに、虹《にじ》のような半円状の弧を描いて急速な店舗展開を図っていくという作戦のことである。

このときの模様は、大塚英樹の書いた『中内㓛二百時間語り下ろし・仕事ほど面白いことはない』に次のように描かれている。これを参考にしながら、二人の激しい言葉の応酬を再現してみよう。

中内が〝首都圏レインボー作戦〟の説明を一通り終えると、専務の力が、

「社長、いいですか」

と、挙手した。役員会で中内に意見をさしはさむのは、いつも力だけだった。

「なんや」

と、中内が不快げな顔でいうと、力はやおら意見をいいはじめた。

「僕も〝レインボー作戦〟に異存はない。だけど大きなショッピングセンターをつくりさえすれば、という安易な考えで出店するなら反対です。

戦いをやる以上、勝たなければならない。勝つためには投資効率を考え、採算のとれる店づくりをしなければならない。ところが、いまの出店の仕方はあまりにもドンブリ勘定的です。これでは資金繰りがむずかしくなるばかりか、投下資本の回収のメドさえ

つかない」

いかにもバンカーらしい合理性を重視したいつもの持論だった。

中内はみるみる顔を紅潮させて、力にいった。

「おまえ、いまなにいうた。俺がドンブリ勘定をやってきただと？　俺がいつドンブリ勘定で店をつくってきた。ドンブリ勘定なんぞでやっていたら、会社はこんなに大きくなっとらん」

力も負けなかった。

「財務無視、消費者軽視の出店は、いくらやってもあかんといったんや」

「俺はいままで、先の先を読んで店をつくってきた。おまえは俺がカンだけで店づくりをしてきたといいたいらしいが、それならなんでお客がわざわざ車に乗って遠いところから買いにくる。

店というものは、人間と同じで生きもんなんや。おまえは口を開けば、いつも数字、数字というが、商売はそんな数字だけの世界と違う。それにおまえはいつも銀行が、銀行が、というが、商売というものは、銀行の経営とは違う」

「なにいうとる。千林で第一号店をはじめたときの計画は、僕がやったんやないか。その僕に対して何もわかっていないとは、よくいえたもんやな。

僕はダイエーを拡大することに反対しているわけやない。僕がいいたいのは、このままの姿勢で拡大していけば、必ずダイエーはダメになるということや。

いまこそ創業の精神に戻って、消費者のためにダイエーは何ができるか考え直さなければいけないのとちがうんか」

「そんなこと、おまえにいわれんでも、ちゃんとやっとる」

「いや、やってない。社長は少しもわかっていない。だいたい人の話を聞く耳をもっていない。こんな会議ならなんぼやってもムダや。僕はもう二度とこんな会議には出ん」

力はそういい置くと、会議室をひとりあとにした。

これ以後、中内と力は言葉をかわすこともなかった。

この場面をあらためて力にぶつけると、力は「古いことなのであまりよくおぼえていませんが、大筋ではだいたいその通りです」と認めた。

ただし、力はダイエー時代、どんなに腹を立てても会議を途中で退席したことは一度もないという。

「腹を立てていつも会議から退席するのは、むしろ、社長の方でした。私が退席すれば、何が決まっても後から変更できませんので、退席することは絶対にありませんでした」

会議中、激怒にかられて席を蹴《け》るのは、力との確執にかかわらず、中内の常套《じようとう》手段だった。ダイエー元副社長の大川栄二が、中内に一歩もひかない覚悟で議論を挑んだとき、中内は真っ赤な顔になり、自分が座っていた議長席を指さし、「そんなにいうなら、今日からお前がこの椅子《いす》に座れ」といったきり、隣室に閉じこもって三時間も出てこなかったという。

もはや力と功の関係修復は完全に不可能だった。父親の秀雄が仲裁に乗りだしたが、それも結局は水の泡と消えた。それでも兄弟の不仲の行く末を案じた秀雄は、中内にこんな案をもちかけた。

「功、おまえ五十五歳になったら、社長の座を力に譲ってくれんか」

当時中内は四十六歳だった。五十五歳まで、あと九年ある。それまで社長として存分に腕をふるえば、おまえも気がすむだろう、という秀雄の親心だった。

この話を直接秀雄から打ちあけられた力によれば、中内は最初この話を了解したという。

「ところが、それからしばらくすると、いや、オレは六十歳までやる、といいはじめ、その線で了解したかと思うと、今度は六十五歳までやる、ということになった。そしてとうとう最後には、オレは死ぬまで社長をやる、一生やめんぞ、ということになってしまった」

秀雄は、一度いいだしたら絶対に誰のいうことも聞かない中内の性格を知りぬいていただけに、困り果てたあげく、ついに、ダイエー東西分割論という最後の手段を持ちだした。

このとき提案されたのは、ダイエーを東西二つのテリトリーに分け、関東を中心とした東ブロックに四国と九州エリアをくっつけ、発祥の地の関西を中心にした西ブロックに中部、中国地区をくっつけ、それぞれの社長に中内と力をつけるという案だった。

当時、ダイエーは全国に三十四店の店舗をもっていたが、その店舗分布は、東ブロックに該当する地域に、スーパー一徳を買収した東京下町の四店、四国に松山店、高松店、九州に福岡天神店、小倉店などあわせて十店しかなく、残り二十四店はすべて西ブロックに集中していた。まだ東西どちらのブロックを中内と力にふりわけるかは決まっていなかったが、この時点だけを考えれば、西をふりわけられた者が圧倒的に有利な立場となるのは火をみるより明らかだった。

力によれば、中内はこのときも社長定年制の話がでてきたときと同様、何度も言を左右したという。

「関東に四国、九州をくっつけ、関西に中部、中国をくっつけるブロック割り自体に疑問を感じました。流通業の生命線ともいうべきロジスティクス(物流管理)の戦略からいっても、非合理的で無駄の多いバカな分割案だと思いました。

それはそれとして、兄貴ははじめオレはどっちでもいい、といっていたんです。ところが、すぐに、西をやるといいだした。私も一時は、関東で一からやりなおそうかと考えました。

しかし、よくよく考えてみると、社会の公器である会社を、兄弟ゲンカによって二つに割るとはどう考えてもおかしい。社員たちは、ナショナルチェーン化を目指してダイエーに入社してきたわけですし、消費者もダイエーがスケールメリットを生かして〝よい品をどんどん安く売る〟という精神に期待してきた。それを兄弟の感情的対立から真っ二つに割ることは、どう考えても許されないことだと思った。

そりゃあ、自分が手塩にかけて育てあげたダイエーから身を引くということは、身を切られるようにつらかった。でもいまは、あれでよかったと思っています。後悔は一切していません」

こうしてダイエーの東西分割という最大の危機は、一応回避された。

もしこのとき中内の方がダイエーから身を引いていれば、現在みられるようなダイエーの水ぶくれ的体質は招来しなかったに違いない。

私はなにも中内の拡大主義を責めているわけではない。むしろ逆に、もし力がダイエーを経営していたら、堅実ではあるが、マスコミが飛びつきそうな話題を提供することもない面白味のない会社になったことだろう、とさえ思っている。

力という優秀なブレーキを社外に追いやった中内が、そのことで、自分の野望を思う存分発揮できるようになったことは事実だった。そしてこうした無人の荒野を行くような中内のドン・キホーテ的ふるまいが、スーパーに代表される流通業というものを世間から注目させ、社会的認知を得る上でどれだけ大きな役割を果たしてきたかは、いくら言葉を尽くしても尽くしきれない。

しかし、それは同時に、ダイエーの今日の経営危機を招く危険な導水路ともなった。東西分裂の危機をどうにか回避し、おそらくは喜色満面の表情で、はじめて思う存分アクセルをふかしこんだとき、中内はそれが死と背中あわせの暴走になるかもしれないということに、たとえほんのわずかでも思いをいたす余裕をもっていただろうか。

末弟の力がダイエーを去ったあと、中内には力の持つダイエー株すべてを買い取らなければならないという難関が待ち受けていた。

一九五七年四月、ダイエーの前身の「大栄薬品工業」を設立したとき、その資本金は二百万円だったが、同年八月、増資されて四百万円となった。この最初の資本金は中内と力が仲よく二百万円ずつ出しあったものだった。

問題は力が所有しているこの五〇パーセントの未公開株を、いくらに評価するかだった。評価額の算定をまかされたのは、力の神戸商大時代の同級生でダイエーの公認会計士でもあった大谷勉だった。

「当たり前のことですが、買い手の功さんはできる限り安い値段をつけてほしいし、売り手の力さんはできるだけ高く売りたい。どんな値段をつけても双方が完全に納得することはありませんでした。二人の板ばさみになって、あのときばかりは本当に困ってしまった」

この算定が行われたのは、六九年のことだが、この時点でダイエー株がいくらに評価されたかは明らかにされていない。ちなみにこの年のダイエーの売上高は九百十六億円、店舗数は四十四店を数えた。

しかし、中内が力所有の株を買い取るために調達した資金額からみて、この当時ダイエー株全体の評価額は四十億円強だったと思われる。ダイエーは最初の資本金からみて、千倍という驚異的な果実を生む、文字通りの成長株となっていた。

中内はこのときの資金調達をいかなる方法で行ったのか。九七年二月期の連結決算赤字が明らかになった直後のインタビューだったせいか、中内は始終不機嫌そうだった。だが、話題がこの点に及んだときだけは、きわめて上機嫌で饒舌《じようぜつ》だった。

「住友銀行の本店へ行って堀田（庄三・頭取）さんに頼んだんや。堀田さんとの話は約一時間やった。会談が終わり下におりていくと、融資の担当者がすっとんできて、時計をみながらこういうんや。

『すごいですね。堀田頭取と六十分もサシで話しあった人ははじめてです。うちには堀田頭取と話しあった時間で融資額を決める内規があります。一分間一億円ですから、六十分で六十億円、すぐに御用立てします』

僕はいうてやったよ。そんなにはいらん。その半分でええんや、ってね」

住友銀行の頭取として実に十八年六カ月にわたって同行の舵《かじ》とりをまかされ、〝天皇〟の名を恣《ほしいまま》にしてきた堀田の実力者ぶりをいかにも物語るエピソードである。しかし、実際の融資額については若干留保がいる。中内の話では、住友銀行から三十億円の融資を受け、それで力の所有するダイエー株を買い取ったことになる。

この金額を一方の当事者の力にぶつけると、

「いや、そんなに高くはありませんでした」

という答えが返ってきた。

この当時の状況をよく知るある関係者によれば、中内の買い取り額は二十億円あまりだったという。

「住友は直接中内さんに融資したことになっていますが、それは一種の〝美談〟です。住友はそれまでダイエーとはまったく取引がなかった。いくら実力者の堀田〝天皇〟とはいえ、二十億円もの金をポンと中内さんに融資できるわけがありません。私は、伊藤忠が間に入ってこの融資話をまとめたと聞いています」

住友からの融資額や商社の仲介話は別にして、ここで興味ぶかいのは、力が中内には自分の持つ株を買い取る資金を結局調達できないだろうとタカをくっていたフシがあることである。それは、

「買い取り資金があれほど短期間に調達できるとは思ってもいませんでした。あのときは本当にビックリしました」

という、力のきわめて正直な述懐が如実《にょじつ》に物語っている。

力がそういうのも無理はなかった。なぜなら、中内は「消費者以外に頭を下げるのはイヤだ」といって、それまで一度も銀行というものをたずねたことがなかったからである。

逆にいえば、中内の堀田訪問は、ここで引けば、手塩にかけたダイエーが自分の手から逃げていくという恐怖心と背中あわせの、いわば背水の陣の行動だった。先の関係者は、中内はこのとき、土下座しても借金を申し込もうというギリギリの気持ちだったのではないか、という。

中内は誰を仲介にして堀田と会ったのか。住友関係者をあたるうち、中内・堀田会談に同席したという住友銀行OBに接触することができた。だが、そのOBはこういって口を閉ざした。

「殺人罪には時効がありますが、銀行の取引には時効はありません。まだ迷惑のかかる人もいますので、これ以上しゃべるわけにはいきません。墓場までもっていきます。ただ、堀田頭取が中内さんと会ったとき、『スーパーは、スーッとでてパーッと消えるといわれているようですが、あなたは違う。立派なもんだ』といったことだけは確かです」

別の関係者によれば、堀田は中内に対し、「私はナショナルの松下幸之助を育て、三洋の井植歳男を育ててきた。あなたが日本の流通王になりたいというのなら、本当にやったらどうですか、金ならいくらでも用立てします」

といったという。中内はこれを聞いて、本当に堀田の前で男泣きしながら土下座したという。

中内・堀田会談をセットした人物が誰だったかについては、いろいろと取《と》り沙汰《ざた》されている。住友銀行のある支店長のはからいで会った伊部恭之助、磯田一郎の両専務がセットした、中内のことを高く買っていた三洋電機会長の井植歳男（故人）の仲介だった、堀田と親交の深かったレナウン社長の尾上清（故人）が中内の後見人となった、などの諸説がとびかっている。

このうち信憑性《しんぴょう》がありそうなのが、井植説と尾上説である。力は、「兄貴がどんな方法で住友の堀田さんから融資を受けたかわからない」としながらも、「井植さんが兄貴の後押しをしたことは十分考えられる」といった。当時、〝井植学校〟の事務局長的立場にあった元読売新聞政経部記者の林辰彦も、まったく同様のことをいった。

〝井植学校〟とは、井植が晩年に主宰した関西在住の財界人の集まりの通称である。〝井植学校〟には、サントリーの佐治敬三、森下仁丹の森下泰、ダイキン工業の山田稔、大和ハウスの石橋信夫などが集まり、井植のユーモラスで大人風《たいじん》の謦咳《けいがい》に接しながら、いわゆる〝帝王学〟を学んでいった。中内もそのなかの一人だった。

林が八五年に出版した『実録・井植学校』のなかに、井植と堀田の親交の深さを物語る一節がある。

〈……井植さんの死後、一年半が過ぎた（昭和）四五年十一月五日、大阪東区の「クラブ関西」で、井植さんの友人、住友銀行頭取の堀田庄三さんを招いて、井植さんの姿のない、最後の「井植会」を開いた。これを機会に、「井植さんを囲む会」は完全に終わったことになった〉

また井植歳男の長男の井植敏（現・三洋電機会長）も、堀田の死後出版された追悼録のなかで、井植歳男の社葬で友人代表として弔詞を読んだ堀田の思い出を語り、〈堀田さんは、井植歳男の夢とロマンを愛してくださいました〉と述べている。

井植と堀田のこうした親交の深さを考えれば、〝井植学校〟の門下生の一人だった中内の窮状を見かねた井植が、旧知の堀田に中内を紹介したとしても何ら不思議ではない。

林も、井植は中内を非常に高く評価していたという。

「中内さんはいまと違って、当時は小さな声でボソボソしゃべるような人だった。けれど井植さんは人を見る目があったから、〝井植学校〟のなかで、中内さんがこれから頭抜けて伸びるだろうと見抜いていた」


一九六七年、兼松江商の前身の江商からダイエー入りし、〝首都圏レインボー作戦〟と名づけられた本格的首都圏進出作戦の指揮をとった元常務の打越祐によれば、堀田・中内会見の場をひそかにセットしたのは、住友グループ企業の社長会である「白水会」の会長もつとめた同グループ長老格の中村文夫だったのではないかという。

一八九二（明治二五）年生まれの中村の社歴は古く、一九一六（大正五）年、住友総本店に入社したのが最初だった。堀田が住友銀行入りするのは一九二六（昭和元）年のことだから、中村は堀田の十年も先輩にあたっており、融資問題が起きたこの当時は、日本板硝子《ガラス》相談役のポストにあった。

「私の六高・東大時代を通じての友人に、中村一夫という男がいました。その父親が中村文夫さんだったんです。私は学生時代から中村さんに息子同然にかわいがられ、江商に入ったときも保証人になってもらったほどです。

私は中内さんが株買い取り資金のことで困っていると聞き、中村さんから堀田さんを紹介してもらいました。堀田さんの麴町《こうじまち》のお宅にも何度も伺いました。しかし、これはいわば水面下の動きで、公式には、レナウン社長の尾上清さんが中内さんの後見役になったと、私は聞いています」

打越によれば、中内が〝井植学校〟に参加するようになったのも、尾上に誘われたのが最初だったという。一九三三（昭和八）年、レナウンの前身の佐々木営業部に入社した尾上は、佐々木営業部が元々関西出身の企業だということもあって、伊藤忠社長の越後正一など大物関西財界人たちと古くから親交をもっていた。

一方、尾上は若い頃から堀田とも親しい間柄だった。尾上がつとめた佐々木営業部の本社は東京の大伝馬町にあったが、大伝馬町を含む繊維問屋街をテリトリーとする住友銀行通《とおり》油《あぶら》町支店（のちに人形町支店と改称）に配属されたのが、若き日の堀田だった。人形町支店は東京地区二番目の支店として開設された最重要店舗の一つだった。

堀田の人形町支店在任期間は、一九二八（昭和三）年から一九三九（昭和一四）年まで、実に十一年の長きに及んだ。「人形町の堀田」の名はこの間、繊維問屋街で鳴りひびいた。そして尾上はこの時期、バリバリの若手営業マンとして繊維問屋街を飛び回った。記録としては何も残っていないが、二人は当然知りあったはずである。ちなみにレナウンのメインバンクは住友であり、尾上が死んだとき友人代表として弔辞を読んだのも、当時住友銀行会長の磯田一郎だった。

「堀田さんのお祝いの会が、住友銀行人形町支店で開かれたことがあります。そのとき、尾上さんもその席にかけつけ、〝打越くん、中内くんの一件では大変だったよなあ〟とおっしゃった。その一言で、ハハン、中内さんと堀田さんの会見は、表面的には尾上さんがセットしたことになっているんだな、とわかりました」

尾上と中内の浅からぬ関係は、レナウンの関連会社レリアンの専務で、尾上の〝秘蔵っ子〟とまでいわれた石井智恵子を、尾上に懇請してプランタン銀座の社長にスカウトしたことや、尾上の葬儀にかけつけた中内が「こわい人だった。店頭を重視しろと教えられた」と、悲痛な顔で述べたことでもわかる。

こうした人びとの名が取り沙汰されていること自体、中内が堀田との会見にこぎつけるまで、ありとあらゆる人脈を使ったことがうかがえる。それまで銀行とはまったく縁のなかった中内は、この当時、心理的には完全に八方ふさがりの状態だった。

ある関係者によれば、ダイエーとはすでに取引関係のあった神戸銀行（現・三井住友銀行）は、中内と対立する力への遠慮から、まったく話に乗ってこれない状態だったという。

元ダイエー常務の打越は、中内を堀田に紹介した人物として、伊藤忠の越後正一、レナウンの尾上清、三洋電機の井植歳男などの名前をあげたが、先述の住友銀行OBによれば、彼らは中内・堀田会談後の中内サイドの〝応援団〟で、中内を堀田に引きあわせた当事者ではない、と明言した。

このとき住友側が中内に提示した条件については、二説ある。

①ダイエーのメインバンクの一つに住友銀行をいれること
②中内の所有するダイエー未公開株を全部担保としてあずかること
③ダイエーを三年以内に株式上場すること

という説と、

①ダイエー株を上場する際には大和証券を幹事会社にすること
②三和銀行をメインバンクの一つにいれ、四行併立でいくこと

という説である。

この当時、三和銀行は、ダイエーとの取引においては神戸銀行や東海銀行に比べて下位にあった。ダイエーと新たに取引関係のはじまる住友銀行側が、それを二行と同じところまで引きあげるという条件を出したのは、同じ関西出身銀行としての配慮からだったといわれる。

いずれの条件にしても、住友側にとって悪いものではなかった。

堀田は、中堅企業の頃にその将来性を見抜いて融資を開始し、その企業を大企業に育

てあげる点で、天才的といわれたバンカーだった。堀田が成長性ありと目をつけた企業としては、有名なところでは松下電器産業、大昭和製紙、出光興産、ブリヂストンタイヤなどがあげられる。

しかし、この当時の住友銀行は「浮利は追わず」の家訓もあって、新興の流通業とはきわめて縁がうすかった。ライバルの三和銀行が阪急百貨店、高島屋、そごうと、三菱銀行が大丸、伊勢丹、西武、東急、ジャスコと次々と手を結んでいっていたのに対し、住友は流通業の相手としては、大阪出身のスーパー、いづみや（現・イズミヤ）としか取引がないような状態だった。

伸び盛りで、しかもこれから本格的な東京進出を展開しようとする中内ダイエーは、やはりこの時期、東上作戦を虎視眈々《こしたんたん》と狙《ねら》っていた住友銀行にとって、願ってもない存在だった。必然的に面的展開をしなければならないスーパーという業態は、銀行にとって、新規顧客獲得のためにも格好のものだった。

堀田は生前、中内ダイエーについて、こんなことをいっている。「中内という人には二度ばかりあった。なかなか創意工夫のある人で、頭も緻密《ちみつ》だ。企業は結局、人できまる。ダイエーの場合は中内君だ。あれならやりそうだ。ダイエーはたくましい企業になる」

堀田と中内の関係は終生つづいた。ダイエー外食グループのある大幹部にはこんな思い出がある。

その男の息子が就職で困っているとき、中内に相談をもちかけたことがあった。

「うちの息子が日本航空に入りたいといっているんです。けれど、野球ばっかりやっていて成績の方はさっぱりなんです。なんとかならないでしょうか」

「そりゃ、堀田さんに相談するのが一番や」

当時、堀田は日本航空の会長のポストにあった。

中内はその男を連れて、すぐに堀田のところにいった。中内は会うなり、堀田の腕にとりすがって就職の世話を懇願した。

「堀田さんは困った顔をして、『ウーン、日本航空に入りたいというのは、これで七人目や。まあ、なんとかしよう』といってました。結果は合格でした。もっともあとで聞くと、残り六人は不合格ということでした。なんでも、息子が面接試験に学生服でいったことが、日航側にいたく気にいられたようです」

堀田・中内会談から二年後の一九七一年三月、中内は堀田との約束を守って、ダイエー株を大証二部に上場した。幹事会社は大和証券だった。翌七二年三月には、東証一部への上場となった。ライバルのイトーヨーカ堂や西友に先がけての株式公開だった。春秋の筆法をもってすれば、中内と力との対立が、ダイエーの株式上場を早めさせ、同時に株上場による莫大《ばくだい》な創業者利益を中内にもたらしたともいえる。

力はこういって当時をふり返った。

「売り言葉に買い言葉で、つい株を売ってもいいと兄貴にいってしまった。それが失敗だった。いまから思えば、兄貴には金を調達できないだろうとタカをくっていたのかもしれません……」

いずれにせよ、この兄弟ゲンカの決着をつけた住友銀行の融資が、中内ダイエーの拡大路線のはじまりだった。

こうして中内と力の長い相克劇は幕を閉じた。

中内はこの相克劇について、次のようにふりかえっている。

「部長会を開いても私と力が二人でやりあうだけで、後の連中は何も発言しない。右せんか左せんかという時に、社長と専務の意見が、こうもはっきり対立しては何もいえない。

しかし力は、企業の方向づけを、衆議で決めようとする。何ごとも数で決めようという。これはいかんと思った。

私はいまでもいっているが、企業の方向づけは〝衆議独裁〟でいくべきだと思っている。論議は尽くしてもらうが、あくまで合議制ではない。最後の決は社長がとる。これが私の経営哲学だ。

もう一つ、力と意見が合わなかったのは、私が〝売り上げ第一主義〟で、売り上げがすべてを癒《いや》すという哲学をもっていたのに対し、彼は〝安定成長〟を主張した。この点でも、彼とは相容《あいい》れなかった」

衆議を尽くさせて、最後は独裁で決定する。ある意味で、独裁政治の最終形態ともいうべき〝衆議独裁〟制は、いまもかわらぬ中内の〝経営哲学〟となっている。

一見するとこの〝経営哲学〟は中内に生得的に備わったものにもみえるが、中内がこうした〝経営哲学〟をもった背景には、実は、当時のダイエー幹部の勢力分布図が少なからず影響を与えていた。

創業期から昭和四〇年代はじめまでのダイエーの中枢《ちゅうすう》が、力の神戸商大時代の同級生たちを中心とした〝力一派〟によって占められていたことは何度か述べてきた。

もしこの状態のまま、多数決の原則を持ち込めば、中内がいかに社長であろうと、専務の力の意見が通ることになる。〝衆議独裁〟制は、そうした窮余の状態をなんとか突破するために編み出した、いかにも中内らしい大義名分づくりでもあった。

力がダイエーを去ったのを機に、力の同級生たちで固められていた幹部構成は急速に塗りかえられ、昭和三〇年代後半に入社した伊藤健次郎、駒沢年三ら、中内の同級生たちが重用されるようになった。

また、力が去った数カ月後には、これも中内の神戸三中の同級生である加古豊彦が、財務担当の常務という要職で迎えられた。

経営中枢を気心の知れたブレーンで固めたこの時点から、中内ダイエーの〝衆議独裁〟体制は整った。日本一の小売業を目指して本格的な快進撃を開始するのもこの時点からだった。

一方、ダイエーを去った力は、スーパー業界には二度と足を踏み入れないと固く決意し、テイクアウトの小僧寿しチェーンを統括するシンエイフーズという外食企業を創設するかたわら、ホテル事業にも乗り出した。

力が神戸港に浮かぶ人工島のポートアイランドに、地上三十二階、部屋数五百五十室という、当時、神戸最大といわれた神戸ポートピアホテルをつくったのは、ポートピア'81の開幕を目前にした一九八一年三月のことだった。

力によれば、この巨大ホテルを建設するとき地権者でもある宮崎辰雄神戸市長から、「お兄さんにも協力してもらってくれな」と釘《くぎ》をさされたという。

「私はそのとき即座に、それは結構です、と返事をしたんです。それでダイエーの社長にも会いに行ったし、宮崎さんと三人で市長室でも会いました。そのとき兄貴は『弟がやるので応援します』といってくれたんですが……。

ところが、いざ株式の申し込みという段になると、川崎重工業や太陽神戸銀行（現・三井住友銀行）はみな協力してくれたのに、いくら連絡をとってもダイエーからは何の反応もなかった。これはあとから気がついたことですけど、発起人のなかに兄貴の名前をいれていなかった。

兄弟二人の名前が並ぶのは具合が悪いと思ったからです。神戸の経済界のなかには、中内㓛に対するものすごいアレルギーがある。中内㓛さんが出てくると、すべてあの人のペースでやられてしまうというムードが濃厚にあるんです。それで兄貴の名前を発起人にいれなかった。

兄貴とすれば、オレの名前が発起人にも入っていないようなホテルにはもう協力せんぞ、という気持ちになったのかもしれませんね」

ひと昔以上も前の兄弟の対立劇は、こんなところにまで尾を引いていた。

一九八八年秋、中内が新神戸駅前に三十七階建ての超高層ホテル、新神戸オリエンタルホテルを開業したときも、兄弟の相克が囁《ささや》かれた。力は六百室もの巨大ホテルを新設すれば、供給オーバーになって共倒れすると反対し、地元経済界もまた〝兄弟ゲンカ〟に巻きこまれてはと、協力をみあわせた。

結局、ホテル経営のノウハウをもたない中内がハード部門だけを提供し、ソフト部門は力にまかせることでなんとか折り合いをつけた格好となった。中内が代表権をもつ神戸セントラル開発が、新神戸オリエンタルホテルの土地と建物を所有し、実際のホテル運営は、力が社長をつとめる新神戸開発が担当するという形での開業だった。

「最初の約束では開業後最低十五年は、私に運営をまかせる、ということでした。これにはきちんとした覚書もありますが、オープンして五年ぐらいしてから、人を介して、『力さん、悪いんだけど、新神戸オリエンタルホテルの経営権をダイエーに譲ってくれないか』といってくるようになったんです」

九六年六月、力は再び〝兄弟ゲンカ〟が起きることを恐れて、新神戸開発の社長を辞任した。共同出資の形で出資していた株式もダイエーに全株引きとられた。後任の社長に就いたのは、中内の次男の正だった。

正はハード部門の神戸セントラル開発の社長もつとめており、新神戸オリエンタルホテルは、力がソフト部門から撤退した時点から名実ともにダイエーのものとなった。

それればかりではない。神戸セントラル開発は、九七年十二月に持ち株会社のダイエーホールディングコーポレーション（ＤＨＣ）ができるまで、約八千二百万株、比率にして一一・五パーセントの株を所有するダイエーの筆頭株主だった。ＤＨＣ設立後も、ダイエー株を四千二百五十五万株（五・九五パーセント）所有し、ＤＨＣに次ぐ第二位の株主となっている。つまり力を追放することによって、新神戸オリエンタルホテルとダイエーの資本戦略の要をなす神戸セントラル開発は、名実ともに正の支配するところとなった。

この一件は中内からしてみれば、兄弟の相克は自分ら一代だけでもうたくさんだ、長男の潤をリテイル（小売り）部門に、次男の正をホテルなどサービス部門にと、きちんと事業を分けているのもそのためだ、との思いから出たものだったのかもしれない。

しかし、力によれば、新神戸開発社長の辞任を力に性急に迫る中内の側近に対し、正は、何もそんなに早く事を進める必要はないじゃないか、といったという。

私はその言葉に、叔父《おじ》の力の立場を思いやる正なりの苦悩を感じた。

神戸ポートピアホテルの一番奥まったところにある広い会長室で、私は力に、最後の質問をした。

お兄さんの中内さんはその後も、西神オリエンタルホテル、神戸メリケンパークオリエンタルホテルとホテル事業を急速に展開中ですね。それは私の目には、どうしても中内氏が力さんを包囲網のなかに追い込んでいるようにみえるんですが、というと、力は突然、目の前で号泣した。

「私ももう六十六です。本当は兄弟仲良くやりたいんです……」

しぼりだすような声でそれだけいうと、力はまた大声をあげて泣いた。

私は思いもかけなかったその姿に、中内兄弟の血の宿業の深さと、事業を発展させっづけるということの残酷さを、戦慄《せんりつ》するような思いで感じていた。

（下巻へつづく）

カリスマ(上)

—中内㓛とダイエーの「戦後」—

新潮文庫　さ-46-1

平成十三年五月一日発行

著者　佐《さ》野《の》眞《しん》一《いち》

発行者　佐藤隆信

発行所　株式会社　新潮社

郵便番号　一六二―八七一一
東京都新宿区矢来町七一
電話　編集部(〇三)三二六六―五四四〇
　　　読者係(〇三)三二六六―五一一一

価格はカバーに表示してあります。

乱丁・落丁本は、ご面倒ですが小社読者係宛ご送付ください。送料小社負担にてお取替えいたします。

印刷・二光印刷株式会社　製本・憲専堂製本株式会社

ISBN4-10-131631-7 C0195